地方史研究協議会編

歴史に見る四国

―その内と外と―

雄山閣

扉写真　上：高松城下図屏風（高松松平家歴史資料、香川県立ミュージアム所蔵）
下：四国古図（鎌田共済会郷土博物館所蔵、香川県立ミュージアム提供）

序　文

地方史研究協議会第五八回（高松）大会は、共通論題「四国―その内と外と―」のもと、二〇〇七年一〇月二七日（土）から二九日（月）までの三日間にわたり香川県高松市で開催された。初日は自由論題研究発表・共通論題研究発表の一部・公開講演・総会を、二日目には残りの共通論題研究発表・共通論題討論を、サンポートホール高松第一小ホールにて行い、三日目には二コースに分かれて塩飽勤番所ほかの巡見を行った。

共通論題の趣意書にも記されている通り、四国は、外から見るとまとまりあるもののように映るが、内から見ると必ずしも一体ではなく、地域ごとにかなりの多様性をもっている。この点は、私たちも大会準備の過程で香川・愛媛・徳島・高知の四県を二巡して各地で研究例会をもつことにより、実感することができた。このような内と外との間にある認識の隔たりを踏まえながら、もう一度、四国とは何かを歴史的に考えることを大会では目的とし、そこで得られた成果を当日の公開講演・研究発表をもとにまとめたのが本書である。共通論題の趣意書については「刊行にあたって」をご覧いただきたい。

これまでの大会においては県域を単位としてテーマ設定することが比較的多かったが、今回は少し趣を変えて、四国という広い地域を対象とした。そのため、実行委員も四県それぞれから出ていただき、研究例会も四県を順番にまわって開催し、県境をこえて様々な議論を行った。このことの意義は大きかったと思う。このような活動を支えてく

だ さった高松歴史学会・四国中世史研究会をはじめ、各地で研究例会の開催にご尽力いただいた諸団体にあらためて感謝申し上げたい。

四国には各県ごとに歴史を研究する団体がいくつも存在する。それぞれが地域に根ざした活動を展開し、今日までに多くの研究成果を積み重ねてきた。その一方で、これまで「四国」という枠組みでお互いに議論しあうという機会は必ずしも多くなかったとお聞きしている。本大会はこれらの諸団体が協力しあうことにより実現することができた。さらに、本大会を契機に、四県の枠を越えた四国レベルの新しい研究会を発足させようとする努力が現在なされているとのことである。このことは私たちにとっても望外の喜びであり、本書で示された様々な論点がこれらの研究会の活動によって今後一層深められていくことを心から願っている。

二〇〇八年一〇月

地方史研究協議会

会長　所　理喜夫

歴史に見る四国―その内と外と―／目次

刊行にあたって

大会成果刊行特別委員会

本書は、地方史研究協議会第五八回（高松）大会の成果を、当日の公開講演・研究発表をもとにまとめたものである。大会の共通論題は「四国―その内と外と―」であり、共通論題の趣旨は本書のコンセプトでもあるので、大会の趣意書をここにもう一度掲げておく。

【第五八回大会を迎えるにあたって】

四国―その内と外と―

常任委員会
第五八回（高松）大会実行委員会

地方史研究協議会は、第五八回大会を、二〇〇七年一〇月二七日（土）から二九日（月）までの三日間、香川県高松市で開催する。本会常任委員会および開催地の研究者を中心に結成された大会実行委員会では、共通論題を「四国―その内と外と―」と決定し、準備を進めている。

「四国」のイメージは、外から見るとまとまりあるもののように映るが、内から見ると必ずしも一体ではなく、地域ごとにかなりの多様性がある。本大会では、このような内と外との認識の隔たりを踏まえながら、もう一度「四国」

とは何かを考えることを目的とする。これまでの大会では共通論題に「地域」や「交流」を掲げて、生活圏・文化圏・経済圏などの実体的な存在を扱うことが多かったが、本大会ではこの点を継承するとともに内だけでなく外から見た地域の様相についても取り上げてみたい。

この地域は瀬戸内海と太平洋に挟まれ、急峻な四国山地が中央に位置しているため地形・気候に違いがあり、こうした多様性が様々な歴史・文化を生み出している。そして、それらは瀬戸内海と黒潮海上交通路によって育まれてきた。例えば、サヌカイトに瀬戸内技法を施した石器の出土状況から、旧石器時代には四国の西南部をのぞく地域および畿内を中心とした一大文化圏が形成されていたと考えられている。十二世紀後半には、平氏政権が西国と畿内を結ぶ瀬戸内海の制海権を掌握し、ここに政治・経済の基盤を置いていた。室町期においても、四国各国の守護となった細川氏をはじめ、畿内において政治・経済・文化を担っていた人々は、「臨海の近国」と見られた讃岐など四国とを盛んに往来し、活動の拠点としていた。戦国期においては、伊予の海賊衆が瀬戸内海を中心に活動し、また阿波出身の三好氏が畿内に進出して政権の主導権を握った。一方で応仁の乱以降、土佐一条氏治下の幡多津などへは堺・薩南・中国江南を結ぶ勘合船が寄港するようになり、南海路の活性化が見られた。

近世に入ると、瀬戸内地方で塩や綿の生産が盛んになり、讃岐ではこの二品に加え砂糖が特産品として全国的なシェアを高め、これらは「讃岐三白」と呼ばれた。阿波では、特産の藍玉が大坂や江戸をはじめ各地の主要機業地に供給され、逆に撫養津へは西廻り航路でニシンが、東廻り航路で干鰯が藍作の肥料として運びこまれていた。伊予では、宇和海の干鰯や諸藩専売の紙などが主に大坂方面に移出されていた。土佐では木材・紙・鰹節などを移出するとともに、豊後・日向などからの船の往来も見られた。このように近世の交通は、基本的に各港町が個々に航路を介して四国外の諸都市と、ひいては大坂・江戸市場や日本海沿岸から蝦夷地までと結び付いていた点が特徴的であった。それと比較すると、四国内相互間の交通の占める比重は小さかったが、城下町や寺社を結ぶ街道が整備されていった。

近代に入ると、各地の地元資本が港―都市―内陸部を結んで鉄道を敷設するが、海上交通を補完する各地分立的なものであった。しかし、明治末年に宇高航路が開設されると高松が四国交通網の基点となり、私鉄の国有化や土讃線をはじめとする都市間路線の開通などによって、昭和初年にようやく四国内部の交通網が整備されるにいたった。総じて、前近代においては海上交通に大きなウェイトがあったため、四国各地と対岸諸都市などとの結び付きが強く、四国内部での陸上交通による交流が活発化するのは近代以降のことだと考えられる。「四国」を内から見た場合、その一体性は希薄だったと言ってよい。

それならば前近代において「四国」とは、どういう枠組みだったのだろうか。「四国」という語の使用は古代にはあまり見られず、「南海道諸国」に含めて表現されることが多かったが、平安末期になると『今昔物語集』や『梁塵秘抄』に登場する。そこで描かれているのは「四国の辺地を踏む」といった海山を廻る修行者、すなわち四国遍路の萌芽的な姿である。近世に入ると、元禄期までには民衆が遍路する八十八ヶ所霊場も確定される。時代を超えて「四国」は都から見ての西方、あるいは南方「浄土」であり、一番札所は畿内から渡ってすぐの阿波に置かれていた。また、豊臣秀吉が朝鮮侵略時に「四国衆」として四国の諸大名に軍役を賦課したことも注目されるが、これは中央政権による括りとして理解してよいだろう。さらに、明治二年四月には高知藩板垣退助の提唱のもと、四国十三藩が丸亀に集まって四国会議を開催している。高知藩は足下を固めて中央政局に臨みたいと考えたようだが、各藩の思惑はどうあれ、このような会議所が自発的に設けられたことに意義があった。しかし、同年九月には、政府の内諭により解散した。

大胆に述べるならば、かつて「四国」はその地に生きる人々にとっての実体的なまとまりある地域としてではなく、島の外、特に都から見た一体的イメージとして存在していたのではないだろうか。その後、近代以降の国民国家形成の動きなどと連動して、「伊予竹に土佐紙張りて阿波ぐれば讃岐うちわで四国涼《しごく》しい」とよく詠われているように、次第に実体化してきているようにも思われる。高速交通網の整備が進んだ現在では、四国中世史研究会（一九八一年度第三二回松山大会を契機に結成）や野球の四国リーグなどの例を出すまでもなく、その動きはさらに進んでいるようである。最近では地方自治制度をめぐって道州制の議論も現実味を帯び始めている。他方で、三つの本四架橋により中国・近畿地方と四国各地との個別の関係が一層深まったことも事実である。このような現実を背景に、本大会ではあらためて「四国」とは何かを、その「内と外と」という視点から歴史的に検討することにしたい。ぜひ高松に足を運んで、この議論に参加していただきたい。

以上の課題設定のもと第五八回（高松）大会は開催された。本書の編集は、大会当日に行われた共通論題討論の際の議論の柱にそって行い、討論の内容については末尾の「第五八回（高松）大会の記録」の中に収めた。今後、本書の内容をもとに多くの議論がかわされ、四国の研究がさらに進展することを願っている。

Ⅰ　四国の多様性・非一体性

中世港町・野原について

上野　進
佐藤　竜馬

はじめに

高松市街地に所在した中世港町・野原は、近世の軍記物である『南海通記』では「漁村」と記され、そこに高松城下町が全く新たな都市として出現したように理解されてきた。「兵庫北関入船納帳」（文安二年〈一四四五〉）に讃岐の港町としてその名が見出せるのにも関わらず、従来の文献史学においてはその存在は等閑視されてきたといってよい。しかし近年の発掘調査の進展により、高松築城前の中世の荷揚げ施設、墓地、集落域などの存在が明確になってきた。本稿では、現在までに蓄積された発掘データの詳細を語るという「事実報告」はやめ、それを前提にした考古資料の解釈と、文献史料の再評価により、高松の前史たる野原という「場」の問題を論じたい。

第一に、野原を他地域との関係から見た通過「点」として把握するのではなく、内部の構成をなるべく明らかにし、それが周囲との関係とどのように結び付き、「場」の特性として具体化されているか、を考える。考古資料と文献史料から、様々な属性が複合する在り方を明らかにする。

第二に、第一の議論を踏まえた上で、野原を単体で取り上げるのではなく、これを取り巻く海域世界＝「古・高松湾」（後掲図を参照）にどのように位置付け、特性を示すことができるか、を考える。港町を繋ぐ生産・流通関係とともに、当該地域に拠点を置いた政治権力の拮抗関係を分析し、海域世界内でのヘゲモニー争いの状況を明らかにする。第三に、中世と近世を断絶的に捉えるのではなく、その間に通底する連続性をどのように評価できるか、を考える。即物的な地域単位・集団の連続だけでなく、高松平野（山田・香川郡）というレベルでの地域内の動き（志向）を示す諸要素にも注目して検討したい。

以上の議論は、筆者らが参加して企画・運営したシンポジウム「港町の原像～中世港町・野原と讃岐の港町～」（平成十九年十月二十～二十一日、四国村落遺跡研究会、於香川県歴史博物館）を踏まえたものであり、シンポジウム発表者の松本和彦・乗松真也・渋谷啓一・松田朝由・北山健一郎各氏との共同研究の成果であることを明記しておく。

一　野原という「場」の特質

1　基層としての石清尾八幡宮と八輪島

古代～中世前期の野原については、その実態が不明な点が多いものの、石清尾八幡宮の創祀が大きな画期となったと推測される。

石清尾八幡宮は、延喜十八年（九一八）に山城・石清水八幡宮を勧請して創建されたと伝えられ[1]、野原郷の背後に聳える石清尾山麓に位置する。南北朝期には讃岐国守護・細川頼之による社殿修造と祭礼整備が行われ[2]、槻本神社（延喜二十一年に従五位を授かる）が本来有していた野原郷総鎮守の地位を吸引・継承しつつ、近世に至ったとみられる。十四世紀初頭には大般若経の書写が行われており[3]、遅くともこの頃までには野原における中核的な宗教施設としての地位を確立していたことが窺える。

その境内は後述する野原庄の南端に位置しており、想定される当時の海岸線からも一キロメートル以上隔たっていることから、一見、海との強い繋がりは希薄なように見える。しかし石清尾山が周辺海域を航行する船の「当て山」であったことは、同山が黒々と見える高松沖からの眺めでも首肯できることである。また、後に高松城が築かれる一帯が中世に「八輪島」と呼称されていたが、その訓みは「やわしま」とする以外に鎌倉後期には「やわたしま」とする史料もあり、「八幡島」、すなわち石清尾八幡宮と深い繋がりのある海浜の土地と解釈することも可能であろう。[4]

では石清尾八幡宮が海浜と突端部（八輪島）と関わりをもつ理由は、何であろうか。山城・石清水八幡宮の神人が、廻船中を構成して淀川の河川交通を独占していたことが知られており、[5]讃岐における石清水八幡宮の庄園の多くが港町に近接して置かれていることから、年貢輸送にとどまらない海上交通への参入志向が存在したことは間違いなかろう。つまり八輪島は、在地の石清尾八幡宮あるいはそれと密接な繋がりをもつ石清水八幡宮にとって、ぜひとも押さえておきたい場所だったのではなかろうか。

応永九年（一四〇二）に草本が成立した僧宥範の伝記史料[6]によれば、徳治元年（一三〇六）に宥範が聖教をもたらして上陸した地は、「八輪島観音堂ノ御前」であり、「観音堂ト善通寺ノ金堂トハ龍宮三傳大師ノ御建立也」と認識されており、また八輪島自体が光明が射し、紫雲が立ち込め、その中に阿弥陀如来が出現する霊地であるとされている。後述するような、中世後期における寺社集中地としての八輪島周辺（野原中黒・浜村・西浜・野潟）の場所性は、「八幡島」とそこに建てられた観音堂によって徐々に形成されてきたと考える。

2　中世前期の野原

中世野原は、古代の笑原郷（『和名類聚抄』）に由来する。渋谷啓一氏によると、笑原は「やはら」と訓み、平安時海通記』）のように「のはら」に定着した可能性を示唆している。[7] 古・高松湾奥部に位置する山田郡喜多郷のような、九〜十世紀にかけて海浜部の陸地化と開発の進展に伴い新立された郷である可能性もあるが、高松城跡の発掘調査では各地点から弥生土器が出土しており、九世紀前半の溝状遺構も検出されていることから、比較的早くから安定した土地条件にあったことが分かる。

ここに平安時代末期、野原庄が立てられる。野原庄は、白河院の勅旨田が応徳年間（一〇八四〜八七）に庄園化したものであり、康治二年（一一四三）の太政官牒案に示された条里坪付による四至表示から見て、野原郷域の南部に位置していたことが窺える。中世の石清尾八幡宮の所在地が「讃岐国香東郡野原庄　石清尾八幡宮」であること、[8] あるいは石清尾八幡宮に近い野原中ノ村に「せうけ（庄家）」の存在が確認できることは、[9] その傍証といえよう。

庄域が内陸側に設定されたのは、立庄当時の海浜部の状況にも関連性があると思われる。発掘で検出された港湾施設は、八輪島の西側縁辺をかすめるように海に注ぐ、香東川旧河道の河口部（高松城跡西の丸町B・C地区）[10] にあった。自然の汀線に拳大の板石（礫）を貼り付けるように敷き詰めた荷揚げ場と、一部に杭と横木を組んでスロープ状にした舟渠と見られる遺構があり、礫敷きには継続的な改修の形跡が認められた。発掘された中世の港湾施設としては、国内最古のまとまった事例であるが、中世全般を見渡した場合、標準的な装備をもつと評価できる。[11] また礫敷きからは『蒙古襲来絵詞』などに描かれたような木碇が出土した他、多量の和泉型瓦器椀・皿が未使用に近い状態（内面に使用痕が目立たない状態）で出土しており、ここで集荷・選別作業が行われた可能性を示唆する。また量的には少ないものの、存在自体が讃岐では稀有な京都系土師器皿や楠葉型瓦器椀・東海系山茶碗も出土し、さらに和鏡と高麗系石仏の頭部を埋納した土坑も検出された。荷揚げの礫敷き遺構は、遅くとも十二世紀前半には構築され、若干場所を変

代末期以降、「野原」の表記が多くなるが、「やはら」と「のはら」の訓みが併存し、近世には「篦原（のはら）」（『南

えながら十三世紀前半まで維持・管理されていく。そして河口部の埋没により、別地点（おそらく西浜）へ港湾施設を移動させたものと推測される。同様な遺構は、八輪島東側へと分流する別の香東川旧河道の河口付近（高松城跡東町奉行所跡地区）[12]でも検出されており、ここでも和泉型瓦器椀の多量出土が認められる。

ところが、こうした豊富な内容をもつ港湾空間に隣接する同時期の集落遺跡の存在は、現在までの発掘調査では確認されておらず、港とマチ（集落）が一体化しない、「すこぶる索漠としたものであった」[13]とする先学の指摘が改めて想起される。やはりこの時期の集落の主体は、石清尾八幡宮周辺（後の野原中ノ村）にあったと見てよいであろう。八輪島周辺で確認された二地点の荷揚げ場＝礫敷きで使用された石材は、その素材が石清尾山産と見られる赤色に風化した安山岩という点で共通しており、やはり石清尾八幡宮周辺との深い関係を想起させる。

3　中世後期の野原

十三世紀後半〜十五世紀代は、野原庄域外の八輪島周辺で新たな集落形成と寺社の建立が進展し、その景観が大きく変わる時期である。

八輪島西側では、若一王子神社（建治元年〈一二七五〉建立）[14]・愛宕神社（建治元年建立）[15]・蓮華寺（文安元年〈一四四四〉建立）[16]・極楽寺（十五世紀初頭建立か）[17]などが、付近を支配する小領主・岡田氏らにより建立・保護された。若一王子神社は岡田氏による熊野からの勧請と、その別当寺として蓮華寺が建てられたことが伝えられ、小領主を介した熊野信仰の広がりが窺える。野原での位置は不明だが、「野原角之坊」に関する文明十三年（一四八一）に作成された熊野の旦那売券もあり[18]、十五世紀までの熊野信仰を担った先達（山伏）や旦那衆が多く存在したことが窺われる。

また、最も海側に面した砂堆上に浜ノ町遺跡（十三世紀後半〜十五世紀後半）が形成される。ここでの集落形態は、同時期に成立する高松平野各地の集落と変わらないものであるが、遺構・遺物から窺える内容は特異である。すなわち、①区画溝に接して籌木と排泄物が堆積するトイレ遺構（SX〇二一）、②灯明具としての使用痕が明確な多量の土師質土器杯（皿）、③井戸枠に転用された結桶の早期普及（十四世紀前半）、④大規模な協業を反映する多量の大型土錘、⑤「京都産砥石」の高い出土比率、などの現象が指摘できる。①～③は同時期の讃岐の村落遺跡では希薄な「都市的な生活様式」の存在を、④は専業的で自立的な漁民の存在を、⑤は商品としての「仕上げ砥」の搬入あるいはそれを必要とした研屋的な職人の存在を、それぞれ示す可能性がある。この地域は十五世紀初頭には「西浜」と見え、十六世紀には「浜（村）」とも呼称されており、その中世的景観の名残りを「高松城下図屏風」（一六四〇～五〇年代）に見出すことができる。

八輪島本体では、無量寿院の動きが注目される。無量寿院については近世～近代の諸史料が寺の由来を記しているが、当初は野原の南側の香河郡坂田郷に建立され、その後、八輪島に移転し、高松築城で浜ノ丁へと移転したと伝えられる。その移転年代は、「天文のころ」とされ[19]、概ね天文年間（一五三二～五四）と見なされているが、中世史料では「讃州野原無量寿院談義所」[20]（永和元年〈一三七五〉）、「讃州野原無量寿院住善海」[21]（応永十九年〈一四一二〉）、あるいは「讃州坂田無量寿院」[22]（文明五年〈一四七三〉）と見え、若干混乱した記述内容に見える。史料の精査がなお必要であり、移転の問題はしばらく措くとしても、既述した「八輪島観音堂」などとも関係しつつ、早くから坂田無量寿院が香東川旧河道を介して八輪島と繋がりをもっていたことは想定してよいであろう。なお、八輪島移転後の無量寿院の寺地は、高松城跡無量寿跡地区の発掘により「野原浜村無量寿院／天（文）／九月」と記された丸瓦をはじめ、軒丸瓦・軒平瓦・鬼瓦あるいは五輪塔などがまとまって出土した溝SD一三〇二を寺域の境界とする見解[23]が妥当であることから、後に高松城西ノ丸になる場所に所在したことが分かる。ただしSD一三〇二の出土遺物の年代は十三世紀後半～十七世紀初頭と幅広く、古い時期の遺物が一定量見られることから、寺地の起源は天文期よりも遡る可能性が残される。またＳＤ一三〇二の南側で鞴羽口や土錘などが多く出土することから、報告書の見解とは異なりこの溝は寺域の南側区画であり、寺域南側に西浜同様の職人・漁民の居住域が接する状況を想定したい。この他、八輪島北東部の海岸沿いの砂堆では、十五世紀頃の石組火葬墓が十四基検出されており、副葬品はなく周囲の遺物包含層から釣針などが出土したことから「漁民の墓」と判断されている（高松城跡東ノ丸跡県民ホール地区）(24)。しかし西側の高松城跡鉄門石垣には、多量の中世後期の石塔が栗石に転用されていることから(25)、八輪島の海岸部が広大な墓域であった可能性が考えられ、八輪島と周辺に居住した諸階層が埋葬されていると捉えた方がよかろう。

以上のように、この時期には八輪島本体とその西側地域に在地とは異なる都市的要素を含む集落が成立し、その周辺に寺社や墓域が存在したことが推測される。寺社には、熊野信仰の浸透と受容という動きと、真言宗系の教線拡大という動きが特徴的に認められた。これに加えて詳細な場所（地域）は不明だが、建武元年（一三三四）、伝屍病（結核性疾患）の鑑別や治癒法が記された、中国伝来の秘伝書「伝屍病廿五方」が野原で書写されている(26)。このことは、鎌倉時代後期に最高水準の医書を含む聖教が存在したこと、すなわち各地からの情報の集積が行われていたことを明示していよう(27)。

一方、海浜部での動きとは別に、野原庄では明応二年（一四九三）の国人・香西千寿丸が請け負った年貢二千疋を当時の領主・妙法院に納めた記事(28)を最後に史料に見えなくなる。おそらく基層としての石清尾八幡宮周辺と八輪島との繋がり、あるいは八輪島の港町としての興隆という事態の中で、実質的に庄公の区分は解消していったものと思われる。

4　戦国期後半の野原

戦国期後半の十六世紀前半～中葉の野原庄（郷）には、海浜部を含めた地域単位が明確化・細分化されると同時に、これらの分節的な集合状況も認められるようになる。

永禄八年（一五六五）の『さぬきの道者一円日記』（以下、『一円日記』と略称）には、伊勢御師が野原中黒里を起点として主に東讃地方の檀那を廻ったことが記されているが、そこに見える野原は「野原中黒里・野原浜・野原西浜・野原天満里・野原中ノ村」の五箇所である。これは高松城下町建設後の「野原五個庄」（西浜村・東浜村・宮脇村・中村・上村、あるいは宮脇村・中村・上村・今里村・福岡村）という近世の認識とは若干異なる。伊勢御師の縄張りの在り方（一円的か否か）の問題もあるため、『一円日記』の記載にないことが直ちにその存在を否定することにはならない（例えば東浜・上ノ村）し、現に中世史料に見える「野潟」は『一円日記』には登場しない。このような問題はあるが、概ね戦国期の野原は「中黒・浜・西浜・東浜・野潟・天満・中ノ村・上ノ村」などの地域単位が並立していたと見て大過はないであろう。

『一円日記』に記された各単位の状況をまとめると、（Ⅰ）国人領主・香西氏の配下である小領主（雑賀・佐藤・楠川など）と香西一族で石清尾八幡宮の神官と推測される友安氏、野原庄家などが集まるエリア（中ノ村）、（Ⅱ）讃岐内外に開かれた寺社（無量寿院）と、香西氏配下に見えない流通管掌者と推測される有姓者（正藤・是藤）が集まるエリア（中黒里）、（Ⅲ）職人（鍛冶屋・紺屋）が集住するエリア（浜）、（Ⅳ）その他（天満里）に整理できる。一円の縄張りでないために詳細不明な西浜は、（Ⅰ）ないし（Ⅰ）・（Ⅲ）の中間的な位置付けが可能であろう。なお伊勢の御師が上陸地である中黒里で宿泊し、そこでより多くの檀那の獲得を目論んで扇一五〇本（『一円日記』では備讃海峡に面した海上交通・漁労活動の要衝・乃生と同じく最多数）を残置したことは、廻船業とも結託した伊勢御師の活動[29]の経済的側面を示す重要な事象であろう。

また、『一円日記』には見えないが、野潟では、天文年間に勝法寺（近世には興正寺別院）が建立されている。京都興正寺門主証秀により野原の塩屋（野潟の東側）から移され、阿波の三好実休ついで山田郡の領主・十河存保の庇護を受け、天正十一年（一五八三）には三木郡池戸へ移転・再興されたという。讃岐における浄土真宗の本格的な展開期は、天文年間とされており、(30)その動向と軌を一にした動きが指摘できる。上記の（Ⅱ）に似たエリアと考えられ、この時期に新たに地域単位の形成が進んだと見られる。

以上のように、この時期の野原は二キロメートル四方の安定した地形のほぼ全域に展開し、緩やかながら分節的な地域構造を取るようになったことが窺える。特に（Ⅱ）・（Ⅲ）が海浜部に集中して港町としての主体を形成し、（Ⅰ）は内陸側ないし周縁の海浜部に存在して港町からは若干疎外されたような位置にあることが注目される。これは、石清尾八幡宮―八輪島という基層的な地域構造にその起源を求めることができるが、同時に間接的ながら複数の領主が吸着可能な経済力を（Ⅱ）・（Ⅲ）が有していたことが窺える。（Ⅱ）・（Ⅲ）を中心とした分節構造の在り方を他の中世港町で見ると、方本（西方本を含む）や志度では不明瞭であり、庵治では希薄なように見受けられる。讃岐有数の港町である宇多津では、野原に近い状況が指摘できるものの、地形的な制約もあり全体にコンパクトにまとまって面的な広がりにやや欠けるようである。

十三世紀後半に始まる港町形成の動きは、十六世紀前半～中葉に浄土真宗興正寺派の拠点化や、全国規模で廻船業と結び付いた伊勢御師の経済活動なども加わりながら進展した。戦国末期には、野原は讃岐有数の中世都市として、経済的な求心力を強く有していたと考えられる。

二　海域世界としての「古・高松湾」

1　古・高松湾と地域単位

近世以前に高松市街地の東側から屋島南側にかけて、半円形に大きく湾入していた東西四キロメートル、南北二・五キロメートルの入江を「古・高松湾」と呼称する。湾奥部には香東川旧河道（現・御坊川）や詰田川・春日川・新川といった、高松平野を流れるほぼ全ての河川が注いでおり、供給された土砂と沿岸流により湾出口付近に二条の大規模な砂堆が形成されていた。『南海通記』では、近世初頭まではこの砂堆を利用した「海の中道」が存在したという。

野原郷は古・高松湾の西岸から北西端に位置しており、八輪島はその中でも西側の湾出入口にあたる。香東川旧河道（御坊川）を挟んだ東側には香東郡太田郷（近世には野原郷）に属した今里・松縄、さらにその東側の湾最奥部に山田郡木太（喜多）郷があり、東岸に山田郡高松郷がある。湾北東部を塞ぐ屋島には、方本（東方本）と西方本があり、前者は高松郷に、後者は木太郷に属す（『寛永十年讃岐国絵図』）ことから、海域を挟んで対向する地域の結び付きが看取できる。

2　古・高松湾における政治権力の拮抗関係

古・高松湾周辺における政治権力は、古墳時代以来、西岸地域（野原郷・坂田郷）と東岸地域（高松郷）に所在し、拮抗関係とも言い得るような対照的な在り方を示してきた[31]。それを象徴する事象が、①平氏政権による屋島の拠点化（寿永二年～文治元年、一一八三～八五）、②南北朝期の細川定禅と高松（舟木）頼重との抗争（建武二年〈一三三五〉）、

③戦国期の香西氏と植田一族との抗争（十六世紀前半〜中葉）、である。

平家が屋島を拠点とした一年三ヶ月の間、平氏は屋島を拠点に備中水島と摂津福原への両面展開を試みて一旦は成功し、勢力を挽回している。都を睨みつつ、このような多方面での迅速な軍事行動の拠点としては、屋島は最適な位置にあったと考えられる。同じ古・高松湾でも野原に拠点を置かなかったのは、野原庄が皇室領庄園であること、また石清水八幡宮と繋がる石清尾八幡宮が存在したこと、さらに屋島が古代山城の築かれた「要害の地」であったことなどによると思われる。平家の滞在を支えた経済的基盤は、屋島の方本あるいはその後背地である高松郷・牟礼郷に存在したと推測され、義経はこの基盤を叩くために背後から平氏を攻略したのであろう。

後醍醐天皇に従い、高松郷に本拠を構えた舟木頼重に対し、足利尊氏に与した細川定禅が鷺田（坂田）庄で挙兵し、香西氏・詫間氏などとともに頼重を滅ぼした。(32) つまり、古・高松湾東岸の高松郷が、建武政権による讃岐支配の拠点と見なされ、それを西岸の後背地である坂田郷側から攻略したのであり、都との繋がりを前提にした古・高松湾をめぐるヘゲモニー争いという意味合いが考えられる。(33) やや遅れて中讃地方で行われた、細川清氏（南朝方）と細川頼之（北朝方）の抗争（白峰合戦、康安二年〈一三六二〉）が、松山津と宇多津の対向関係を表していると見られることと軌を一にしており、ほぼ同じ時期に備讃海峡の東西でこのような現象が起きたことは注目される。

戦国期には、古・高松湾西側の香西氏と、古・高松湾東側の植田一族（十河・神内・三谷氏）の勢力圏が古・高松湾の奥部（中央部）、すなわち香東郡と山田郡の郡界付近で交錯した。しかし次第に香西氏が、海浜部沿いに山田郡内へと勢力を伸張させるようになる。元来、植田一族の本拠は阿波三好氏との繋がりもあり高松平野奥部（山田郡南部）に置かれていたが、神内氏は戦国期に本拠を木太郷へと移転させて、かろうじて香西配下の真部氏の向城と対向するようになる。以上から古・高松湾周辺では、香西氏＝西岸が優位で東岸を次第に吸収していくような動きが指摘できる。

　こうした拮抗関係を見ると、中世を通じて高松郷（屋島周辺）優位から野原郷優位に変化していく様子が読み取れる。そしてそれに決定的な終止符を打ったのが高松築城であり、「高松」の地名が野原に移されたことはその象徴的な事象といえる。(34)

3　古・高松湾をめぐる流通関係

　中世前期の流通関係を最もよく示す資料は、和泉型瓦器椀・皿の分布状況である。(35)既述した八輪島の荷揚げ場（礫敷き遺構）で出土した中世土器のうち、三七〜四三％が和泉型を主体とする瓦器であったが、内陸部の空港跡地遺跡f地区や六条・上所遺跡では〇・五〜三・五％と極めて低率であり、平野部の一般村落と港町（荷揚げ場）での差異は明確である。野原とは香東川旧河道で繋がる坂田郷の松並・中所遺跡では、瓦器が一九％とやや高い比率を示しており、地域内での再分配が野原八輪島→坂田郷→内陸部村落の順に、港町を起点に行われたように見える。ただし、内陸部においても日暮・松林遺跡のように五〇％近い比率を占め、内陸交通との関係(36)などの要因により単純な把握が難しい遺跡がある。また古・高松湾沿いでは野原だけが高率なのか、沿岸部では概ね高率なのかは、古・高松湾奥部と東側での資料の検討が必要である。

　中世前期と後期の変化を示す資料は、讃岐国内産の石塔の分布が挙げられる。松田朝由氏によれば、讃岐の石塔は材質と形態から中・西讃の天霧系と東讃の火山系とに大別でき、中世前期には宇多津周辺がその境界であったが、中世後期になると高松平野東側（古・高松湾東側）が境界となるという。(37)また柏徹哉氏は、中世の想定道路網にもとづくネットワークボロノイ分割により中世石塔の分布を検討したが、十五〜十六世紀前半の火山系五輪塔、十六世紀後半の天霧系五輪塔、十五世紀末〜十六世紀の豊島産五輪塔の分布に、野原が中継的役割を果たしていると結論している。[38]中世後期の野原に複数地域からの石塔が搬入されており、同時期の港町としては珍しい多方面に向いた流通形態を取るようになることが指摘できる。

瓦器・石塔とも、古・高松湾周辺への流通が海浜部（野原を含む）を介しており、ある意味で地理的勾配に沿った、非常にオーソドックスな流通形態であるといえる。一方、「兵庫北関入船納帳」に記載された塩を見ると、野原・香西・平山・宇多津が東讃地方の塩（主に方本塩）と西讃地方の塩（主に詫間塩）の流通範囲の境界にあたり、中世前期〜後期の石塔分布圏の境界のぶれ幅に収まる状況を示している。野原に入った塩は方本塩のみであるが、これに備讃海峡周辺で獲られたと見られる赤鰯を加えると、やはり双方向的な流通形態と捉えることができる。

以上のように、中世後期には古・高松湾での野原の流通機能の優位は確立していたものと推測される。

三　中世から近世へ〜高松城下町の在地的要素〜

天正十五年（一五八七）八月、豊臣政権の有力大名・生駒親正が讃岐の領主となった。親正はまず讃岐東端の引田城に入り、その後、讃岐中央部の宇多津・聖通寺山城に移ったが、翌天正十六年には野原に新城の建設を開始し、かつて古・高松湾を挟んで対抗関係にあった地名を取り「高松城」と名付けた。かつての八輪島に城郭を置き、海に面した本格的な水（海）城であり、西国の織豊系城郭としては最初期の事例である。城外には求心性の強い「竪町型」の町人地が設定され、その周囲を総構えと寺町で区画する、典型的な織豊系城下町の構成を取るように見える。

しかしそこには、いくつかの在地（中世）的要素が見られることに注意したい。具体的には、①町人地の地割が、野原庄の四至表示にも用いられた条里型地割をベースに、新たな規格で改変したものであること、②武家屋敷地の境界施設が一六三〇年代までは個別完結的な素掘り溝であり、これらが並列する中世後期以来の集落形態と同じ方式で武家地を形成すること、③武家屋敷には一六〇〇年以前の土器・陶磁器などの廃棄が極めて少なく、また一六二〇年代にも屋敷の作事が行われており、当初は家臣の城下への常住が必ずしも徹底していなかったと見られること、④城下を起点とする複数の街道の全てが戦国後期までに成立していたと考えられること（『一円日記』記載の旅程から）、⑤建前上は城下から切り離された近郊部分も含めて、「野原五個庄」という領域認識が残存していたこと、⑥城下周縁の寺社地に、中世以来の境内地として継承・再生されたエリア（西浜・御坊町）を含むこと、などである。

無論、高松城下町を成立させた新たな領主権力と、その都市計画・政策は、中世野原の自律的な展開からは生じ得なかったものであり、その意味で中世と近世の間に横たわる断絶を正当に評価することには何ら異議はない。ただし上記した①〜⑥は、野原の中世的達成が個別に城下町へと取り込まれていったこと、あるいは容易に払拭できない在地性の存在を端的に示す事象といえよう。

四　中世野原から提起される諸問題

1　「場所性」の形成過程

野原（高松）の古代〜近世を見通すと、内陸側の石清尾八幡宮周辺と海浜部の八輪島（「八幡島」）という関係を基層とし、後者の重要性が次第に増大して都市的要素と人口が集積されていくという過程が見えてくる。最終的には八輪島に近世城郭・高松城が築かれ、領主権力による都市性の吸収・継承が行われた。既述した城下町の在地的要素とも併せるならば、やはり高松城・城下は野原の古代・中世の歩みの上に位置付ける必要があろう。

野原における都市性の増大は、古・高松湾という海域世界内部の変化（政治権力・流通構造）とも連動していた。野原から高松への読み替えは、その結果である。

このように地域内や周辺地域との関係の中で、都市性の具体像は変化していくが、同時にそこに通底するような基層的な構造にも注意する必要がある。そこに地域特有の「場所性」が表れていると考えるからである。

2　中世港町の特質

中世前期の港湾施設に隣接しない「索漠とした」景観から、中世後期の海浜部に緩やかに集合した分節的な単位の並列への変化は大きく、十三世紀後半～十五世紀代を中世港町・野原の成立期と見なすことができる。このことは、宇多津・仁尾・志度などでも明確に指摘できる。

ところで港町の本源的な構成要素は港湾施設であるが、それと街路・集落（マチ）との関係を論じた宮本雅明氏の所論[39]は、限定的な港湾空間に直交する構成を取る「タテ町型」と、水際に開放された港湾に平行した構成を取る「ヨコ町型」の二類型を設定し、中世にはタテ町型による管理交易が行われたとする点で興味深い。

とはいえ十六世紀の野原では、海浜部で複数の港湾施設と集落が存在したと推測でき、市村高男氏が尾道などで指摘する連鎖的な港町の構成[40]と共通する。こうした傾向は、讃岐では宇多津や仁尾など、規模の大きな港町ほど明瞭である。これらをタテ町型のやや分散的な並列、あるいは疎らなヨコ町型とでも表現できるとすれば、ヨコ町型とどの程度質的な差異があるかが問題となろう。

歴史的段階（中世→近世）として「タテ町型」と「ヨコ町型」の二類型を見ることには疑問を感じるものであるが、

振幅はあるにしても港湾が管理されるべき限定的な存在であるとすれば、「タテ町型」はその原初的かつ最小単位としての姿を示すモデルとして見ることは可能である。近世以降の展開も睨みながら、港町の空間構成を改めて検討することが課題となろう。

註

（1）『金毘羅参詣名所図会』（『日本名所風俗図会』14、角川書店、一九八一年）の石清尾宮の項。
（2）『讃岐国名勝図会』（『日本名所風俗図会』14、前掲）の石清尾八幡宮の項。
（3）『讃岐国名勝図会』（前掲）の石清尾八幡宮の項。
（4）八輪島の呼称については、転輪聖王が四州を統御した際、この場所に留まった輪宝が「八輻輪」であったからとする説もある（『贈僧正宥範発心求法縁起』〈『善通寺市史』第一巻、善通寺市、一九七七年〉）。また海浜部の砂州（砂堆）の形状に由来すると見ることもでき、検討すべき課題は多い。なお、本稿と関連する重要な論考として市村高男「中世讃岐の港町と瀬戸内海海運―近世都市高松を生み出した条件―」（『海に開かれた都市～高松―港湾都市九〇〇年のあゆみ～』〈香川県歴史博物館、二〇〇七年〉）があり、八輪島についても論及されている。八輪島については上野が別稿を予定している。
（5）脇田晴子「中世の交通・運輸」（『講座・日本技術の社会史』第八巻、日本評論社、一九八五年）。
（6）『贈僧正宥範発心求法縁起』（前掲）。
（7）渋谷啓一「『野原』の訓みをめぐって」（『「シンポジウム　港町の原像」準備会会報』二号、二〇〇七年）。
（8）応永八年三月十七日書写「大般若経」奥書（『讃岐国名勝図会』〈前掲〉の石清尾八幡宮の項）。
（9）『さぬきの道者一円日記』（田中健二・藤井洋一「冠纓神社所蔵永禄八年『さぬきの道者一円日記』（写本）について」

(10)『香川大学教育学部研究報告』第Ⅰ部第九七号、一九九六年)。
(11)佐藤竜馬『サンポート高松総合整備事業に伴う埋蔵文化財発掘調査報告第4冊　高松城跡（西の丸町地区）Ⅱ』（(財)香川県埋蔵文化財調査センターほか、二〇〇三年）、松本和彦編『サンポート高松総合整備事業に伴う埋蔵文化財発掘調査報告第5冊　高松城跡（西の丸町地区）Ⅲ』香川県教育委員会ほか、二〇〇三年）。
(12)佐藤竜馬「中世～近代の港湾施設」（『港町の原像―中世港町・野原と讃岐の港町―』四国村落遺跡研究会シンポジウム資料、二〇〇七年）。
(13)小川賢・片桐節子『高松城跡（東町奉行所跡）』（高松市教育委員会、二〇〇五年）。
(14)脇田晴子「中世の交通・運輸」（前掲）。
(15)『讃岐国名勝図会』（前掲）の若一王子神社の項。
(16)『讃岐国名勝図会』（前掲）の愛宕大権現の項。ただし『讃州府志』は弘安年中（一二七八～八八）の建立とする。
(17)『讃岐国名勝図会』（前掲）の蓮華寺の項。
(18)「北野経王堂一切経」（『大日本史料　第七編之十六』）の「大般若波羅蜜多経巻第一百七十九」ほか。
(19)「重讃売券」（『熊野那智大社文書』）。
(20)『讃岐国名勝図会』（前掲）の無量寿院の項。
(21)「大毘遮那成仏経疏　巻第三（奥書）」（『真福寺善本目録』続輯、一九三六年）。
(22)「北野経王堂一切経」（前掲）の「観察諸法行経巻第三」。
(23)『親長卿記』文明五年三月二十四・二十七日条。
(24)中西克也ほか『市街地再開発関連街路事業（高松駅南線）に伴う埋蔵文化財発掘調査報告書　第1冊　高松城跡（無量寿院跡）』（高松市教育委員会、二〇〇五年）。
渡部明夫・真鍋昌宏ほか『高松城東ノ丸跡発掘調査報告書』（香川県教育委員会、一九八七年）。

(25) 大嶋和則編『史跡高松城跡整備報告書　第1冊　鉄門石垣調査・保存整備工事報告書』(高松市教育委員会、二〇〇七年)。
(26)『続群書類従』三二輯上。
(27) 上野進「中世の無量寿院に関する史料について──『贈僧正宥範発心求法縁起』を中心として──」(香川歴史学会大会報告レジュメ、二〇〇五年)。『海に開かれた都市～高松──港湾都市九〇〇年のあゆみ～』(前掲)。
(28)『北野社家日記』明応二年二月十日条。
(29) 千枝大志「中近世移行期山田における近地域間構造」(『中世都市研究13　都市をつなぐ』新人物往来社、二〇〇七年)。
(30) 橋詰茂『瀬戸内海地域社会と織田権力』(思文閣出版、二〇〇七年)。
(31) 渋谷啓一「高松の位相　讃岐・瀬戸内・西日本」(『「シンポジウム　港町の原像」準備会会報』一号、二〇〇七年)。
(32)『太平記』巻第十四「諸国朝敵蜂起事」。
(33) 渋谷啓一「高松の位相　讃岐・瀬戸内・西日本」(前掲)。
(34) 渋谷啓一「高松の位相　讃岐・瀬戸内・西日本」(前掲)。
(35) 松本和彦「瓦器椀の多寡が意味するもの──12・13世紀の土器流通システムについて──」(『十瓶山Ⅱ』二〇〇六年)。同「高松平野における中世土器の流通形態」(『「シンポジウム　港町の原像」準備会会報』二号、前掲)。
(36) 佐藤亜聖「西日本における土器流通」(『中近世土器の基礎研究』XⅧ　日本中世土器研究会、二〇〇四年)。
(37) 松田朝由「讃岐における石造文化圏について」(『中世讃岐の石の世界』石造物研究会、二〇〇五年)。
(38) 柏徹哉「ネットワークボロノイ分割による中世讃岐の石塔分布圏に関する模擬実験」(『中世讃岐の石の世界』前掲)。
(39) 宮本雅明「日本型港町の成立と交易」(『シリーズ港町の世界史②　港町のトポグラフィ』青木書店、二〇〇六年)。
(40) 市村高男「中世日本の港町──その景観と航海圏」(『シリーズ港町の世界史②　港町のトポグラフィ』前掲)。

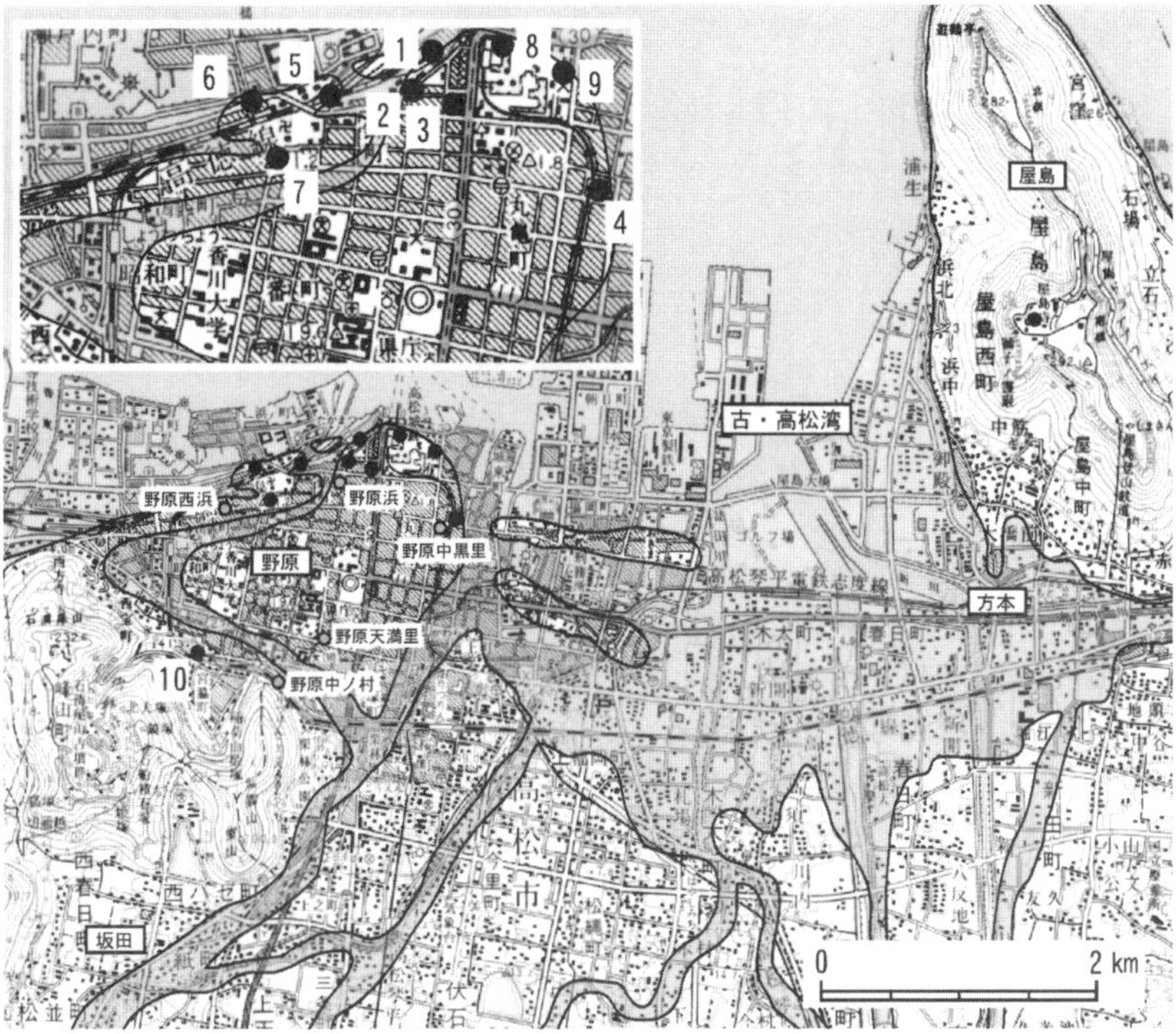

図　古・高松湾の地形復元（中世後期～高松城築城期）

1：高松城跡（西の丸町C地区）
2：高松城跡（西の丸町B地区）
3：高松城跡（無量寿院跡）
4：高松城跡（東町奉行所跡）
5：浜ノ町遺跡
6：蓮華寺
7：若一王子神社
8：高松城跡（鉄門石垣）
9：高松城跡（東ノ丸、県民ホール地点）
10：石清尾八幡宮

松本和彦氏作成の図に加筆。図の作成にあたっては小野秀幸氏の援助を受けた。

地形図は1／50,000「高松」（平成2年11月1日発行）、「高松南部」（平成12年2月1日発行）を使用した。

野原年表（1）

西暦	年号	野原関係事項	周辺地域の事項	出　典
667	天智6		山田郡に屋島城を築く	日本書紀
903	延喜3	中黒の地に中黒華下宮創祀		（社伝）
918	延喜18	石清水八幡宮を野原の地に勧請し、石清尾八幡宮成立		金毘羅参詣名所図会
921	延喜21	槻本神社、朝廷より従五位を授かる		類聚符宣抄
1084〜87	応徳年間	白河院の勅旨田を立庄して野原庄とする		安楽寿院古文書
1114	永久2	藤原宗忠、藤原顕季が申請した野原庄における濫妨の件を白河院に上奏		中右記
1143	康治2	野原庄の四至が条里坪付で表示。野原庄は鳥羽皇后美福門院の皇后宮職領で、年貢の一部を安楽寿院に貢進		安楽寿院古文書
		この頃、野原の海浜部に荷揚げ場が構築される（高松城跡西の丸町地区：12〜13世紀）		
1183	寿永2		平氏、屋島に拠る（〜1185）	平家物語
1185	文治1		屋島の合戦で平氏敗れる	平家物語、吾妻鏡
1225	嘉禄1	天王寺別当の尊性法親王、野原庄を天王寺念仏三昧院に寄進（本家妙法院門跡、領家念仏三昧院主となる）		妙法院文書
1245	寛元3	念仏三昧院主公性、野原庄の領家職を太政法印へ譲る		妙法院文書
1275	建治1	岡田丹後守宗重、熊野から若一王子神社を勧請		讃岐国名勝図会
1306	嘉元4・徳治1	野原庄は比叡山横川長吏覚守法印の知行 僧宥範、西宮から船で野原庄内の八輪島観音堂前に到着、無量寿院に滞在する		昭慶門院目録案 贈僧正宥範発心求法縁起
1309	延慶2	「讃岐国香東条野原庄　石清尾八幡宮住持法宝也」の経箱		讃岐国名勝図会
1334	建武1	医書「伝屍病廿五方」が野原で書写される		続群書類従
1335	建武2		細川定禅、鷺田（坂田）庄で挙兵し、高松郷で舟木頼重を討つ	太平記
1353	文和2	妙法院支配の諸職に野原庄を管掌する念仏三昧院主職が掲げられる		妙法院文書
1363	貞治2	細川頼之、伊予河野氏の征討時に石清尾八幡宮で戦勝祈願、臨時の祭りを行う（右馬頭祭の始まり）		讃岐国名勝図会
1371	応安4	細川頼之、石清尾八幡宮に禁制		石清尾八幡神社文書
1375	永和1	僧祐玄、「讃州野原無量寿院談義所」において「大毘盧遮那仏教疏　巻第三」を書写する		真福寺善本目録　続輯
1401	応永8	「讃岐国香東郡野原庄　石清尾八幡宮本書写之」の奥書のある大般若経		讃岐国名勝図会

野原年表（2）

西暦	年号	野原関係事項	周辺地域の事項	出　典
1408	応永15	この年に石清尾八幡宮で書写した奥書ある五部大乗経		讃岐国名勝図会
1412	応永19	野原福成寺・無量寿院、野原西浜極楽寺にて大般若経書写	香西入道常建が年貢170貫文で神護寺領坂田郷の所務代官職を請け負う	北野経王堂一切経
1437	永享9		「讃州香東郡大田郷松直権現若一王子」と記される	備前市妙国寺鰐口
1444	文安1	空山、蓮華堂を開創		
1445	文安2	兵庫北関に野原籍船が通過		兵庫北関入船納帳
1462	寛正3	妙法院門跡教覚准后、野原庄年貢のうち1万疋の沙汰について日野氏に礼を述べる		妙法院文書
1467～69	応仁年間		宮脇越中守長定、紀州より移住し野原・太田2郷を領有	
1471	文明3	蓮華堂、岡田氏の保護により蓮華寺となる		
1473	文明5	讃州坂田無量寿院の極官について、大覚寺門跡が奏聞、住持増専を権僧正に任じる宣旨が出される		親長卿記、讃岐国名勝図会
1481	文明13	野原角之坊に関する熊野の旦那売券		熊野那智大社文書
1492	明応1	讃岐国人香西千寿丸が野原庄の年貢を請負い、その一部300疋を妙法院に納入		北野社家日記
1493	明応2	香西千寿丸、野原庄年貢の未納2000疋を妙法院に納入		北野社家日記
1495	明応4		讃岐の国人蜂起し、京都から派遣された牟礼氏を殺害する	大乗院寺社雑事記
1508	永正5	国人領主香西氏の配下である真部・楠川・雑賀（以上「土居構ノ小城持」）、唐人弾正・片山玄蕃・仲備中・岡本・藤井（以上「塹セヲ構ヘタル者」）などの野原の領主が、香西氏とともに山田郡三谷城を囲む		南海通記
1532～55	天文年間	坂田無量寿院、兵火で焼失し野原八輪島へ移転、天文年間の紀銘のある瓦（高松城跡無量寿院地区）		讃岐国名勝図会
1565	永禄8	伊勢御師・岡田大夫、野原中黒里・野原浜・野原西浜・野原天満里・野原中ノ村を廻檀し、初穂料を集める	伊勢御師・岡田大夫、高松里や方本里などを廻檀する	さぬきの道者一円日記
1570	元亀1	岡田丹後守清高、若一王子神社の社殿再興（正殿棟札）		讃岐国名勝図会
1571	元亀2	国人領主香西氏の配下である藤井・雑賀・岡田丹後・真部（以上「城持ノ旗下」）、楠川太郎左衛門（以上「其村持タル者」）、唐人弾正・片山志摩・藤井太郎左衛門・仲飛騨守（以上「香西城下名アル村主」）などの野原の領主が、香西氏とともに備前児島へ侵攻		南海通記

野原年表（3）

西暦	年号	野原関係事項	周辺地域の事項	出　典
1575	天正 3		香西氏、香西浦の藤尾城を建設（～1577）	南海通記
1579	天正 7		佐料城から藤尾城下に配下の小領主たちが移転	南海通記
1582	天正10		長宗我部元親、香西・藤尾城を攻め、香西氏を降伏させる	南海通記
1583	天正11	十河存保、野潟の勝法寺を三木郡へ移転	長宗我部元親、高松郷の喜岡城を攻め、十河存保を京都へ敗走させる	興正寺文書、讃岐国名勝図会
1584	天正12		仙石秀久・小西行長、喜岡城を攻めるが陥せず	南海通記
1585	天正13		宇喜多秀家・蜂須賀正勝・黒田孝高・仙石・小西ら屋島から高松郷に上陸、喜岡城を攻め落とす。仙石秀久、讃岐の領主となり、宇多津・聖通寺山城に拠る	南海通記
1587	天正15		仙石秀久、九州攻めの失敗を責められ、讃岐を没収される。新たに領主となった尾藤知宣も九州攻めに失敗、讃岐を没収。生駒親正が讃岐に入り、引田次いで聖通寺山城に拠る	南海通記
1588	天正16	生駒親正、野原庄の地に城と城下町を建設（～天正18）、高松と名付ける。八輪島の無量寿院は城内のため西浜へ移転、宝蔵寺は西浜の安楽寺屋敷隣接地に寺地を与えられる（のち真行寺）、丸亀東福寺を城下に移転し見性寺とする、丸亀浄願寺を高松城下へ移転させる		南海通記、讃岐国名勝図会、御領分中寺々由来
1594	文禄 3	福善寺、坂田郷から内町へ移転		御領分中寺々由来
1596	慶長 1	寺町に妙朝寺創建		御領分中寺々由来
1598	慶長 3	生駒一正、宇多津海蔵寺を城下に移転させ、法泉寺とする		御領分中寺々由来
1607	慶長12	石清尾八幡宮、生駒一正より社地と再建のための所領を寄進される、境内に阿弥陀院創建		御領分中寺々由来
1609	慶長14	生駒一正、鵜足郡法勲寺を城下に移転させ、弘憲寺とする		御領分中寺々由来
1610	慶長15	生駒正俊、丸亀商人を高松城下に移住させ、丸亀町とする		綾北問尋鈔
1614	慶長19	生駒正俊、三木郡の勝法寺を御坊町へ移転させ、興正寺別院とする		御領分中寺々由来
1624	元和10・寛永 1	上坂勘解由の屋敷へ材木40荷が運び込まれる（高松城跡西の丸町地区出土木簡）		
1632	寛永 9	寺町に慈恩寺創建		御領分中寺々由来

野原年表（4）

西暦	年号	野原関係事項	周辺地域の事項	出　典
1638	寛永15	寺町に大本寺創建		御領分中寺々由来
1640	寛永17	生駒高俊、家中の対立（生駒騒動）のため、出羽国矢島1万石へ転封。西条・大洲・今治藩による讃岐分治が行われる		生駒家廃乱記
1642	寛永19	松平頼重、常陸下館5万石から東讃12万石の領主として高松入部		
1644	寛永21	松平頼重、鎌倉鶴岡八幡宮に倣い石清尾八幡宮の社殿を造営		讃岐国名勝図会
1650	慶安3	城下への不審な山伏の取締と、城下愛行院支配山伏への札所持を命ずる町触		高松藩御令條之内書抜
1651	慶安4	城下町人の田畑買得と耕作を禁ずる町触、浦々から他所へ薪を出すことを禁じ高松城下へと出すよう命ずる触れ		高松藩御令條之内書抜
1652	承応1	近郊から城内へ縄・莚を売りにきた者の喫煙を禁止する、城下町人の耕作を手形制とし年貢米の納入を義務付ける		高松藩御令條之内書抜
1657	明暦3	在郷から城下への炭の振り売りを禁ずる町触		高松藩御令條之内書抜
1660	万治3	城下武家地と町人地への在郷からの肥（屎尿）の売買を禁ずる町触		高松藩御令條之内書抜
1664	寛文4	西浜墓所を普請し、宗派によらずここへの埋葬を命ずる町触		高松藩御令條之内書抜
1666	寛文6	城下米蔵前での私的な米の売買を禁ずる触れ		高松藩御令條之内書抜

三好政権と東瀬戸内

天野　忠幸

はじめに

戦国期に畿内に基盤を有した武家は単に一地域権力にあるにとどまらず、全国的な影響力を持つ政権へと成長した。室町幕府を専制的に統御した細川政権や、足利将軍を京都から追放した三好政権は、畿内近国から東四国に至る地域を支配した。(1) そのため、細川—三好政権は「環大阪湾政権」とも呼ばれる。また、約十年に及ぶ大坂本願寺との戦いに勝利し畿内を制圧した織田政権は、四国政策をめぐる重臣間の対立により崩壊したともいう。(2) その後、豊臣政権は大坂を拠点に天下統一を進めた。こうした政治史を踏まえると、畿内を他地域から切り離すのではなく、東四国も含めた東瀬戸内という地域を設定して検討する必要があろう。

また、流通構造においても、『兵庫北関入船納帳』（一四四五年）によると備讃瀬戸以東では船は中・小型化し、『海東諸国記』（一四七一年）には兵庫と淡路・讃岐・阿波を結ぶ短距離海路網が記載されているなど、(3) 東瀬戸内で一つの世界を形成していた。

しかし、大阪湾から下関や厳島に至る瀬戸内海の基幹航路と村上水軍や、紀伊半島周りの航路と熊野水軍など、東瀬戸内と他地域の関係は検討されても、東瀬戸内内部への視点は、『兵庫北関入船納帳』の分析以外ほとんどない。

そのため、東瀬戸内を支配する権力が政権へ成長する要因については、国際交易都市堺や首都京都に向かう海陸の交通路の要衝を掌握したということがとりあげられる程度で、中世後期の一般的な状況の中でしか説明されていない。

そこで、十五世紀末より阿波守護細川氏の被官として京都で活動し、十六世紀中葉に細川管領家や足利将軍を追放して畿内を支配した三好氏を対象に検討する。三好氏の台頭の背景について今谷明氏は、三好元長が堺で足利義維を擁立したことを根拠に堺の豪商との関係を主張したり、『兵庫北関入舩納帳』にみえる阿波の特産品の藍と木材に着目したりしているが(4)、単に支配地域の重なりや十五世紀の状況からの類推に過ぎない。

本稿では、足利将軍を追放した三好長慶は細川氏や幕府とは異なる権力基盤を有していたことを重視し(5)、三好政権の形成を十六世紀中葉という時期の東瀬戸内の特質から位置づける。また、長慶の死後も地域権力として存在する三好氏との関係から、織田・豊臣政権の成立を検討したい。

一　東瀬戸内の変容と三好政権の成立

1　天文年間の画期

十六世紀前期になると畿内では、単に武家同士ではなく、広範な階層を巻き込んだ戦争がおこった。畿内の百姓や新興の都市民に支えられた天文元年（一五三二）の一向一揆と、それに続く京都の上層町衆を中心とする法華一揆である。この二つの一揆は、幕府管領家の細川晴元と京都最大の寺社権門である比叡山によって弾圧され、天文五年（一五三六）には収束に向かったが、東瀬戸内地域に大きな影響を与えることになった。

京都近郊の山科寺内町を焼き討ちにされた浄土真宗の本願寺が、本山を大坂へ移したことにより、大坂は本山寺内町として大きな発展を遂げていく。また戦国期、本願寺の末寺であった興正寺は堺商人と結び、瀬戸内海航路を利用した布教戦略に転換した(6)。同様に京都を追放された法華宗の諸本山は堺に避難したが、日隆門流の本山である尼崎の本興寺の寺内や門前が発展していく。日隆門流は京都の本能寺と尼崎の本興寺を両本山とし、堺の顕本寺を西日本の末寺頭とする。さらに、兵庫の久遠寺、淡路釜口の妙勝寺、讃岐宇多津の本妙寺、阿波撫養の安立寺など東瀬戸内諸国の一国を代表するような港から、遠くは種子島にまで末寺を有していた。末寺からの参詣や勤仕を集める求心力と、周辺の地域経済の核として都市特権を獲得する経済力や政治力を兼ね備えた本山系の寺内が、大阪湾に成立したのである。

十六世紀中葉の大阪湾をみると、堺では南北二つの荘と本郷端郷の関係が成立して個別町の共同体が姿を現し(7)、尼崎では本興寺が「尼崎惣中」に対して経済的に優越するようになっていた(8)。兵庫では、発掘調査によって生活道具の鍋形・釜形土器が十六世紀初期から中期にかけて減少していることが明らかにされており、十五世紀末ではなく十六世紀になってから衰退したことが指摘されている(9)。その一方で、久遠寺の旦那で近世兵庫の都市共同体の一つ「岡方」の名主となる棰井氏が、「郡借」という周辺地域における金融活動を基盤に台頭していた(10)。すなわち十六世紀中葉の天文年間は、大阪湾に位置する既存の港湾都市を主導する勢力が一斉に変化する時代であった。そして、堺だけではなく、渡辺や大坂、兵庫にも、国際貿易船の「唐船」が寄港しており(11)、いずれも高い経済力を有していたことを推測させる。

2　三好長慶の畿内進出

従来、東瀬戸内の国々の守護職を一族間で掌握していた細川氏に代わり、天文年間にこの地域において台頭したのが、三好長慶とその弟たちである（「三好氏略系図」参照）。三好氏は元々阿波の領主であったが、長慶の発給文書は四国にほとんどなく、長慶を主君とし松永久秀と三好長逸が補佐する「三好本宗家」は摂津を本国として畿内支配に専念した。長慶は兵庫の榁井氏に買得地を安堵した他、尼崎の本興寺寺内へ貴布祢屋敷を寄進し、堺の顕本寺には寄宿免許の特権を与えた[12]。同時期には、三好氏の被官の篠原盛家も宇多津の本妙寺に課役や寺中の宿を免許している。

三好氏は港湾都市の共同体を主導する日隆門流の商人や寺院を保護し、「堺南庄中」[13]など都市共同体宛に直接文書を発給して命令体系に取り込むことで、東瀬戸内の港湾都市を掌握していった。そして、松永久秀を兵庫防衛のため滝山城主にするとともに、自治都市平野の代官を兼ねさせた。長慶の三弟である十河一存は堺五ヶ庄に進出している。こうして、播磨の赤松氏や河内の畠山氏との境目の都市である兵庫・堺を防衛する体制を整えた。後に一存は長慶の命により和泉の岸

三好氏略系図

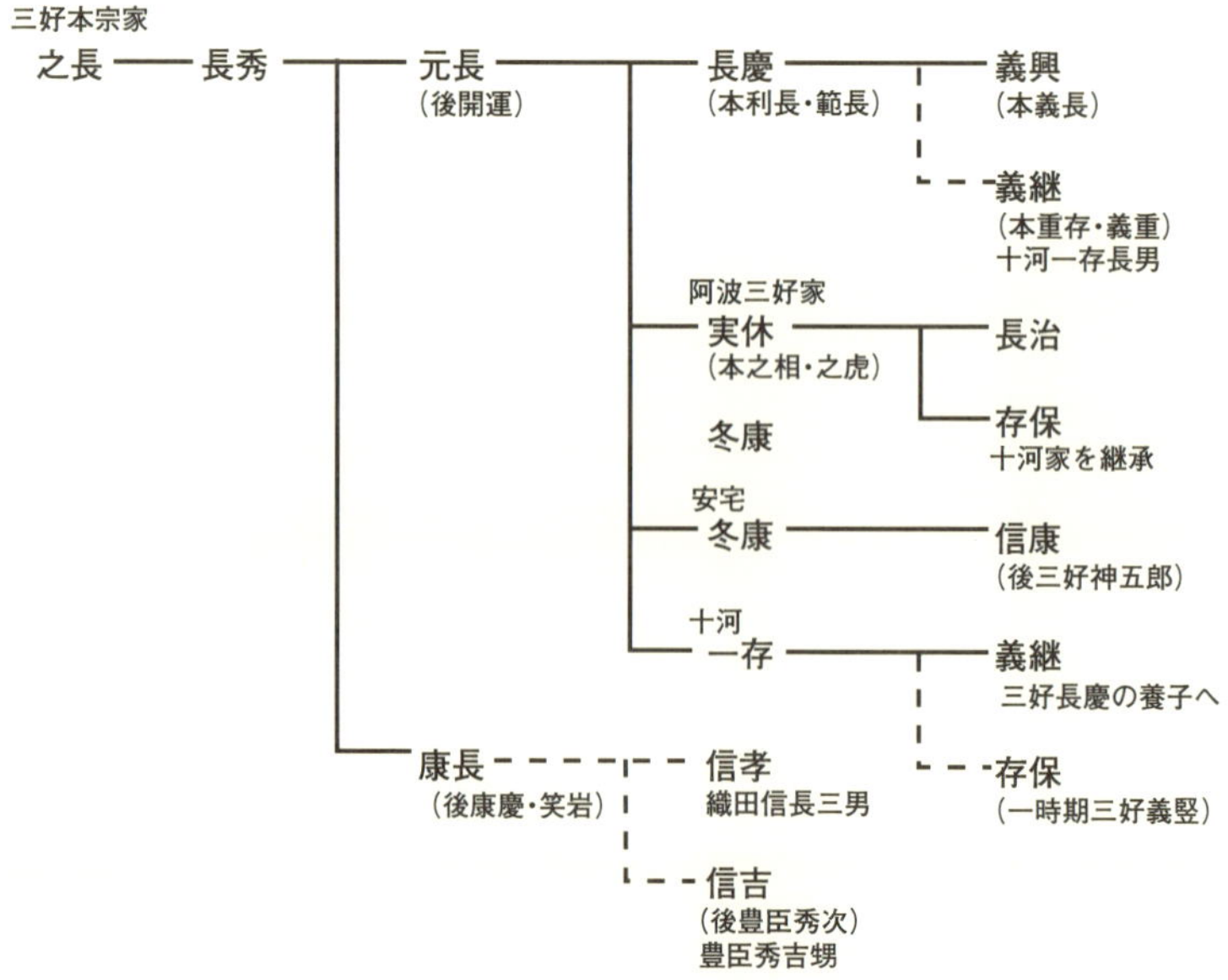

和田城に入城し、長慶の大阪湾支配の一端を担う。

このような長慶の畿内進出を支えた基盤を確認していく。一つ目は天文期の京都において、金融活動を行っていた東四国の領主である。

【史料1】[14]

一（飯中大）撫養隠岐後家（阿子女）○申状　天文十六　十二　廿一

右子細者、対方々族借遣要脚事合百十四貫文并（米十石）○（目録在別紙、）、（窪與九郎事、）○任徳政御法、十分一進納之上者、本利共以

可加催促由、被成下御下知者、忝可畏者也、仍

天文十六年十二月　日

中山掃部助　四十貫文、あかさわかもん　十貫文、芥河（孫十郎）三十貫文、りん《いりゑ殿》きよくあん《ゑいりんのはう》三貫文、（細川二郎）駿河守殿　十

石、（細川八郎殿）摂津守殿　十寛文、友成與五郎　六貫文、上京九郎左衛門尉　五貫文、

以上百十四貫文

撫養隠岐後家阿子女と窪與九郎が、芥川孫十郎など三好一族や細川一族、上京の町人に対して貸付をおこなっており、幕府に債権の保護を訴えている。撫養氏は長慶の曽祖父である之長の執事を務め[15]、窪與九郎は十河一存の家中であった[16]。長慶の父元長の「年寄中」や長慶初期の「家中衆」を構成した塩田・森・市原・篠原・加地氏は、阿波の吉野川中流域から淡路の西南部の領主であるが、この地域は近世に続く藍作地帯で、『兵庫北関入船納帳』によると、阿波の藍の半分が吉野川河口に近い撫養から積み出されていた。また、十河氏も讃岐の庵治や方本などの港湾を影響下におく領主であるが、阿波南部の港が材木を主に運搬するのに対して、平島以北の撫養をはじめとする阿波北部から讃岐の港は農作物を主に運搬する点に共通性がある。すなわち、阿波北部や讃岐の流通に関与する領主が、藍など

の商品作物を元手に京都に進出して金融活動を行っていたことが、三好氏が畿内に進出する経済的な基盤となっていたと推測される。

二つ目は、長慶の二弟の安宅冬康である。洲本の冬康は淡路島東岸の釜口妙勝寺を保護する菅水軍や、南岸の沼島を本拠地とする梶原水軍を包摂した安宅水軍を率い、大阪湾の各港で活動した。兵庫の棰井氏に蔵や徳政を免許し、尼崎に寄港した際には本興寺の「日蓮共〔〕」を取り立てると浄土真宗の「大物長衆」から警戒され、堺の顕本寺では兄の長慶や之虎（実休）を先例として寄宿を免許している。また大坂の対岸の榎並に代官を置くなど、長慶による港湾都市の把握を前提に、大阪湾の港湾で経済活動を展開した。

三つ目は、東瀬戸内と京都を結ぶ淀川の交通である。大坂本願寺は淀川の通行保障に常に注意を払い、伏見の津田氏や淀の藤岡氏に礼銭を支払っていた[17]。長慶にとっても、東瀬戸内と京都の経済的結合のため、淀川の通行保障は懸案事項であった。そのため長慶は、京都汁谷口の問屋である今村慶満をはじめとし、伏見の津田経長、淀の藤岡直綱、三島江の鳥養貞長を「内者」に編成し[18]、淀川河口部に本拠をおく渡辺千満には所領安堵を行うなど淀川水系の領主の把握に努めた。

このように三好長慶は、東瀬戸内の流通を担う領主を編成することで、細川晴元や足利義輝を克服していくことができたのである。

3　小括

天文の一向一揆や法華一揆を契機として、十六世紀中葉に全大阪湾規模で既存の港湾都市の主体が変化していく。新たに台頭した商人や寺院は、法華宗日隆門流などに属し、遠隔地流通と地域経済圏の結節点に位置する都市の共同体を主導した。中でも大阪湾岸の本山寺内や「唐船」が寄港する港町は、新たな求心力を獲得し、四国東岸地域も京都に進出する経済力を持つなど、東瀬戸内は前代とは異なり必ずしも京都に従属しない状況を形成していく。このため、摂津を直轄支配する三好長慶は、阿波・讃岐に長弟の実休、和泉に三弟の十河一存を配置し、東瀬戸内の流通を担う領主を編成して、港湾都市の新しい都市上層を掌握した。これらを基盤とした長慶は、在京を志向せず、越水・芥川・飯盛山と大阪湾地域に本拠地をおき東瀬戸内を支配することができたのである。

二　三好政権の領国拡大と変容

1　永禄年間の領国拡大の担い手

天文年間の三好氏の勢力範囲は、かつての細川氏とほぼ重なる範囲であったが、弘治から永禄年間になると各方面への拡大戦争がはじまる。その一端を担ったのが、阿波の勝瑞城を居城とした三好実休とその子の三好長治・十河存保の兄弟を主君とし、叔父康長や篠原長房など吉野川流域の領主を「惣中」とする「阿波三好家」であった[19]。

永禄二年（一五五九）九月から十二月にかけて、三好実休は西讃の反三好勢力である香川氏を討つため、伊予の河野氏や村上氏と同盟して出兵した。この出兵により、三好氏は毛利氏との対立を深めたため、大友氏の九州探題就任に尽力し毛利領に出兵させるなど[20]、西瀬戸内全体を巻き込む戦争を引き起こした。この出兵の際に三好氏が拠点としたのが、室町期に讃岐最大の港町であった宇多津ではなく、野原（現在の高松）であった。近世に編纂された『讃岐国名勝図会』興正寺高松別院の条を次に掲げる。

【史料2[21]】

（前略）初め勝法寺と号せしを天文年中興正寺証秀上人再造ありて野原郷野方に移せり、永禄年中三好実休寺地田園を寄附由今御坊川というハ其旧跡なり、実休泉州岸和田に戦没の後、十河存保寺を三木郡池戸村四角寺原にうつせり

永禄年中に三好実休が野原の興正寺に寺地を寄進し、実休の死後に十河存保が池戸に寺を移したと伝えている。このうち、十河存保による寺の移転は次の『興正寺文書』から確定できる。

【史料3】(22)

野原野潟之寺内、池戸之内四覚寺原へ引移、可有再興之由、得其意候、然上者、課役諸公事可令免除者也、仍如件、

（天正十一年）二月十八日　（十河）存保（花押）

寺内坊主衆中

おそらく、永禄二年（一五五九）の香川氏の天霧城攻めに際して、実休が港町野原を掌握するため、興正寺に寺地を寄進し保護したことが、野原における寺内形成の契機になり、「野潟之寺内」が成立したのであろう。

このように実休が戦争中に興正寺を保護する姿勢は、永禄三年（一五六〇）六月から始まる畠山氏との戦争で明確になる。河内の富田林は讃岐の高松と同様に興正寺の別院が存在し、「大坂並」の寺内特権を獲得したことでよく知られている。近年、畠山氏研究を進めた小谷利明氏は、従来「大坂並」の特権を保障する文言の初出とされた永禄三年の安見宗房の文書は写しで、宗房がこうした特権を保障できる地位に上昇するのは永禄五年（一五六二）であり、永禄三年は誤記である可能性が高いこと、そのため永禄四年（一五六一）の三好康長の発給文書に「大坂并諸公事免許事」とみえるのが、「大坂」並の初出であることを明らかにした。(23)富田林の寺内形成については、毛人谷《えびだに》など周辺

四ヶ村による開発伝承がある。それとは別に、児玉識氏は興正寺が堺商人と結び瀬戸内海沿岸に進出したことを明らかにし、また岡村喜史氏が堺から大和南部への街道沿いに布教活動が行われ末寺が分布していることを指摘している。(24)

また、堺の会合衆である豪商油屋を出自とする法華宗僧の日晄も実休の戦争に従軍し、実休が占領した高屋城内に法華宗の弘通所としての寺内を建立してもらっている。

すなわち、野原や毛人谷など在地の商人や土豪層の活動と、三好実休の戦争に密接に結合した興正寺を信仰する堺商人の活動が、「阿波三好家」より保護を獲得して興正寺が各地に寺内を形成していく契機となったのである。堺商人との関係を重視した「阿波三好家」は、加地久勝を堺代官として配置し(25)、独自に堺の把握を目指していく。

2　三好政権の衰退と畿内の都市

三好政権は長慶の死を契機に「三好本宗家」が分裂し、永禄九年（一五六六）頃から内紛に突入する。三好長逸を中心とする三好三人衆が「阿波三好家」の篠原長房の後援を受け十四代将軍足利義栄を擁立するのに対して、松永久秀は長慶の後継者である三好義継を擁立して、織田信長や足利義昭と結んでいく。

篠原長房は実休死後の「阿波三好家」で東四国支配を担当する一方、本願寺一家衆の摂津富田教行寺の娘を妻とし、畿内への出兵を繰り返した。ここで注目すべきは、阿波から摂津に進出したが、その後一年以上将軍に就くことができなかった足利義栄である。義栄は将軍に就任後も、京都や長慶以来畿内支配の象徴であった芥川山城(26)には入れず、富田寺内を在所とした。これは芥川山城の三好長逸が義栄の擁立には消極的で、むしろ篠原長房が積極的であったこと、三好政権が「本宗家」ではなく「阿波三好家」、特に篠原長房によって主導されていたことを如実に示している。

永禄十一年（一五六八）九月、織田信長が足利義昭を擁して畿内に進攻したのに対し、畿内の諸都市は三好三人衆方に与同する動きを示した。三好氏の代官が設置された堺は堀や櫓といった防衛施設の造営を急ぎ[27]、会合衆は堺と同様に三好方の代官が設置された平野の年寄衆中に同盟を持ちかけている[28]。浄土真宗寺内も信長に抗戦したため、摂津の郡山道場は破却され、義栄の在所であった富田も寺外が攻撃された[29]。翌年正月に三好三人衆が洛中に進攻した時には、八幡が三人衆方に兵糧を提供したため信長に攻撃され[30]、尼崎も四町が放火された[31]。三好政権の存亡の危機にあって、畿内の諸都市は揃って三好政権を支持したのである。

3　小括

十六世紀中葉の東瀬戸内には、新たな都市が次々と形成された。そうした動向の一つが、在地の商人や土豪層が成長し、興正寺派堺商人らと結ぶ三好実休の戦争を契機とした野潟や富田林の寺内化の進行であった。讃岐では細川氏の守護所で、西瀬戸内に面した宇多津に替わって、大阪湾側の野原が港湾都市として台頭し、南河内では畠山氏の守護所である高屋城の城下町古市に対して、陸上交通で堺と河川交通で大坂と連結する富田林が急速に発展するなど、地域構造の改変を伴う都市の形成が堺や大坂の求心力の下で行われた。こうした中で「阿波三好家」は、畿内の既存の大都市密集地帯の支配に専念する「三好本宗家」を下支えする役割を果たしていたが、長慶死後は分裂した「本宗家」に替わり、三好政権を主導していく。こうした三好政権は、畿内の諸都市から広範な支持を得ていた。

三　織豊政権の四国政策と東瀬戸内

1　「石山合戦」と信長の四国政策

永禄十一年（一五六八）から翌年にかけて、三好三人衆を畿内より追い落とした織田信長は、元亀元年（一五七〇）から約十年にわたる大坂本願寺との戦いを経る中で、畿内諸都市の掌握につとめていく。信長は堺や平野に代官を設置し、尼崎の法華宗長遠寺に寺内を建立するに際し「尼崎惣中」を動員した。また、富田林寺内への文書の宛先を「院内」から「寺内中」、そして「惣中」へ変更し、都市支配の対象を寺院から共同体へ移していく。(32)信長の政策は基本的には三好氏を踏襲するものであったが、寺院と都市共同体を分離して掌握する政策がより一層徹底していくことになった。

東瀬戸内は織田信長、本願寺顕如、三好長治に分断され支配されたが、それを象徴するのが淡路水軍であった。安宅冬康の息子信康は、その諱が示すように信長方に属し堺南庄を安堵された。(33)しかし、長治の滅亡を機に天正五年（一五七七）一月には本願寺方に属し、翌年に毛利氏が劣勢になると信長方へ復帰する。(34)そして、天正九年（一五八一）九月に中国方面司令官の羽柴秀吉が淡路を占領すると、秀吉に属するなど変転を重ねた。逆に、船越水軍は長治より徳政免除の特権を得ていたが後には毛利方に属し、菅水軍は毛利方から長宗我部方に転ずるなど、淡路水軍は分裂し各自で諸勢力と結び行動していった。

東四国を支配した「阿波三好家」では、篠原長房が対信長主戦派として活動し、永禄十一年（一五六八）十一月には讃岐野原の香西又五郎を率いて、元亀二年（一五七一）には塩飽衆や備前の浦上宗景と結んで、信長と同盟する毛利氏と戦った。また、本願寺顕如より直接要請を受け、「石山合戦」にも参戦した。こうした反信長の姿勢が変化するのが、元亀四年（天正元年・一五七三）である。長治の弟で十河家を継ぎ堺に居住していた存保が、四月に「三好本宗家」の義継を攻撃することを信長に申し入れている。(35)それに対応して、阿波では五月に長治が篠原長房を討った。このように長治は信長への接近を図ったが、信長は許容しなかった。(36)天正三年（一五七五）に「阿波三好家」の一員で南河内を支配する三好康長が信長に降ると、長治は再び信長に和睦を求めたが[37]、この時も許容されなかったようである。これは当時、信長が、讃岐では守護家の細川信良[38]、阿波も同様に細川真之[39]、そして土佐の長宗我部元親と結び、長治に対抗することを基本方針としていたからであろう。

こうした状況下の天正三年（一五七五）に、阿波では勝瑞宗論が行われた。この宗論は従来、軍記物の記述によって、法華宗への改宗を領民に強要する長治の失政の一環とされてきた。しかし、当事者の堺妙国寺の日晄が記した『己行記』には、日晄が浄土宗の僧や高野山の円正に勝利したことのみが記され、長谷川賢二氏も改宗政策を否定している[40]。このころ、長治は「石山合戦」から離脱し、信長に和睦を求めるが拒絶されたため、畿内との関係が途絶した状況下にあった。だとすれば、勝瑞宗論は、畿内各地より堂や坊を移築し京都頂妙寺と堺妙国寺を精力的に整備していた日晄と結ぶことで、畿内との関係を再構築しようとした長治の政策のあらわれと位置付けられる。

しかし、長治は天正四年（一五七六）末に細川真之に敗れ滅びた[41]。信長の四国政策は成功したかにみえたが、翌年には安宅水軍が離反し、信長と敵対する毛利氏が讃岐に進攻した。天正八年（一五八〇）には大坂を退去した本願寺方の牢人が勝瑞を占拠するなど、信長の支配は確立しなかった。このため四国政策は転換を余儀なくされていく。

2　四国政策の転換と「三好」氏の再興

国外諸勢力の進攻を受けた東四国では、再び三好氏の支配体制を復活させようとする動きが現れる。天正六年（一五七八）一月、堺から阿波に下向した十河存保は、「三好孫六郎」と称し[42]「阿波三好家」を継承することを標榜した。毛利氏の山陽方面司令官である小早川隆景が存保に下向の祝儀を送っていることから[43]、存保は反信長方であった。このため信長方の元親は、阿波岩倉や讃岐十河で存保と戦い、天正八年（一五八〇）十一月には羽柴秀吉を通じて阿波と讃岐の領有を認めるよう信長に迫った[44]。これに対して信長は、元親がいまだ四国を平定できず、毛利氏を挟撃する作戦にも参加できない状況を打破するため、翌年一月に自らの配下の「阿波三好家」の三好康長と「三好本宗家」の旧臣である若江三人衆を四国に出兵させる計画を立てた。さらに、六月には三好康長を通じ、阿波を元親の主導ながら三好式部少輔との共同支配にするように元親方に通告した[45]。

【史料4】[46]

　　　　介来不申承候、仍就阿州表之儀、従信長以朱印被申候、向後別而御入眼可為快然趣、相心得可申旨候、随而同名式部少輔事、一円若輩ニ候、殊更近年就忩劇、無力之仕立候条、諸事御指南所希候、弥御肝煎於我等可為珍重候、恐々謹言

　　　　　　　　　　　　　　　　　　　　　　　　三好山城守
　　　　　　　　　　　　　　　　　　　　　　　　　　康慶（花押）

　　六月十四日
　　　香曽我部安芸守殿《（親泰）》
　　　　　御宿所

　康長は「阿波三好家」の一員として阿波の三好式部少輔らを指揮する一方、長慶の一字を用いて「康慶」と名を改め、旧義継家臣団を率いた。これには、信長の力を背景に「三好本宗家」の後継者として、「阿波三好家」の後継者である存保を信長方に服属させる狙いもあったのであろう。しかし、長宗我部元親は、信長が自分への取次を親しい明智光秀から、自分と交戦中の十河存保と同族の三好康長に変更したことに反発し、信長と断交した。このため、信長は四国政策の中心に三好氏を据え、康長に阿波を、康長の養子とした自らの三男信孝に讃岐を与え、三好氏から継承する形で東四国を支配する方針に至った[47]。

信長は、阿波の康長と讃岐の信孝に加え、自らの五男秀勝を養子にして播磨と淡路を支配する秀吉や、乳母子で摂津尼崎城の池田恒興、さらに摂津大坂城の織田信澄や和泉岸和田城の織田信張など、織田一族で東瀬戸内を支配する構想であったが、明智光秀の謀反により頓挫した。

その後、東瀬戸内の支配にいち早く進出したのは羽柴秀吉であった。秀吉は本能寺の変により淡路洲本城を占拠した菅水軍の追討を安宅信康に命じるが、その際に信康を「三好神五郎」と呼び(48)、三好一族として厚遇した。また、この頃から「三好」姓での活動が顕著になるのが、康長の養子としてその仮名を継承し、「三好孫七郎信吉」を名乗った秀吉の甥秀次である(49)。秀次は同年十月の根来攻め以降、継続的に秀吉の戦争で活躍していく。その秀次が、天正十一年（一五八三）七月に「信吉」の名で、讃岐野原の香西又一郎に播磨志方で知行百石を与え(50)、康長家臣団の編成を本格化した。

阿波で元親に敗れ讃岐に逃れていた十河存保も、天正十一年（一五八三）になると独自に領国再建を進めた。先述の史料3によると、二月には「存保」の名で興正寺の「野潟之寺内」を古高松湾の西側の港町野原から、東側の十河城に近い池戸に移して再興を命じた。「存」の字が示すとおり、叔父十河一存の後継者であることを表明して、讃岐支配の正統性を示そうとしたといえる。しかし、七月の秀次の動向をみて、改名したようである。

【史料5】(51)

就今度忠節安原之内丗内原一職、同所之内西谷分并讃州之内市原知行分申附候、但市原分之内請米卅石之儀ニ
相退候也、右所へ申附上者弥奉公肝要候、尚東村備後守□□候、謹言、
（天正十一年）八月十九日　　　　義堅（三好）（花押）
（由佐長盛）油座平右衛門尉殿

存保は「義堅」と改名して、由佐氏に阿波市原氏の知行を宛行い、同日付で木村又二郎にも坂東河原の合戦での感状を発給し、讃岐国人の編成にあたった。「義」の字は「義興」「義継」と「三好本宗家」の通字であることから、存保は自分こそが「三好本宗家」の後継者であることを標榜し、三好康長―羽柴秀次を担当者とする秀吉の四国政策に対抗したのである。これに対して、秀吉は翌年六月頃に秀次を自分の後継者と定め、「羽柴」姓に戻させた。そして、七月には安宅信康を播磨に移し(52)淡路水軍を再編して、存保の支援にあたる。このため存保は、十河城落城後も東讃の虎丸城に籠城し、阿波の撫養港の対岸にある大毛島に築かれた土佐泊城の森水軍とともに、長宗我部元親と戦い続けた。

天正十三年（一五八五）、秀吉は弟秀長と秀次に四国を平定させた。秀吉は、存保が「三好義堅」として三好氏の本国阿波や讃岐を領有することを認めず、「十川孫六郎」として讃岐の仙石秀久の与力とした。阿波には蜂須賀家政が配置され、淡路の野口水軍と阿波の森水軍が与力とされた(53)。そして、秀次は「信吉」から「秀次」と改名し、香西氏ら康長家臣を連れて近江八幡四十三万石に移り、康長には翌年頃に河内国安宿部郡一職二千五百八十石が与えられた(54)。

豊臣政権により、三好氏の東四国支配は最終的に否定された。秀吉は、元同僚の旧信長家臣団ではなく、自らの直臣団で最古参の蜂須賀氏らを初めて国持大名に登用して東四国に配置し、自らの本拠地の摂津大坂城、秀長が支配する和泉・紀伊・大和とともに、豊臣一族と直臣で東瀬戸内を統合し支配した。三好氏家臣団はそうした豊臣一族や豊臣大名の家臣団に編入され、菅・船越・森水軍らは朝鮮出兵に大きな役割を果たすことになる。

3　小括

三好政権の崩壊後、東瀬戸内は織田政権、本願寺、「阿波三好家」により分断された。都市共同体が成熟していた畿内では、信長は宗教勢力を都市から切り離し、武家が共同体を直接支配する形で都市支配を強め、本山系寺内町を形成する大坂本願寺と対立した。ただ、都市共同体の姿が見えない東四国では、宗教勢力を介した都市への関与が継続されるなど、東瀬戸内内部の地域差が顕著になっていく。

織豊政権はこうした東瀬戸内の進出にあたって、それまで東瀬戸内を統合していた三好氏との関係の再構築を迫られた。東四国を支配した「阿波三好家」の三好康長と十河存保が、それぞれ「三好本宗家」の権威を継承し、正統性を標榜した。織豊政権は、康長に一族を養子入りさせることで三好氏の影響力を継承して、織田もしくは豊臣一族による東瀬戸内の一体的な支配を目指した。これに対して存保は、三好氏単独で地域権力として東四国支配を目指したのである。

おわりに

十六世紀中葉に、東瀬戸内は大きな画期を迎えた。権門が集中する京都のみが卓越した求心性を持つ荘園制的な流通構造の下では、港は単に中継的な役割を担うに過ぎなかった。しかし、天文の一揆を経た後、荘園に基盤を置かない新仏教の本山寺院や有力末寺、それを信仰する豪商が港町で台頭し、特に大阪湾地域では地縁的共同体が新たな都市の主体として現れた。そして、堺や大坂は独自の求心力を発揮して周辺の新たな町立てを牽引するなど、港湾都市は質的に転換した。三好長慶や実休はこうした変質を踏まえ、港湾都市で新たに台頭した都市上層を掌握し、東瀬戸内の諸都市の紐帯となって公権力化することで、三好政権を成立させた。

十六世紀後期は、都市共同体の成熟度などにおいて、東瀬戸内の中で大阪湾と四国東岸で地域差が現れてきた時期であった。織田信長は三好氏の政策を継承して都市共同体の支配を一層徹底し、大坂本願寺に勝利した。畿内を制圧した織田政権は、本格的に東瀬戸内に介入していく。織田・豊臣政権は一族を大阪湾に配置するとともに、三好氏に養子を送り込み、その権威を継承することで東瀬戸内を一体的に支配する構想を持っていた。

このように三好・織田・豊臣政権は、都市共同体や豪商が存在する畿内に本拠地をおきながらも、対岸の四国東部を単なる一地方とみなさなかった。十六世紀中期以来、大阪湾と四国東岸が流通上結びついてきたことを重視し、東瀬戸内として一体的な支配を目指した。

こうした一連の経過を振り返ってみれば、東瀬戸内の港湾都市の質的な変化を捉えて政権化した三好氏は、戦国期の東瀬戸内支配の象徴であったといえよう。

註

（1）今谷明『室町幕府解体過程の研究』（岩波書店、一九八五年）、同『戦国三好一族』（新人物往来社、一九八五年）

（2）藤田達生「織田信長の東瀬戸内海支配」（小山靖憲編『戦国期畿内の政治社会構造』、和泉書院、二〇〇六年）、同「織田政権と謀叛」（『ヒストリア』二〇六、二〇〇七年）、桐野作人『誰が信長を殺したのか』（ＰＨＰ研究所、二〇〇七年）

（3）市村高男「中世西日本における流通と海運」（橋本久和・市村高男編『中世西日本の流通と交通』高志書院、二〇〇四年）

（4）今谷明『戦国三好一族』（新人物往来社、一九八五年）

（5）天野忠幸「三好氏の畿内支配とその構造」（『ヒストリア』一九八、二〇〇六年）

（6）児玉識『近世真宗の展開　―西日本を中心として―』（吉川弘文館、一九七六年）

（7）朝尾直弘『都市と近世社会を考える』（朝日新聞社、二〇〇五年）

（8）天野忠幸「大阪湾の港湾都市と三好政権―法華宗を媒介に―」（『都市文化研究』四、二〇〇四年）
（9）岡田章一・長谷川眞「兵庫津遺跡出土の土製煮炊具」（兵庫県教育委員会埋蔵文化財調査事務所『研究紀要』三、二〇〇三年）
（10）『棰井文書』「羽柴秀吉判物」天正八年八月六日付（『兵庫県史』史料編中世一）
（11）『私心記』天文十五年七月二十九日条（大原美代子「実従と『教行信証』相伝について」『加能史料研究』一五、二〇〇三年）に「唐船兵庫ノ浦へ付候云々」とある。
（12）天野忠幸「大阪湾の港湾都市と三好政権―法華宗を媒介に―」（『都市文化研究』四、二〇〇四年）
（13）『萬代家文書』「三好長慶書状」年未詳（永禄三年以前）七月四日付（『山口県史』資料編中世二）
（14）『賦引付并徳政方』「撫養隠岐後家阿子女申状」天文十六年十二月付（桑山浩然校訂『室町幕府引付史料集成』下巻、近藤出版社、一九八六年）
（15）『多聞院日記』永正三年二月十九日条「撫養掃部助三好之内之執事」
（16）天野忠幸「十河一存と三好氏の和泉支配」（小山靖憲編『戦国期畿内の政治社会構造』和泉書院、二〇〇六年）
（17）鍛代敏雄「戦国都市「淀六郷惣中」と石清水八幡宮寺」（『日本歴史』七〇八、二〇〇七年）
（18）註（5）を参照。
（19）天野忠幸「三好氏の権力基盤と阿波国人」（『年報中世史研究』三一、二〇〇六年）
（20）註（16）（19）を参照。
（21）『讃岐国名勝図会』興正寺高松別院条
（22）『興正寺文書』「十河存保書下」（天正十一年）二月十八日付（『香川県史』八）、年代は「東村政定・三木通倫連署書状」

天正十一年三月六日付（『香川県史』八）より比定。
(23)『杉山家文書』「河州石川郡富田林御坊御禁制書其外諸證據書写」所収「三好康長禁制写」永禄四年六月付、小谷利明『戦国期畿内守護と地域社会』（清文堂、二〇〇三年）
(24)岡村喜史「大和平野南部における興正寺教線の伸展」（大阪真宗史研究会編『真宗教団の構造と地域社会』清文堂、二〇〇五年）
(25)永禄八年十一月の法隆寺宛禁制に、三好三人衆（三好長逸、三好宗渭、石成友通）と連署している加地権介久勝が、フロイスの『日本史』永禄九年条に現れる「高貴な武士で堺奉行であり大いなる権能を有するゴノスケ殿」と考えられる。
(26)天野忠幸「戦国期摂津における三好氏の地域支配と都市」（栄原永遠男・仁木宏編『難波宮から大坂へ』、和泉書院、二〇〇六年）
(27)『己行記』永禄十一年九月二十四日条「堺動乱、壁《へイ》・坪・矢蔵上」、『天王寺屋茶会記』永禄十一年十月条「堀ヲホリ矢倉ヲアレ」。『己行記』については、矢内一磨「堺妙國寺蔵『己行記』について―史料研究を中心に―」（『堺市博物館報』二六、二〇〇七年）を参照。
(28)『末吉文書』「堺会合等書状写」（『堺市史』四）
(29)『信長公記』永禄十一年九月三十日条
(30)『二条宴乗記』永禄十二年一月十一日条「三人衆へ兵粮出間、八幡やぶり可申」
(31)『細川両家記』永禄十二年三月六日条
(32)堀新「富田林寺内町の成立と展開」（比較都市史研究会編『歴史と共同体　上』（名著出版、一九九一年）、仁木宏『空間・公・共同体』（青木書店、一九九七年）

(33)『今井宗久書札留』「今井宗久書状写」永禄十二年九月四日付（『堺市史続編』五）
(34)『釈文書』「織田信長黒印状」（天正六年）六月十八日付（奥野高広『増補織田信長文書の研究』下、吉川弘文館、一九八八年）
(35)『山崎文書』「織田信長朱印状」（元亀四年）四月十九日付（奥野高広『増補織田信長文書の研究』上、吉川弘文館、一九八八年）
(36)『吉川家文書』「安国寺恵瓊書状」天正元年十二月十二日付（『大日本史料』第十編之十九）
(37)『畠山義昭氏所蔵文書』「三好長治書状」（永禄三年カ）五月二十五日付（『羽曳野資料叢書』三）
(38) 橋詰茂『瀬戸内海地域社会と織田権力』（思文閣出版、二〇〇七年）
(39)『三好別記』
(40) 長谷川賢二「天正の法華騒動と軍記の視線―三好長治の「物語」をめぐって―」（高橋啓先生退官記念論集『地域社会史への試み』原田印刷、二〇〇四年）
(41) 三好長治の戦死時期は天正四年十二月と天正五年三月の二説があるが、『顕如上人書札案留』「本願寺顕如書状案」年未詳正月十九日付において、大坂の顕如が「三好彦二《(長治)》郎生害」の情報を淡路の安宅信康より得ている。天正五年三月説では、この史料は天正六年と比定されるが、情報の入手に時間がかかりすぎている。天正四年十二月に戦死して、天正五年正月に情報を得たと考えた方が自然であろう。
(42)『己行記』天正五年条
(43)『三原城城壁文書（三原高校）』「小早川隆景書状」（『広島県史』古代中世資料編四）
(44)『吉田文書（東京大学史料編纂所架蔵）』「長宗我部元親書状写」（天正八年）十一月二十四日付、註（2）を参照。

(45)『香宗我部家伝証文四』「織田信長朱印状写」（天正九年）六月十二日付（奥野高広『増補織田信長文書の研究』下、吉川弘文館、一九八八年）

(46)『香宗我部家伝証文四』「三好康慶副状」（天正九年）六月十四日付、註（45）を参照。

(47)『寺尾菊子氏所蔵文書』「織田信長朱印状」（天正十年）五月七日付（奥野高広『増補織田信長文書の研究』下、吉川弘文館、一九八八年）、『神宮文庫所蔵文書』「神戸慈円院正以書状」（天正十年）五月二十一日付（『三重県史』資料編中世一上巻）

(48)『萩原員崇氏所蔵文書』「羽柴秀吉書状」（天正十年）六月九日付（『兵庫県史』史料編中世九）、管見の限り安宅信康が「三好」姓で呼ばれるのはこの一例のみである。

(49) 豊臣秀次が三好康長の養子となった時期は諸説ある。註（2）を参照。

(50)『黄薇古簡集』「三好信吉（豊臣秀次）書状」天正十一年七月二十六日付

(51)『由佐家文書』・『木村家文書』「三好義堅書状」（天正十一年）八月十九日付（『香川県史』八）、年代比定については註（19）を参照。

(52)『萩原員崇氏所蔵文書』「羽柴秀吉知行宛行状」天正十二年七月十四日付（『兵庫県史』史料編中世九）

(53)『毛利家旧蔵文書』「豊臣秀吉朱印状写」天正十三年八月四日付（『山口県史』資料編中世二）

(55)『永運院文書』「河内国安宿部郡検地帳」（京都市歴史資料館編『叢書京都の史料九　大中院文書・永運院文書』二〇〇六年）

近世中後期における藍師後藤家の展開

町田　哲

はじめに

吉野川流域での商品作物としての藍作生産が広範に展開し、阿波藍の全国市場への進出が本格化するのは、一八世紀以降のことといわれる(1)。その藍作を主導し、葉藍を集荷し、蒅《すくも》・藍玉を製造し、さらに全国各地に流通させていたのが、藍師と呼ばれる存在である。こうした藍師を通じた阿波藍に関する研究には、大きく二つの方向があった。天野雅敏氏は、一九世紀の経済発展が地方における産業発展を基礎に、在地の商人・地主層の資本蓄積を拡大し、近代産業の形成を準備したことを、阿波藍とりわけ新興藍師三木家の経営を通じてみている(2)。一方、高橋啓氏は、藩政策下における藍師と藍作人との関係を検討している。とりわけ一八世紀中頃（宝暦・明和期）を画期として成長する中で藍師らは、葉藍買い付け・肥料前貸しを基軸としながら、周辺藍作人との経済的支配関係を強化し、自身は質地地主化していくという共通の性格をもっていた点、それが周辺藍作人の貧窮化や零細貧農層の形成をもたらし、地域における矛盾が一気に拡大する様相、その領主的対応としての藩政治史との関係など、重要な点を指摘している(3)。

いずれも、阿波藍についての到達点といえる研究で、藩の藍流通政策と藍師（とりわけ三木家）との関係から論じている点に特色がある。しかし、残念ながらこれらの指摘は、その後深められていない。今求められるのは、藍師としての側面を包括した「家」が地域とどのような関わりをもって存立していたのか、あるいはその中で藍師としての成長と藩における藍の専売制とがどのようにリンクしていたのか、藍仲間の動向と藍師の「家」の経営との関わり、そして藍師をとりまく社会的諸関係、こうした点の具体的な解明であろう。

本稿で検討する後藤家は、名東郡早淵村にあって、一八世紀後半に成長した藍師である。同時期に成長し、その後巨大藍師となっていった三木家とは異なるコースをとり、むしろ天保二年（一八三一）以降組頭庄屋[4]として地域に影響を及ぼした家である[5]。そこで本稿では、従来明らかにされている巨大藍師の経営展開とは異なる藍師の有り様を、「家」とそれを取り巻く社会関係に注目して検討したい。具体的には、前半で後発藍師・後藤家の藍流通への参入のあり方を検討するが、これは藍仲間のあり方および仲間と藍師「家」との関係を解明することにもなろう。また後半では、阿波における藍玉流通を、藍師の「家」とそれをとりまく社会関係の一端をみながら解明する。この二点を通して、「内と外と」というテーマについて、これを媒介する存在・構造に注目することを提起するとともに、モノを通じた関係構造・地域社会構造の把握にむけての第一歩としたい[6]。

一　後藤家と江戸積藍商売

1　売場株設定の意義

まず、藍流通を見る上での画期、享和二年（一八〇二）一一月の売場株設定の意義について確認しておきたい。売場株については、既に天野・高橋両氏の見解があるが、以下ではそれを踏まえつつも、再検討した評価を与えている。

第一に、売場株設定とは、享保期以来の江戸仲買人三六軒を、藩が「江戸表藍仲間」（「関東直売藍仲間」）として公認し、これに対応し株毎に徳島側の「仕入元」（江戸仕仲間）を設定したものである。(7) これによって、江戸藍流通を〈仕入元―江戸表藍仲間〉が排他的に独占することになった。一八世紀前半の江戸における藍流通は、阿波の藍師から問屋を媒介して仲買に売られ、そこから紺屋（小売）に売られるという基本的なあり方（以下「問屋―仲買システム」と略す）に対し、産地の阿波から藍師が問屋を介さずに直接小売に売るという〈直売〉とが競合していた。そのために江戸仲買人と阿波藍師の利害を藩側が調整し、享保期に問屋―仲買システムを活かしながら、仲買に阿波藍師を加えるという形での解決が図られた。これが江戸仲買人三六軒であるが、しかしわずか七年後に、問屋売・直売とも「勝手次第」として反故となる。その後問屋―仲買システムは淘汰され、三六軒の江戸仲買人の名目は残りつつも、実質的には問屋機能を吸収した〈直売〉として存続してきたのである。

第二に、売場株設定は、従来から存在する江戸表藍仲間の藩公認であり、株毎への仕入元も大枠は現状を追認したものであるという特徴をもつ。藩の主導性はもちろんあるが、仲間外の振売を排除しようという仲間としての主体的な運動による結果、公認されたのである。(8) ついで二年後の文化元年（一八〇五）四月には、江戸表藍仲間は江戸の町奉行に正式に認められるが、その場合、三六株が、江戸の都市社会では「藍玉問屋」として定立するところに、三六軒直売の特徴をみてとることができる。(9)

第三に、〈仕入元―江戸表藍仲間〉が株毎に固定化された点である。阿波の仕入元側で作成された「仲間定書帳」(10)の名面書き上げを摘記すると、次の如くである（○番号は掲載順を示す）。

【史料1】

①
大坂屋庄三郎　て　久次米兵次郎
大寺助次郎
小泉佐左衛門

⑲
阿波屋吉三郎　❀（菊印）　遠藤　平兵衛
桜間村清兵衛
後藤　利八良

④
大坂屋新助　△　盛　六兵衛

㉟
玉屋　五兵衛　■　武市増助
中喜来村与吉郎
武市利右衛門

名前の上の段が江戸表藍仲間で、印（俵大印）をはさんで、下の段が阿波在住の仕入元である。例えば④盛六兵衛は阿波在住の藍師、大坂屋新助がその江戸出店である。このように阿波藍師―江戸藍仲間が一対一の場合は二七株あり、全体の四分の三を占める。また、①久次米家のように、自己の江戸出店との関係だけでなく他の仕入元を組み入れた場合がある。⑲後藤家の場合は、遠藤平兵衛家とその江戸出店阿波屋吉三郎との関係に組み込まれた関係となっている。以上のように、〈仕入元―江戸表藍仲間〉という関係が一つの株として固定され（しかもその担い手の多くは同一経営体）、かつ俵大印が設定される。こうして三六の株によって流通相手とモノとを限定させた狭義の関係所有[11]をもとに、江戸積みの流通独占を徹底させたあり方が、売場株の設定であった。

第四に、江戸への積出については、肝煎役の主導の下、仕入元側の仲間の共同運営によって荷積場所を新規に設定し、そこで当番行司（月行事）や、荷積場所支配人らが、藍玉俵大印や送状をチェックするようにしている（「仲間定書帳」六～九条）。一方、輸送については、江戸積船・兵庫積船という船持の五人組に「江戸仕仲間以外からは藍玉を積出さない確約」をさせたり（同一〇・一一条）、経由する兵庫問屋・大阪問屋を限定し、（荷積場所の記録と）着荷物の照合を行うことを規定している（同一二条）。さらに積出以前の葉藍集荷についても、郷中走り問屋による葉藍集荷を仲間として統制している（同一三条）。

このように、〈仕入元―江戸表藍仲間〉が、仲間内でのチェック（第三の点）と仲間外の流通統制（第四・五の点）をもとに、独占を徹底させて、仲間以外の「振売」を排除しようとしたのである。

2　後藤利八郎と藍玉商売

こうした中で、後藤家が藍玉商売をいかに始めたのだろうか。後藤利八郎は、寛政六年（一七九四）麻植郡上浦村の（明石鍛治見懸人）直右衛門より早淵村後藤利左衛門家に養子入りしている。この時後藤家は、郷鉄砲であり、村内所持高は二五石二斗六升六合（田畑三町五反一畝）で、これは早淵村高四二三石八升五合の約六％にあたる。[12]また、所持高のうち約五分の四にあたる高二〇石一斗二合は、明和期以降の売得あるいは質流であった。[13]利八郎が養子入りした後藤家は、一八世紀前半に分家した家であるが、本家は明和期～文化八（一八一一）に早淵村庄屋を勤めた家柄である。[14]

利八郎は、養子入りと同時に同年一〇月藍玉商売の許可願を徳島藩藍方代官手代に提出し、以前からの藍玉商売を継承している。[15]注目されるのは、次の史料である。

【史料2】[16]

譲渡シ申売場之事

一、江戸売場并ニ名面、当地積合等、不残其方え由緒有之候ニ付、此度譲渡し申処相違無之候、然上ハ、外ゟ何等之障り無御座候故、売場譲渡シ申上ハ、売買方御勝手可被成候、為後日売場譲り証文如件

寛政十一年《一七九九》未七月

麻植郡中島村金右衛門（印）

後藤利八郎殿

これは寛政一一年（一七九九）七月に、利八郎が、麻植郡中島村金右衛門より江戸売場の権利を、売得した証文である。売場とは、売場・名面・「当地（阿波）積合」とがセットとなった、特定の固定された権利であることがわかる。売場株設定以前にこうした売場が直売にとっての権利となっている点も注目されよう。この売場獲得は、後藤家にと

って、江戸積藍商売の一つの画期だったと予想されるが、それはどのような変化だったのだろうか。

3　江戸積藍商売をめぐる関係
―その一・売場株設定以前―

以下で検討する史料は、享和二年（一八〇二）一一月の売場株設定に伴い、藍方代官の意向をうけた藍仲間からの調査に対し、後藤家が申告した文書群である。まず表1は、後藤家の江戸積藍玉出荷数を示したものである。天明八年（一七八八）以降、具体的な数字があり、利八郎が養子入りする以前から、後藤家による江戸積が行われていたことが確認できる。とりわけ、当初三年間の出荷数が千本前後と盛んであるのに対し、それ以降はほぼ半減している点が注目されよう。

表1　後藤家の江戸積藍玉出荷数

年代	藍玉
天明8年申（1788）	988本
寛政元年酉（1789）	1213本
2 戌（1790）	1175本
3 亥（1791）	324本
4 子（1792）	588本
5 丑（1793）	478本
6 寅（1794）	487本
7 卯（1795）	623本
8 辰（1796）	409本
9 巳（1797）	432本
10 午（1798）	332本
11 未（1799）	510本
12 申（1800）	439本
享和元年酉（1801）	441本
合計（14年分）	8439本（平均602本8歩）

典拠：享和2年11月13日「覚」（『後藤』9－15－8）

次の史料は、後藤家の江戸積藍玉商売の経緯を、後藤家自身が述べたものである。

【史料3】(17)

享和二戌年（一八〇二）十一月十四日藍方御代官所様ゟ御尋ニ付申上候覚

江戸積藍玉商売相始候旨趣、左ニ申上候

一、私売場之義ハ、天明八申年（一七八八）ゟ［矢］野村盛六郎右衛門方仕入被相頼、江戸本八町堀三丁目大坂屋新助方へ寛政二戌年（一七九〇）迄三ヶ年仕入遣候内、右新助名前ニ而売弘居申候処、去ル未（寛政一一・一七九九）正月廿九日類焼ニ逢、深川清住町え新

助義引移り候ニ付、私方荷物之義は只今同町ニ罷在候阿波屋吉三郎方へ相頼、藍玉水上仕居申候、右吉三郎義ハ名西郡石井村遠藤平兵衛店名前ニ而御座候

一、右阿波屋吉三郎方へ荷物水揚ニ仕居申候へは、私店之義ハ右本八町堀三丁目忠右衛門店大坂屋利八郎名前ニ仕支配人居申候、尤右名前之義は江戸表加入ニ而ハ無御座候、右店ゟ吉三郎方え罷出荷物受払仕居申候、名西郡入田村恵記太弟貞兵衛と申者召抱支配為仕御座候召抱指遣御座候

一、武州八王子ニも出店仕八木宿支配人大坂屋甚助名前ニ而御座候荷物取次支配為仕御座候、右甚助義ハ名西郡高原村文次弟ニ而御座候ニ而、於彼地妻帯仕居申候、尤私方支配人ニ而則名前人ニ而御座候

一、江戸積藍玉之義ハ、年々五百本程宛積送り居申候

右之通御尋ニ付申上ル処、相違無御座候、以上

戌十一月十四日　　後藤利八郎

久次米兵次郎殿

一条めでは、天明八年（一七八八）から寛政二年（一七九〇）の段階では、後藤家が隣村矢野村盛六郎右衛門[18]より「仕入」を依頼され、盛家の江戸店である江戸本八丁堀三丁目大坂屋新助に「仕入」ていたこと、しかし自分名前では販売できず大坂屋新助名前で売買を行っていたとある。また、寛政一一年（一七九九）に大坂屋新助宅が火事で深川に移転すると、江戸本八丁堀三丁目阿波屋吉三郎方（阿波国名西郡石井村遠藤平兵衛の江戸店）に藍玉を水揚するようになった。つまり後藤家は、〈盛六郎右衛門―大坂屋新助〉、〈遠藤平兵衛―阿波屋吉三郎〉という既に存在した藍師―いずれも一つの経営体で阿波に本拠をもち、江戸に出店を構える―の下で、実質的な仕入れを行う主体として江戸積を開始したといえよう。

表2　後藤利八郎の江戸店

場所	名前	出身	肩書・備考	染店
江戸 本八丁堀三丁目	大坂屋利八郎		店名前人、 御国住居	
	貞兵衛	御国名西郡 入田村益太弟	支配人	
	吉左衛門	御国麻植郡 牛島村		
武蔵国 八王子八木宿	大坂屋利八郎 出店大坂屋甚助	御国名西郡 高原村文次弟	出店支配、 妻帯	遣藍70本程。紺屋株を寛政5年（1793）に大坂屋彦兵衛より譲り請ける。名前人甚助（妻帯）
	鉄次	江戸	1年切召抱	
	他3名1年切召抱、1名丁稚			
武蔵国 八王子八幡宿	（不明）			遣藍40本程。紺屋株を阿波屋五郎兵衛店より借り請ける。毎年少々づつ礼金を指し出す。
武蔵国 諏訪宿	出店大坂屋甚助 名前店利兵衛	御国名西郡入田村治兵衛倅	出店支配人	遣藍50本程。紺屋株を寛政3年（1791）源右衛門より借り請ける。毎年少々づつ礼金を指し出す。
	繁八	江戸	1年切召抱	
	他2名1年切召抱、1名丁稚			
相模国 津久井懸中野村	出店大坂屋甚助 名前庄吉	武州原宿	出店支配	遣藍60本程。紺屋株を天明9年(1789)に藍屋弥兵衛方より借り請ける。毎年少々づつ礼金を指し出す。
	他4名1年切召抱			

典拠：享和2年12月「江戸店人別改指出帳」（『後藤』9-15-7）／同年月「申上ル覚」（『後藤』9-19-4）

二条めは、後藤家の江戸出店のあり方についてである。後藤家は、阿波屋吉三郎方に荷物を水揚げするのに伴い、大坂屋利八郎名前の店を設置したこと、しかしこの店は三十六軒「江戸表」には加入しておらず、「江戸表」加入の阿波屋吉三郎店に到着した荷物の「受払」に徹していたことがわかる。ちなみに大坂屋利八郎店は忠右衛門借家であるが、これは阿波屋吉三郎も同じで、阿波屋吉三郎店に利八郎店が「同居」していた可能性が高い。

続く三条めには、江戸店以外にも、武蔵国八王子八木宿甚助が、荷物を預かり差配していた点が記されている。表2は、後藤利八郎の江戸および関東の店を示したものである。大坂屋利八郎店、八王子の（利八郎出店）大坂屋甚助、さらに甚助出店の武蔵国諏訪宿利兵衛店や相模国中野村庄吉店があがっている。つまり、江戸店を拠点に武蔵・相模に出店を構え、藍玉を紺屋

図　後藤家の江戸積藍流通の展開

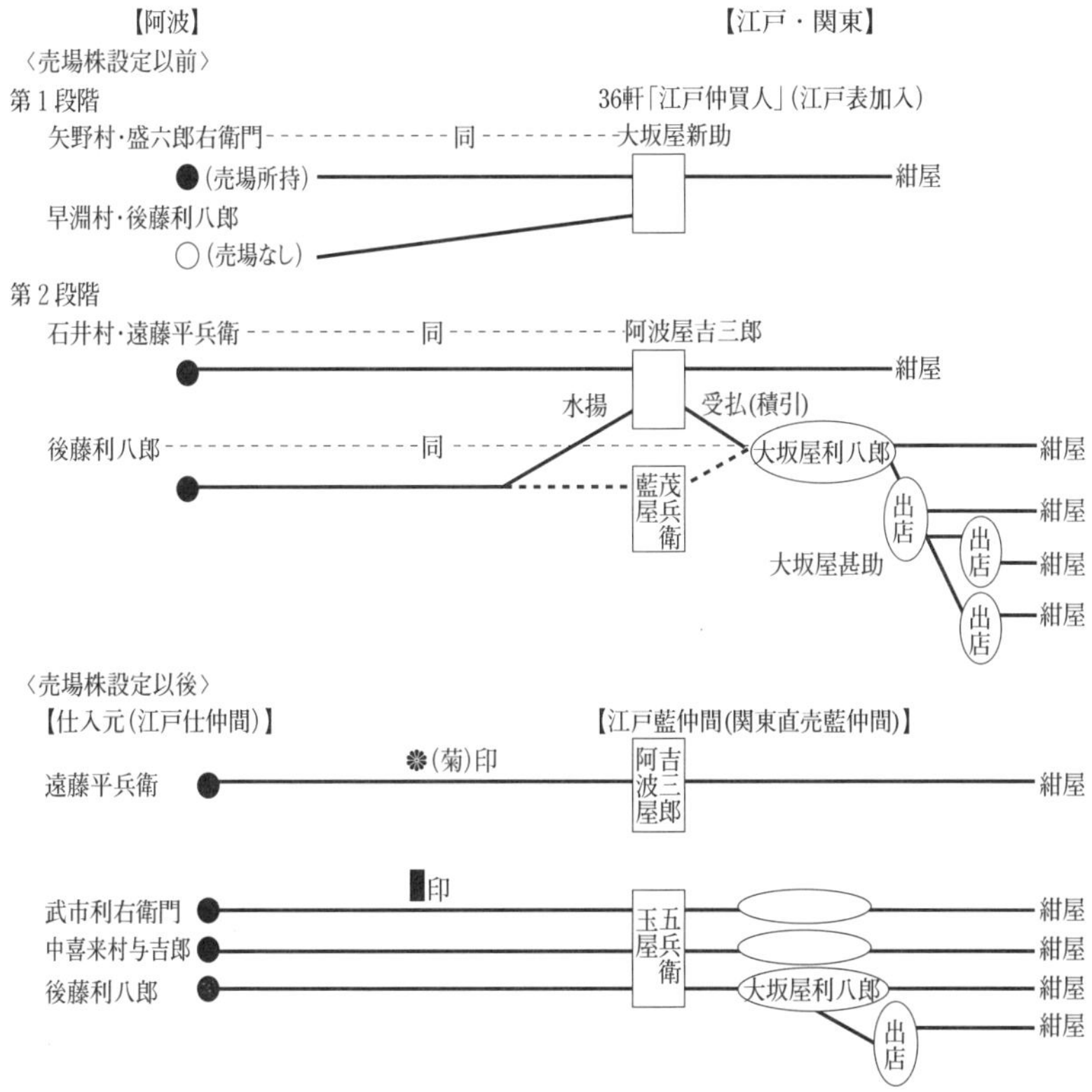

に直接販売していること、しかもその支配人には阿波国それも後藤家周辺の村の出身の者がなっており、国元での関係が反映していることがうかがえる。さらに、大坂屋甚助店以下は、いずれも後藤家の江戸進出と時期を同じくして天明・寛政期より紺屋株を借り受けており、少なくともこの時点までは「染店」つまり紺屋でもあった。紺屋への藍玉販売と紺屋を兼ねていたのである。[19]

以上から注目されるのは第一に、後藤家が〈遠藤平兵衛―阿波屋吉三郎〉の下に水揚することになった寛政一一年(一七九九)に、江戸「売場」を売得していた点である。整理すると以下の如くである(図)。第一段階は、売場をもつ矢野村藍師〈盛六郎右衛門―大坂屋新助〉の下で、後藤家は仕入れに加わるだけで、自分名前で売ることはできない段階である。ところが第二段階は、同じく売場をもつ〈遠藤平兵衛―阿波屋吉三郎〉の下であり後藤家は三六軒の「江戸表加入」ではない。しかし、売場を獲得したことで本八丁堀三丁目での取引（自分名前で売買）が可能となっている。つまり江戸に藍玉を積み出し、店を設置し、紺屋に藍玉を販売する権利、これが「売場」の内容であったことが確認できる。売場とは当該期における直売の性格を反映した権利だったのである。第二に藩による売場株設定以前に、売場を基礎とする仲間の実質がみられる点である。逆にいえば売場株設定とは売場を基礎とした仲間の公認であったことが確認されよう。第三に、後藤家は、実質的には〈阿波屋―遠藤平兵衛〉に従属・寄生する形で仲間に加わっていたことになるが、これが後発藍師の参入形式であるといえよう。

4　江戸積藍商売をめぐる関係―その二・売場株設定以後―

続いて売場株設定以後の江戸積をめぐる実態を検討したい。〈仕入元―江戸表藍仲間〉の設定により、基本的にその担い手は同一経営体で、水揚と紺屋への販売とは一体であり、これが直売の内容であった。しかし、後藤家ら後発参入藍師の場合、独自の水揚権（売場の権利の一つ）は持っていたとしても、実際には阿波屋吉三郎ら既存の江戸藍仲間メンバーに水揚を依存せざるを得ない状況にあった。こうした水揚と紺屋売とのズレの実態がある中で、後藤家は従来の権益を確保しようとする動きを見せていく。

例えば、享和三年（一八〇三）八月当初の藍仲間名簿では、後藤利八郎は、それまでの実態に即して、阿波屋吉三郎株の下に遠藤平兵衛・桜間村清兵衛と共に一旦は登録される（【史料1】）。しかしすぐに後藤利八郎は削除され、最終的には、玉屋五兵衛株の下に中喜来浦与吉郎・武市利右衛門と共に登録されていく[20]。これは、この間の後藤家の動きや江戸仕仲間側の判断の帰結とみるべきだろう。

次の史料は、享和二年一一月売場株設置決定以後の組み合わせや藍玉の俵大印をめぐって、江戸仕仲間側と後藤家との間でのやりとりを示したものである。

【史料4】(21)

乍恐奉願上覚

一、私儀、年来藍玉商売仕、御影を以渡世仕、冥加至極難有仕合奉存候、然処年来積来申候藍玉俵印之儀、△《て》夫々小印附ニ而積送り、江戸本八丁堀三丁目阿波屋吉三郎店え水上仕、荷物請払之儀は私店大坂屋利八郎日々吉三郎店え罷越積引仕候、然処此度江戸表阿波屋吉三郎方ゟ申来候は、此後積入候荷物△印之肩ニ◎印相附候様御願申上被為　聞召届候旨申来候処、私荷物之儀は是迄△印ニ而商売仕来候処、肩印ニ◎相附候而は、得意之紺屋共仕入元相違候哉と相心得可申哉ニ奉存候、左候へハ、懸方取立ニも相障迷惑成可申と奉存候、何卒御慈悲之上是迄之通私荷物之儀は△印ニ而積引仕候様被為　仰付被下候ハヽ、難有仕合奉存候、私とも兼而相心得候は中島村金右衛門江戸売場譲請申候得は、彼者江戸表荷物水上所藍屋茂兵衛と申名目も御座候、何卒右茂兵衛名目ニ大坂屋利八郎御居被為遊、商イ相成候様御成下之程奉願上候、何分ニも是迄之通△印ニ而荷物積引仕、江戸表ニ而藍屋茂兵衛名目大坂屋利八郎ニ御居被為遊被下候ハヽ、難有仕合奉存候、右之段偏ニ奉願上候、以上

戌（享和二カ・一八〇二）十二月　後藤利八郎

藍方御代官所様御手代　兼子儀平殿

前半では、年来江戸積藍玉の俵印については、△《て》の小印を付けて江戸積送り、阿波屋吉三郎店に水揚し、利八郎が

阿波屋に行き荷物を積み引きしていたが、今回阿波屋側が利八郎に、以後、積入荷物の△印の肩に◎印をつけることを要請している。つまり、阿波屋側は、水揚―積引の実態と、売場株設定に基づく俵印固定によって生じる乖離とを修正しようとしたのである。これに対し後藤家側は、◎印をつければ、得意の紺屋たちが、仕入元がちがうと混乱し、代金回収にも支障をきたすとして、従来通り△印のみの積引許可を願っている。さらに後半では、江戸売場は中島村金右衛門より譲り受けた権利で、金右衛門の荷物水揚所が藍屋茂兵衛という名義であったことを述べ、藍屋茂兵衛名義をもとに大坂屋利八郎を江戸表藍仲間として設定することを新たに求めている。つまり、阿波屋の下から離れ、中島村金右衛門所持の江戸荷物積上所・藍屋茂兵衛の名目を引き継ぐことで独立（江戸表加入）を画策したのである。結局これは実現しなかったが、これを契機に、後藤家のもつ売場とセットの旧藍屋茂兵衛株（その後の玉屋五兵衛株カ）の位置づけが問題となっていく。

その後享和三年（一八〇三）春には「株式」調査が進み、さらに八月の積出印附の決定の際に後藤家は、仕入元肝煎役より「以前之運ヒを以玉屋五兵衛株加入仕候はでは、御建之発端故、猥りニも相成候条、五兵衛株ニ相戻候様」命ぜられる(22)。これによって、後藤家は、阿波屋吉三郎ではなく玉屋五兵衛株の下に仕入元として設定されていく。こうして、現実の関係よりも売場の設定が優先されたのである。

5　小括

以上、後藤家の参入の仕方を通して、藍仲間とその流通のあり方を検討した。第一に売場株設定以前は、基本的に阿波の藍師による直売が展開し、売場を所持する者が担い手となり、その大半は〈阿波―江戸〉で同一経営体が一貫して行うものであった。そして直売の仲買―実質は問屋機能を吸収した存在―三六軒が仲間を形成し、振売（仲間外の藍師による紺屋への直売）を排除していた。第二に、一方後藤家のような後発藍師は、売場売得により積入・水揚・紺屋売の権利を獲得することで直売に参入しようとするが、実際は三六軒のいずれかに水揚し附属・依存する形をとることになった。後藤家は、売場獲得によって水揚げの権利を得ており、自ら水揚げすることもできたはずであるが、阿波屋のもつノウハウや揚場（問屋庭所有）等に依存した方が有利である事情があったものと推察される。第三に、売場株設定により、藍仲間が藩や江戸町奉行所に公認され、従来の三六軒が売場株として設定され、仕入元がその株の下にぶら下がる形で位置づけられた。さらにこの段階では揚場と売場のセット関係が強化されることになった。これに伴い、後藤家のような後発藍師も「仕入元」として三六株のもとに位置づけられ、後藤家は、従来の阿波屋吉三郎から玉屋五兵衛株に編成替になったのである（前掲図）。

二　阿波における後藤家の展開―一九世紀前半を中心に―

続いて、阿波における後藤家の展開を一九世紀前半を中心に検討し、それを通じて阿波における藍玉流通のあり方を検討したい。なお、阿波内部における藍玉流通については、研究蓄積が意外に少なく、その本格的な検討が望まれるが、紙幅の関係上、問題の所在のみ提示するにとどめたい。

1　葉藍寝せ床

葉藍寝せ床とは、藍師が集荷した葉藍を発酵させ、蒅・藍玉に加工する納屋である。後藤家の場合、当然自家でも製造していたが、むしろ他藍師の納屋を借りそこで藍玉を製造した場合が多かった。表3は、後藤家が葉藍寝せ床と

表 3　後藤利八郎の納屋借り先

貸し主／納屋（縦×横（間））	年代	文化元.-.-	文化3.7.-	文化3.8.-	文化4.11.-	文化5.9.-	文化6.9.-	文化6.9.-	文化7.9.27	（文化9カ）	文化10.8.16	文化10.9.29	文化11.9.-	文化12.-.-	文政3.9.-	文政9.8.-	文政10.7.-	天保2.8.-	天保3.8.-	天保4.8.-	天保6.閏7.29	天保9.8.-	天保10.8.-	弘化2.8.-
	西暦	1804	1806	1806	1807	1808	1809	1809	1810	1812	1813	1813	1814	1815	1820	1826	1827	1831	1832	1833	1835	1838	1839	1845
	典拠『後藤』	9-23-11	17-20	同左	17-19	同左	17-18	同左	同左	3-174	同左	同左	同左	同左	同左	7-120	同左	同左	同左	同左	同左	同左	同左	同左
庄村六左衛門	2.5×5	○																						
上鮎喰原広助	2.5×5	○		○			○		○															
庄村角左衛門	2.5×5.5		○																					
庄村房次郎	2.5×5		○																					
南岩延村政次郎	2.5×4		○			○		○																
和田村波知郎次	2.5×4			○																				
佐古村善八	2.5×5				○（4ヶ所）				○															
南岩延村清左衛門	2.5×5							○	○															
同上	2.5×4									○	○		○			○								
同上	2.5×6											○	○											
南岩延村貞次	2.5×4							○																
南岩延村悦次郎	2.5×5							○																
南岩延村清兵衛	2.5×4.5							○																
南岩延村栄蔵	2.5×6							○																
南岩延村弥蔵	2.5×4							○																
和田村宗弥	2.5×4								○															
南岩延村宝吉	2.5×5									○	○		○	○										
岩延村文吉	2.5×4											○												
和田村久五郎	2.5×4											○	○											
和田村忠蔵	2.5×4														○									
早淵村伊助	2.5×5															○								
早淵村柳次	2.5×4															○								
早淵村磯太	2.5×5																○	○	○	○3年	○3年	○5年	○	
庄村文兵衛	2.5×4.5																○							
早淵村武助	2.5×4									○	○												○	
早淵村常次	2.5×4																							○
早淵村平吉	2.5×4											○	○											○

して借りた納屋の規模と相手を示したものである。毎年のように納屋を借りていること、特に文化一一年（一八一四）までは、周辺村の藍師より年二〜八軒の納屋を借り、蒅・藍玉を広く製造したことがわかる。しかし、それ以降減少し、天保期には居村の早淵村の藍師だけを相手するように縮小している。

こうした葉藍寝せ床＝納屋借りの実態を、後藤家と元木屋善八との事例からみたい[23]。後藤家は、文化四年（一八〇七）一一月に佐古村元木屋善八所持の納屋（縦二間半・横五間）を四ヶ所（八床分）借り受けた。早速翌一二月一日から仕込みが始まり翌年二月九日まで元木屋の納屋で藍玉が製造されたが、後藤家は元木屋に床造用として合計金二三両（銀一貫五五五匁一分四厘）を段階的に前貸しする。その経費には、八床分の造用、新納屋大ふた代、蒅搗造用、葉藍水上賃等として合計銀一貫八四四匁六分四厘がかかり、差し引き銀二八〇匁余りを後藤家が事後に補填している。ここから後藤家＝納屋借用主が床造用・蒅搗造用等を負担すること、にもかかわらず実際の製造は元木屋である点がわかる。

また、床単位に製造された藍玉は、一月一五日に搗き上がった一番床以降、順に販売されていく。例えば三番床は一月二二日に搗き上がるが、そこでは「本紫」という商品名で後藤家の商号「尾上」が型押された藍玉が二四本できた。代金は銀三貫七五二匁二分九厘で、そこから「九歩引」分が引かれ、床造用、歩懸り造用が加えられ、最終的に銀三貫八六九匁五分九厘（一本あたり銀一六一匁三分四厘）が算出されている。これが販売基準額である。そして沖須浦（徳島の港）栄次郎船積入によって「紀州若山問屋米屋町駿河屋武右衛門」に送られている。つまり、元木屋床で製造した藍玉は、床単位・時期毎に品質に差を生じながらも、あくまで後藤家の藍玉として流通販売されていくである。後藤家は、藍玉を買集めるのでなく、床を借りて製造する形で周辺藍師を編成していたことになろう。

2　一九世紀前半の後藤家の動向―藍玉商売の減衰―

こうした形で展開していった後藤家の藍玉商売であるが、一九世紀前半にその活動は下火になっていく。例えば江戸積は、文化一三年（一八一六）一一月の段階で「近年売場先打続キ不勘定、手元不都合ニ付、当時商用相休申度奉存候」とあり、二年後の文政元年七月には「先達而ゟ商内相休居申候処（中略）追々不景気相重り御為替之義も難相勤」とある。(24)さらに文政六年（一八二三）に利八郎の子らによる申合せ(25)では、既に利分を相当使い込み、借金・損金等合計三千両に及んでいたこと、特に文化一四年から文政五年の江戸積の不足勘定が経営に相当響いていたことが示され、後藤家の「前納屋」を逼塞させることが決定されている。以後、後藤家による藍玉江戸積は頓挫し、阿波国内と大坂向などを細々と続けるにすぎなくなっていく。(26)

一方、土地所持についてみると、文政七年（一八二四）段階で後藤家の村内所持高は高五七石余に拡大している。これは一八世紀末の二倍強にあたる。さらに和田・西名東・延命・奥野・徳命などの周辺村に高八三石余を持ち、所持高の合計は高一四三石余（面積四二町余、ただし山を含む）に達している。土地集積は非常に順調だったことが伺えよう。(27)

このほか、享和二年（一八〇二）以降、利八郎が造酒株を二つ売得し、娘「かの」名義で造酒申請をしている。もっとも共に文政二年（一八一九）、同四年に手放しているのだが、多様な業体の一つとして酒造に資本を投下している点が注目されよう。(28)また、徳島市中の新町川に面し浜納屋床を有した流通至便の地、西新町三丁目の二つの町屋敷（表間口合計五間二尺八寸）についても獲得している。これは文政二年（一八一九）七月に貸付銀八貫目の家質として津国屋宇八より得たもので、最終的には文政一〇年（一八二七）三月に銀二五貫目で購入している。(29)興味深いのは、これも利八郎娘「かの」（一六才）名義である点である。しかも同年正月に同町井筒屋平兵衛（後述）に加宿した上で一連の売得が進んでいる点である。市中居住が前提の町屋敷であるが故に、女名前で所持しているが、実質は利八郎所持とみてよいだろう。後藤家は、利貸の結果、町屋敷を買得し、そこで町屋敷経営を展開させていったのである。

こうして後藤家は、質地地主としての性格を基礎としながら、文政期を境に、藍玉商売から阿波における金融活動に比重を移したことが確認できよう。その上で天保二年（一八三一）に利八郎悴・善助が、組頭庄屋に就任していくのである(30)。

3　藍玉流通をもとにした金融

最後に、江戸積藍玉商売を縮小した後藤家が、どのような形で阿波において藍玉流通に関わっていたのかをみたい。これには二つの関わり方があった。

一つは、葉藍寝床為替である。例えば次の史料にみえる文政四年（一八二一）後藤利八郎と観音寺村市左衛門との一件は、藍師市左衛門が、利八郎から金三五両を借用するために葉藍寝床為替を質入れしたが、藍玉相場の下落によって、その寝床で生産された藍玉では貸付金すら回収できなくなった、という内容である。

【史料5(31)】

再応御糺ニ付書附ヲ以奉申上覚

一、観音寺村市左衛門と申者、此度葉藍相調寝せ床為替ニ仕、金子借用仕度旨、南岩延村勘兵衛・上鮎喰荒屋繁左衛門両人ゟ入割ヲ以申来り候ニ付、請持世話仕筈ニ引合申候、然所昨辰九月十五日ニ葉藍三拾四本ト叺弐拾四丸半指越申ニ付、同十六日ニ金子三拾五両貸附、右葉藍寝せ置御座候処、右市左衛門義無拠用事御座候趣ニ而、他国へ罷越申ニ付跡世話之義は冨右衛門と申者へ相頼置御座候間、万事懸合彼者へ致呉候様同道ニ而罷出

引合置申候、其後右寝せ葉藍之内、昨十二月廿四日ニ藍玉拾六本出来仕候ニ付、其節右冨右衛門立合之上早速藍方御役所様え水上仕置、市中問屋松浦三郎兵衛着ニ仕、跡床之義は当正月十二日ニ藍玉拾七本玉成ニ相成冨右衛門立合之上早速藍方御役所様え水上仕置、市中問屋矢辺次右衛門着ニ仕置候、都合藍玉三拾三本、右両店へ着仕置御座候、然処当春ゟ諸方売場表義景気不都ニ付、藍玉相場追々下落仕、買人一向ニ無御座候、日々不相場難渋ニ相及居申候処、私方ゟ諸方え段々相頼、漸望人御座候ニ付、右市左衛門代冨右衛門方へ南岩延村勘兵衛并熊太郎度々指遣右之趣重々相行着候処、追々不景気之義ニ候得は如何様共仕売払呉候様申出候ニ付、右於両問屋当六月七月両度ニ漸切売商内ニ仕候、右仕切金ニ而算用仕候処、右貸附元金三拾五両外ニ弐床造用取かへ〆金五両ト拾四匁五歩七厘并ニ利足共〆、先達而売払申候藍玉仕切金ニ而指引算用仕候処、金五両三歩ト六匁八分九厘不足ニ相成、甚迷惑仕居申候（以下略）

ここからわかるのは、第一に、藍玉を生産する葉藍寝床の信用をもとに、在方藍師が利八郎から金子を借用している点である。第二に在方藍師が生産した藍玉は、藍方役所―市中問屋を通じて別の藍師（仕入元等）に売られ、その代金を質取主である利八郎が獲得している。つまり利八郎は、藍玉を他国に自ら売り出すのでなく、阿波の仕入元クラスの藍師へ販売していたことになろう。その上で、この事例のように、相場が下落すると、当初の目論みほど利を得られず、貸付金の回収すらできない不安定なあり方である点が注目される。

このような、在方藍師の葉藍寝床を担保とする金融活動は、実は後藤家以外にも確認できる。前述の佐古村元木屋善八もその一人である。文政元年（一八一八）利八郎と元木屋善八との一件からは、次のような点がわかる。[32]彼は徳島市中や、周辺村のみならず、阿波郡柿原村・伊月村・伊沢村、美馬郡半田村など、吉野川中流域に点在する藍師を対象にして、葉藍や葉藍寝せ床を計一八口受け持ち、それを担保に彼らに貸し付けを行っていた。しかし、元木屋は自宅の火災を契機に、この質物を、さらに利八郎に質入れして金四七〇両もの大金を借用することになった。ところが元木屋は、質物の葉藍を勝手に寝かせて藍玉を製造し流通させ、売り上げを自分のものにしてしまう。このことが後日発覚し、元木屋は利八郎に謝りの一札を入れることになった。

この事例からは、「葉藍床為替金」の請持支配とは、藍師に対し、彼らの所持する葉藍・寝せ床を担保に貸し付けることであったことが確認できる。元木屋は、床を所持するだけでなく、出店を吉野川中下流域にもち、周辺の藍師から「床為替金」を請持支配していた。そして、今回は元木屋自身が利八郎に又借りしたわけだが、一方後藤家は、元木屋のような存在を、さらに金融的に支配していたのである。

もう一つは、藍玉を引当とした金融である。文政一二年（一八二九）利八郎と井筒屋平兵衛・古川村嘉右衛門との一件は、次のようなものであった。

【史料6(33)】

乍恐奉願上覚

覚

四宮紀三郎着

荷主　古川村　嘉右衛門

紫光「加

一、藍玉弐拾三俵

右之通預り置候、以上

亥十一月廿一日　藍方御代官所　御印

右之通之御小切壱枚相預り、一昨亥十二月廿三日西新町三丁目井筒屋平兵衛取次を以、金子弐拾両昨子三月切元利返弁可仕筈ニ而貸附御座候所、右切月ニ算用相立不申候ニ付、度々催促仕候得共、不景気ニ付右荷物未商内ニ

相成不申趣ニ而、彼是付延シ、余り等閑ニ仕候ニ付承り合候所、右荷物之義は昨子三月井筒屋平兵衛方へ四貫五百替ニ而商内相済、荷物は淡州表へ積出ニ相成候趣ニ御座候、一昨冬金子貸付申砌、右藍玉其節相場ニ択合見申候所、壱貫弐三百替之所は慥ニ売買直打御座候代呂物ニ相見へ申候故、随分元利ニ引当テ丈夫ニ御座候ニ付、前顕弐拾両貸附候義ニ御座候、然所御小切は私手元ニ今以所持仕罷有候得共、荷物之義は昨春積出成御場所ニ無之趣、別而直段之義高下も有之候品物ニは候得共、昨春之義は次第ニ景気宜敷、何れ大小宛直段引上ヶ商内成候時節ニ、右様四貫五百替等と申直段売買仕候義、甚不引合之次第、私共年来商売仕候得共稀ニも是迄承り候義も無之、就而は御建置藍問屋ニ而目利役之者も有之候故、不相応之商売取扱可仕筈は無御座候得共、直段格段不相応之引合、別而如何之義ニ御座候、尚又荷物御預り之御証拠物之義ニ御座候故、仕切金為融通乍内分質物ニ仕金子立用向、専取扱罷有候所、御小切は所持乍仕引当之荷物行衛さへ相分り不申次第、重々迷惑奉仕候、乍恐右奉願上通被為　聞召届御行着被　仰付被為　下候ハヽ、重畳難有仕合ニ奉存候、以上

文政十二丑年

名東郡早渕村無役人　後藤利八郎

名東名西御郡代様御手代　高岡小三太殿

まず文政一〇年（一八二七）一一月に、嘉右衛門が市中問屋四宮紀三郎あての藍玉一三俵（一床分）を藍方役所に水揚げした。この時、藍方役所より「御小切」と呼ばれる受取証（史料6内の「覚」に相当）を受け取り、嘉右衛門が井筒屋平兵衛（前述）を通じて後藤利八郎に渡し、金二〇両を借用した。期限である翌三月になり利八郎が貸付金の返済を求めると、藍玉不景気で売り手が見つからないとのことで、そのまま延引となった。実は嘉右衛門は、同じ頃この藍玉を井筒屋に銀四貫五〇〇目の高額で売却し、淡州表（嘉右衛門の売場）に積出していたということで問題化したのである。

ここで注目されるのは、第一に、この方法の場合、藍玉は在方藍師によって既に生産され、藍方役所に水揚げされ、市中問屋のもとに届いている。本来であれば市中問屋から仕入元である藍師らによって、さらに買い集められるという藍玉流通システムになっている点が注目されよう。第二に、ところがこの場合のように、不景気で買い手がすぐに見つからないと、在方藍師が、藩発行の小切の信用をもって、金子を借用するということがまま見られたことがわかる。第三に、後藤家はこのような小切を担保とする藍玉金融を展開させていたのである。

4　小括

第一は、葉藍床為替や藍玉引当という二つの金融のあり方についてである。従来の研究では、巨大藍師が一手に葉藍を集荷し大規模製造するか、または小藍師より藍玉を集荷し、これらを大量に各地に販売するということが明らかにされていた。しかし、今回検討したように、その裾野には、藍師同士の金融関係が、床や藍玉を担保として広範に展開していたことがうかがえる。第二に、後藤家の動向である。藍玉商売に則して言えば、当初の藍玉製造や、寝せ床借による流通これを江戸積みして販売するというあり方から、文政期以降は、製造や江戸積は減衰し、床為替金・藍玉を担保とした金融活動のみが継続していったことがわかる。こうして、質地地主を基礎としながらも、藍玉流通に特化するのではなく、商人資本として多角的な金融活動へと展開していったといえるのではなかろうか。

むすびにかえて

各章のまとめは小括で述べたので繰り返さないが、藍師後藤家の「家」とその社会的諸関係に注目することで、江戸積における売場所持者の流通独占の形態、および阿波における藍玉の集荷形態を、つまり阿波の「内と外と」を結ぶ流通の有り様の一端を解明できたのではないかと考える。しかし、一九世紀後半にむけての藍流通の展開や、あるいは後藤家が藍流通以外の地域社会構造の中でどのように位置付いていたか等は今後の重要な課題として残された。他日を期したい。

註

（1）高橋啓「阿波藍の生産と流通」（石躍胤央・高橋啓編『徳島の研究5』清文堂、一九八三年。のち「商品生産の展開」と改題の上、高橋啓『近世藩領社会の展開』渓水社、二〇〇〇年所収）。

（2）天野雅敏『阿波藍経済史研究―近代移行期の産業と経済発展―』（吉川弘文館、一九八六年）。

（3）前掲註（1）論文、および「近世後期吉野川流域における葉藍生産」（渡辺則文編『産業の発達と地域社会』渓水社、一九八二年。のち「近世後期藍作地帯の社会変動」と改題の上、前掲註（1）高橋著書に所収）。

（4）高橋啓「近世後期阿波における『諸割賦』をめぐって」（有元正雄編『近世瀬戸内農村の研究』渓水社、一九九〇年。のち「近世後期の村落と諸割賦」と改題之上、前掲註（1）高橋著書に所収）。この他、阿波藍に関する主要な研究については、前掲註（1）高橋著書二七五～六頁を参照されたい。

（5）後藤家文書は、総点数約一万七千点に及ぶ史料群で、かつて戸谷敏之氏が近世日本の農業経営を類型化するにあたり、「摂津型」に対する「阿波型」を析出する際に用いた史料群として知られている（戸谷『近世農業経営史論』日本評論社、一九四九年）。現在、その大半が鳴門教育大学所蔵であり、「後藤家文書画像データベース」（http://gotoke.naruto-u.ac.jp/）として同大学附属図書館ホームページより閲覧できる。

（6）この点については、近年の身分的周縁研究の成果に多くを学んでいる。詳しくは、後藤雅知・斎藤善之・高埜利彦・塚田孝・原直史・森下徹・横田冬彦・吉田伸之編『身分的周縁を考える』〈身分的周縁と近世社会9〉吉川弘文館、二〇〇八年）を参照のこと。

（7）売場株については、次の史料に依っている。文化元年四月「関東直売藍仲間式法帳」（『東京市史稿』〈産業編四六〉東京都、二〇〇五年、四八～五七頁。なお『阿波藍譜』史料篇上巻、〈六六〉四二五～四三一頁（三木産業株式会社、一九七四年）も同文である。ここでは、より忠実な翻刻の『東京市史稿』を採用した。以下同）、同年六月「関東藍仲間究書帳」（前掲『東京市史稿』七七～八七頁、前掲『阿波藍譜』〈六八〉四七二～四七七頁）。

（8）享和二年「此度関東表振売御指留被仰付候ニ付古売仲間共へ申渡候究書帳面」（前掲『東京市史稿』〈産業編四六〉五七～六五頁。前掲『阿波藍譜』〈六五〉四一九～四二一頁）。

（9）文政七年（一八二四）「江戸買物独案内」（西山松之助編『江戸町人の研究第三巻』吉川弘文館、一九七四年）でも、それぞれ「藍玉問屋」とある。

（10）文化元年六月「関東藍仲間究書帳」（註（7））。

（11）関係所有については、塚田孝『近世日本身分制の研究』（兵庫部落問題研究所、一九八七年）一九頁、および吉田伸之『巨大城下町江戸の分節構造』（山川出版社、二〇〇〇年）一八七頁を参照。

（12）「乍恐奉願覚」（『後藤家文書』文書番号8―67―1、以下「『後藤』8―67―1」と略す）。

（13）「田畑物成帳」（『後藤』7―128）。

（14）文化八年「名東郡早淵邑棟附人数御改帳」（『後藤』7―118）。

（15）「乍恐奉願上覚」（『後藤』8―67―2）。

（16）『後藤』5―333。

（17）『後藤』9―19―4。

（18）盛家については、真貝宣光「阿波商人列伝1　大坂屋新助」（『徳島経済』三三、一九九三年）、長谷川賢二「四国遍路史研究の課題をめぐって」（『四国遍路の研究』鳴門教育大学、二〇〇三年）を参照されたい。

(19) 享和二年一二月「申上ル覚」（『後藤』9—19—4）によれば、後藤家の関東積藍玉五〇〇本の内、二二〇本は自分染店で残りが紺屋売であったという。ただし、江戸藍仲間の売場株設定に伴い、江戸店による「染方」すなわち紺屋の兼業は禁止されることになった。直売に徹することで関東在来の紺屋との利害を調整したのだろう。

(20) 真貝宣光「文化元年6月関東売藍仲間定書帳」（『史窓』二〇、一九九〇年）によれば、前掲註（7）『阿波藍譜』〈六八〉の原史料にあたる土井家文書では、後藤利八郎を貼紙により削除し、一方、玉屋五兵衛株の武市増助部分を貼紙した上に「後藤利八郎」と記入しているという。

(21) 『後藤』9—19—4。

(22) これに対し後藤家は、今度は阿波屋吉三郎附、つまり現状維持を願うが、結局これは仲間から認められなかった（「申上ル覚」『後藤』9—19—4）。

(23) 「当座帳」（『後藤』17—19）。

(24) 以上「諸御願書控　壱番」（『後藤』3—174）。

(25) 「覚」（『後藤』8—69—7）。

(26) 「諸御願書控　弐番」（『後藤』7—120）中の嘉永七年（一八五四）八月「乍恐奉願上覚」は、利八郎の病死に伴い子の庄助が玉師株を継承することを願ったものである。それによれば、「先年ゟ江戸表ニ藍玉売場株相扣商売仕来居申所、近来手元不都合ニ付先達而已来、右商売相休居申候得共、其後当地御場処幷ニ大坂売等只今迄少々宛数年来売事致来居申候」としている。

(27) 以上土地所持については、「所々扣田畠地目録帳」（『後藤』10—213）。なお、後藤家は一八七〇年（明治三）に至っても村内所持高五四石六斗五升七合九勺を有しており、ほとんど土地を手放していない（「乍恐奉願上覚」『後藤』5—338）。

(28) 「諸御願書控　壱番」（『後藤』3—174）、「乍恐奉願上覚」（『同』9—15—6）、「仕渡約束書物之事」（『同』9—23—11）。

（29）「預申米之事」（『後藤』2―35―2）、「西新町三丁目浜貸家跡書」（『同』11―77）。
（30）後藤家は、他に天保七年（一八三六）には質屋株（同村で二株の内の一つ）を所持している（「御取窮郡中名面帳并諸郡株数相改帳」『後藤』11―67）。
（31）組頭庄屋松島加賀助宛て早淵村後藤利八郎・同村五人組利兵衛による文政四年（一八二一）一二月一〇日付「申上覚」（『後藤』4―145―①）。
（32）「預り申米之事」（『後藤』5―139）、「仕渡書物之事」（『同』5―347―②）。
（33）『後藤』5―317。

近世後期における書籍流通——大坂本屋と伊予——

井上　淳

一　はじめに

近年江戸時代の書籍をめぐり、作者や版元などの生み出す側からではなく、読者の側からその受容のあり方を明らかにする研究が盛んになりつつある。「読書の社会史」ともいえる研究であるが、横田冬彦氏は元禄享保期の大坂周辺村落・在郷町の上層農民に、数百冊の蔵書をもつ家が珍しくないこと、その内容は多彩で専門的な本も含んでおり、「知的読書」としてのレベルをもっていること、本は積極的に貸借され、その背後にさらに広範な読書人口を想定できることなどを明らかにしている(1)。

江戸近郊農村に目を転じると、武蔵国幡羅郡中奈良村の名主野中家を取り上げた小林文雄氏の研究がある(2)。そこでは野中家の蔵書が家で利用されるだけではなく、天保期には貸出台帳がつくられ、小前百姓を含めた村人に貸し出されていたことが明らかにされている。小林氏は村人の知的欲求に応えていたのが豪農の蔵書であり、その意味で豪農の蔵書は公共図書館としての性格をもっていたと指摘している。また、池田真由美氏は、下総国葛飾郡鬼越村の名主層松澤家の文化五〜十年（一八〇八〜一八一三）の「書籍有物帳」を分析して、松澤家が江戸の板元兼貸本屋から書籍を仕入れ、それをもとに地元で貸本屋を経営していた可能性を提示している(3)。小林氏と池田氏の研究は、公共性と経済活動という蔵書家の動きは対照的ながらも、江戸後期になると村人の読書需要が生まれ、読書行為がかなりの広がりを見せていたことを示している。

さらに、これまで作品・作者論が主流を占めていた国文学の分野でも読者に視点を置いた研究が現れている。鈴木俊幸氏は、『江戸の読書熱』において、平仮名混じりの注釈と書き下し文を配して、難しい儒教経典を分かりやすく編集し、江戸時代の隠れたベストセラーとなった『経典余師』に注目している(4)。『経典余師』こそが自学自習という道を切り拓いた書籍で、その浸透ぶりは江戸後期の広範な層の学問への指向を映し出しているとしている。そして、『経典余師』の浸透は、学問への指向が強く、新たに文芸の読者にもなりうる読者が広範囲に登場したということを意味しており、新しい読者は都市部の人間や町や村の役人層などの教養層よりも広い階層であり、急速な勢いで知の底上げが起こっていると指摘している。

村に入ってくる書籍について、このように様々な角度から研究が行われているが、取り上げられている事例の多くが江戸や大坂周辺の村落であることが気にかかる(5)。おそらく、流通機構が発達していない江戸時代において、書籍の村への入り方や利用のされ方は、それぞれの地域により大きく異なっていたのではなかろうか。そこで、本稿ではこれまでの研究史をふまえ、江戸や大坂から遠く離れた事例として、伊予国伊予郡南黒田村（愛媛県松前町）の庄屋をつとめた鷲野南村を取り上げ、大坂に遊学して帰郷した一人の地方知識人を通じて、村落社会に書籍がどのように受容されていったのかについて明らかにする。

二　鷲野南村について

鷲野南村については、死後二十年以上たった明治三四年（一九〇一）に門人の手により郡中五色浜（伊予市）に頌徳碑が建てられている。この碑文を中心に、南村の生涯をまとめると次のようになる。

南村は文化二年（一八〇五）七月二五日に、南黒田村の庄屋鷲野梅三郎の長男として生まれた。幼名が「富喜太」、長じて「蕗太郎」（付驥太郎）と名乗り、諱は「翰」、字は「子羽」で「南村」はその号である。南村は幼くして学問を好み、博覧強記で神童と呼ばれ、南黒田村のすぐ南の郡中において沖荘助と宮内桂山という二人の漢学者の塾で学んでいる。そして、文政七年（一八二四）には大坂に行き、篠崎小竹に入門する。

篠崎小竹は江戸時代後期の有名な儒学者、漢詩人。天明元年（一七八一）に大坂で生まれ、九歳から荻生徂徠の学統の篠崎三島に学び、学を見込まれ十三歳で篠崎家に養子として迎えられる。その後、養父の命令で江戸の昌平黌で古賀精里に師事し朱子学を学び、家塾の梅花社を継いでいる。梅花社は小竹の代に隆盛し、日本全国から集まった門下生は千五百人以上に及んでいる。書家としても優れ、親友の頼山陽は小竹について「詩文は吾小竹に勝り、小竹の吾に勝るものは書なり」と語ったといわれる。

南村は梅花社において塾長をつとめたと碑文に記されているが、実際にその裏付けとなる資料は見つかっていない。しかし、南村と小竹との書簡を通じた交流は長く続いているので、南村が小竹のもとで漢学、漢詩を深く学んだことは確かである。南村は父親の病気により大坂から帰郷、庄屋を継ぐとともに自らの屋敷に家塾橙黄園を開く。庄屋の多忙な職務の中、南村は高度な教育を行ったため、橙黄園には近郷の村々をはじめ、遠くは松山や大洲から数百人の門弟が集まった。南村は詩文（漢詩）を最も得意とし、書も優れていた他、天文算数の遺稿もあるなど、幅広い分野で地域に足跡を遺し、明治十年（一八七七）八月十五日に七十二歳で没している。

南村の生涯を振り返り、重要な意味をもつのが篠崎小竹の梅花社への入門である。篠崎小竹の梅花社については門人帳が遺されており、文化十一年（一八一四）から嘉永元年（一八四八）にかけて入門した人物の名前を知ることができる(6)。表1には南村と同じ大洲藩領からの入門者を示したが、重複記載を除くと二十六名の入門者を確認できる。大坂屋敷の大洲藩士、医学書を読みこなすことを目的とした大洲藩医、南村をはじめとする庄屋層から入門者が出ていることが分かる。南村は3に文政七年四月十八日入門と記されているが、紹介者二名のうち井上七助は不明、服部丈右衛門は大洲藩の支藩である新谷藩士で、文政三年五月十九日に小竹に入門した人物である。また、7の宮内昱二郎と14の鷲野四郎はいずれも南村の弟である。宮内昱二郎は、南村夫人が下三谷村（伊予市）庄屋宮内家の出身のため、宮内家かその分家に養子に入った人物と推測される。鷲野四郎は小松藩領の周桑郡妙口村（西条市）の庄屋菅家に養子に入り、後に庄屋になっている。さらに、9の久保棟太郎は米湊村（伊予市）の庄屋、13と20の曽根仙三郎は大瀬村（内子町）庄屋の家系で医者に転じた人物、24の三好団四郎は「大洲庄屋」とあるが、実際には上三谷村（伊予市）の庄屋である。南村周辺の庄屋層を中心に、大坂に遊学してまで儒学、漢詩を学ぼうとする学問熱が高まっていたことを見ることができる。彼らは若い時期にある程度の期間入塾して知識を身に付けて帰郷しているが、家督相続の後は自由に遊学することは難しかったものと思われる。そこで、自らの村に住みながら学問を続けていくために多くの書籍が必要とされた。次に、実際に鷲野南村がどのように書籍を手に入れていたのかについて検討していく。

表１　大洲藩領の篠崎小竹門人

番号	名前	所属	入門年月日	紹介者、父親
1	友沢茂十郎	大洲邸吏	文政４年１月24日	茂左衛門子
2	坪田喜三郎	大洲内之子里正	文政４年５月21日	大坂屋小兵衛介
3	鷲野蕗太郎	大洲	文政７年４月18日	井上七助、服部丈右衛門介、丹波屋
4	松岡健節	大洲医員	文政８年１月８日	友沢茂左衛門介
5	武田助右衛門	大洲邸吏	文政８年1月12日	友沢茂左衛門介
6	河南梅仙	伊予大洲医生	文政11年１月15日	斎藤良朔介
7	宮内昱二郎	鷲野蕗太郎弟	天保元年12月６日	
8	古田直三郎	大洲邸吏	天保３年６月３日	半太夫子
9	久保棟太郎	伊予郡中小湊村人	天保５年	父曰新五郎
10	長兵衛	大洲邸吏	天保５年	
11	富永総次郎	大洲邸吏	天保５年５月	
12	日野三郎	大洲門吏子	天保６年２月６日	
13	曽根仙三郎	大洲大瀬村	天保６年２月18日	里正仙右衛門子、大塚忠右衛門介
14	鷲野四郎	蕗太郎弟	天保６年８月26日	
15	芳賀永之進	大洲家中	天保６年10月19日	父名広蔵
16	菊田玄渓	大洲医員	天保７年２月１日	芳我永之進介
17	住吉大夫	大洲長浜	天保７年	
18	穂積太次郎	大州人	天保７年４月14日	大坂屋小兵衛介
19	山本有中	大洲医員	天保８年３月24日	父曰一学
20	曽根仙三郎	大洲医員	天保８年３月24日	父曰仙右衛門
21	岩井玄又	大洲官医	天保11年２月11日	父曰昌元
22	町田元吉	大洲邸司子	天保11年２月11日	父伝右衛門
23	中村道允	大洲官医	天保11年３月17日	父曰玄譲
24	三好団四郎	大洲庄屋	天保12年２月23日	
25	菊池勘治	大洲邸吏子	弘化３年７月21日	
26	永田半十郎	大洲藩中	弘化４年３月19日	
27	武田斐三郎	大洲	弘化５年２月９日	

三　鷲野南村の書籍購入と蔵書形成

鷲野家文書は現在、西原氏旧蔵文書として愛媛県立図書館に収蔵されているが、(7)冊子が二十六冊、一枚物が一七五〇通で、そのうちの一一一三通が書簡である。近隣の庄屋や大洲藩の郡方役人が鷲野家に宛てた公用の書簡がほとんどであるが、書籍を購入する際に南村が本屋と交わした書簡も含まれている。また、地元の松前町郷土資料室にも、南村が本屋と交わした書簡が若干ながらも収蔵されている。(8)それらをまとめて表2に示す。

藤屋禹三郎は姓が北尾氏で、墨香居の別名があり、大坂心斎橋筋安土町北入に店があった。篠崎小竹も含めた六人の漢詩集『摂西六家詩鈔』を刊行している。米屋兵助は安芸広島元安橋東詰の本屋で、『百人一首一夕話』、『嚴島扁額縮本』を刊行している。河内屋吉兵衛は姓が浅井氏で別名が龍草堂で、大坂農人橋二丁目に始まり、心斎橋筋北久太郎町五丁目西角、文政頃に心斎橋南本町、嘉永頃に心斎橋唐物町北入、慶応頃に難波町と移転を繰り返している。大塩平八郎の塾洗心洞に日頃から出入りし、その著書の開版・売弘に尽力した本屋でもある。河内屋記一兵衛も同族集団で大坂出版界の中心勢力となった河内屋一統の一家である。京屋浅次郎は姓が山本氏で、大坂心斎橋筋博労町に始まり、文政頃には升屋町、天保頃には浄覚町と移っている。加賀屋善蔵は天保七年序の写本巻末に「開板人浄覚町加賀屋善蔵」とあり、画家で漢詩人の田能村竹田とも交流があった本屋である。(9)したがって、米屋兵助を除きいずれも大坂の心斎橋筋の本屋で、南村はそれらの本屋と頻繁に書簡のやりとりをしていたことになる。書簡には年代は記されていないが、いくつかの書籍の刊行年代から類推すると、天保期から嘉永期の書簡が多くを占めるものと考えられる。

表２　鷲野南村と本屋との書簡

番号	年月日	標　　題	差出人	受取人	数量	資料番号
1	５月16日	（痛み多き本返却に付書簡）	鷲野蕗太郎	藤屋禹三郎	状１	w291-18-5-5
2	年欠	（本相場に付書簡）	米屋兵助	上	状１	w291-18-6-5
3	酉年５月	（史記不足金に付書簡）	河内屋吉兵衛	鷲野	状１	w291-18-6-6
4	10月12日	（本代受取に付書簡）	米屋兵助	鷲野	状１	w291-18-6-7
5	９月26日	（本代受取に付書簡）	米屋兵助	鷲野	状１	w291-18-6-8
6	巳年９月26日	（本代受取に付書簡）	米屋兵助	鷲野	状１	w291-18-6-9
7	３月５日	（御注文の書籍値段及び先年代金精算に付書簡）	藤屋禹三郎	鷲野蕗太郎	状１	w291-18-6-10
8	６月20日	覚（本代受取）	□屋與五兵衛	上	状１	w291-18-6-16
9	９月22日	（本代不足に付書簡）	和本屋昌介	鷲野蕗太郎	状１	w291-18-6-17
10	12月	（本代）	加賀屋善蔵	篠崎福太郎	状１	w291-18-6-18
11	閏１月16日	（急便に代金御達し被下度書簡）	藤屋禹三郎	鷲野蕗太郎	状１	w291-18-6-19
12	４月２日	（蒹葭堂蔵本明詩綜売払及び先年本代に付書簡）	藤屋禹三郎	鷲野	状１	w291-18-6-20
13	寅５月12日	（明詩綜他本代に付書簡）	藤屋禹三郎	鷲野蕗太郎	状１	w291-18-6-21
14	９月16日	（書籍代に付書簡）	高山平左衛門	鷲野蕗太郎	状１	w291-18-6-22
15	２月26日	（書籍値段に付書簡）	蕗太郎	高山平左衛門	状１	w291-18-6-23
16	１月27日	（四五巻唐本差上候に付書簡）	河内屋吉兵衛	鷲野	状１	w291-18-6-24
17	11月27日	（十三経残り八冊御下しに付書簡）	河内屋吉兵衛	鷲野	状１	w291-18-6-25
18	11月27日	（代金不足に付書簡）	龍草堂	鷲野	状１	w291-18-6-26
19	２月□□	（篠崎様より御尊公様御注文仰せに付書簡）	京屋浅次郎	鷲野蕗太郎	状１	w291-18-6-27
20	４月５日	（御注文の秘書廿一種売れ候義及び善本二部御賢考被下度書簡）	米屋兵助	鷲野	状１	w291-18-6-28
21	年欠	覚（本代）			状１	w291-18-6-29
22	６月25日	（御注文の書籍指上候に付書簡）	藤屋禹三郎	鷲野蕗太郎	状１	w291-18-6-30
23	１月晦日	（去年篠崎様より御尊輸遣候処不明に付書簡）	京屋浅二郎	鷲野蕗太郎	状１	w291-18-6-31
24	３月21日	（御入用之品目録被下度書簡）	米屋兵助	鷲野蕗太郎	状１	w291-18-6-34
25	７月12日	（書物代金残り早々御送被下度書簡）	米屋兵助	鷲野	状１	w291-18-6-35

表２　鷲野南村と本屋との書簡（つづき）

番号	年月日	標　題	差出人	受取人	数量	資料番号
26	8月17日	（書物送付に付書簡）	河内屋記一兵衛	鷲野	状1	w291-18-6-36
27	8月17日	覚（書物送付状）	河内屋記一兵衛		状1	w291-18-6-37
28		覚（書物値段）			状1	w291-18-6-38
29	丑8月17日	覚（代金受取）	河内屋記一兵衛	鷲野蕗太郎	状1	w291-18-6-39
30	8月19日	（書物代金受取に付書簡）	藤屋禹三郎	鷲野蕗太郎	状1	w291-18-6-40
31	3月16日	（農業全書新板指上候に付書簡）	京屋浅二郎	鷲野	状1	w291-18-6-42
32	5月15日	（御注文之品送付に付書簡）	藤屋禹三郎	鷲野蕗太郎	状1	w291-18-6-43
33	5月15日	覚（本代差引不足）	藤屋禹三郎	鷲野	状1	w291-18-6-44
34		覚（本代）	藤屋禹三郎	鷲野	状1	w291-18-6-45
35	5月15日	（算用不足之分別紙の通に付急々皆済相成候様書簡）	藤屋禹三郎	鷲野蕗太郎	状1	w291-18-6-46
36	寅5月15日	（本代不足清算候様書簡）	藤屋禹三郎	鷲野蕗太郎	状1	w291-18-6-47
37	9月3日	（注文の書送付に付書簡）	藤屋禹三郎	鷲蕗太郎	状1	w291-18-6-48
38		（書名覚）			状1	w291-18-6-52
39		（書名覚）			状1	w291-18-6-53
40	正月晦日	（旧秋御注文の書物代銀に付書簡）	藤屋禹三郎	鷲野	状1	w291-18-6-54
41	9月11日	（御注文の書物送付に付書簡）	藤屋禹三郎	鷲野	状2	w291-18-18
42	（己亥）3月8日	（有竹居集唐本御不用の由に付相戻被下度書簡）	藤屋禹三郎	鷲野蕗太郎	状1	シ148
43		覚（本代差引不足）	河内屋吉兵衛	鷲野蕗太郎	状1	シ149
44	（天保9年）9月16日	（手代共へ御用被仰付候書物の義に付書簡）	京屋浅治郎	鷲野蕗太郎	状1	シ150
45	（天保9年）9月18日	（薬性提要の義失念に付書簡）	京屋浅治郎		状1	シ151
46	8月9日	唐本目録	河内屋吉兵衛	鷲野	状1	ト14

※１～41愛媛県立図書館蔵、42～46松前町郷土資料室蔵

それでは、南村と本屋のやりとりの内容について、実際の書簡を取り上げて検討していく。

資料1(10)

七月廿九日御書当十八日着奉忝拝読候、時下秋冷益御安静奉恐賀候、然ハ此度金弐両三歩壱朱御遣シ被成下難有受取申候

小学三之分御戻し被成下、則仰之通二冊ノ分と取替奉指上候

性理大全板上本頓と無之ニ付、先ノ御預り有之本則当便御返上奉申上候、御落手被下候、尤和本ナレハ随分上本有之直段大相応仕候、先是ニて御心積可被下候

且此度御注文之品々則取揃奉差上候、御入手被下候

覚

一拾三匁三分　　性理大全四帙

一弐歩壱朱　　秘書廿一種二十冊

一壱歩一朱　　読書随筆一帙

一三朱　　歴朝詠物一帙

一十五匁　　卓氏藻林二帙

一八匁五分　　小学二冊

〆

右之通御改御落手可被下候、且又近々御注文可被下候、尤先ハ右至急御答□□如此御座候、猶近々秋冷御加愛可

被遊候、恐々頓首
八月十九日
藤屋禹三郎
鷲野蕗太郎様

資料1は大坂の本屋藤屋禹三郎が南村に宛てた書簡で、最初に書籍の代金として二両三分一朱を受け取ったとある。次に南村が気に入らずに返品した『小学』について、藤屋が別の二冊と取り替えてもう一度南村のもとに送ることが記されている。宋・元の朱子学の学説を集大成した『性理大全』についても、南村は自分の所蔵本が気に入らず、取り替えを求めて藤屋のもとに送付しているが、藤屋は『性理大全』の版本で、刷りのよい本は少ないとして、南村のもとに送り返している。そして、日本で刷られた和本なら刷りのよいものがあり、値段も適当であるとも付け加えている。つまり、漢籍の場合は、中国で出版された唐本の方が値段が高く、唐本をもとに日本で復刻した和本になると、値段が安くなることが分かる。

資料2は広島の本屋米屋兵助が南村に送った書簡で、『大日本史』や『字貫』の情報が寄せられている。

資料2[11]

…（前略）…

○大日本史御望ミニ御座候由、此頃拙宅ニ所持仕申大日本史ハ先当時無類共可賞佳品ニ御座候間、筆工ハ能書三人ヲ選ミ去ル太夫家之秘蔵之本ニ御座候、殊ニ中井竹山先生之賛評も相附申候而誤字なとも一字々々相改、紙ハ美濃之上品ニ〆実ニ稀本ニ御座候、当時ハ全体不自由ニ御座候得共、京摂之書林抔ニハ折節新写本之悪本売買仕候得共、夫ニ而も代金拾一弐両も申候得共誤字斗之本御座候、則此度も戻候約束ニ而御持帰り被下候様申上候得共、船中之事故后便と被仰聞候間其儀不能候、何卒御求可被下候、代金拾五両と申本ニ御座候、強而御進メ申上候義もケ様なる美本ハ聢としたる御得意様方へ売置申候存念ニ御座候、

一字貫　四□
　　一部
　　　代七拾五両

右ハ和漢年契ニ相誌シ御座候、清朝ニ而も絶板物ニ而誠之稀書ニ御座候、日本ニ而ハ紅葉山之御文庫と江戸英平吉と申書林と大坂敦九とニ御座候而、外ニハ京摂書林も聞不申由、京都福井氏ニも未無御座候由、五十五両ニ御直切被成候得共売不申候、全躰ハ不自由之品ニ〆ハ下直物ニ御座候、尤敦賀屋の差渡之本よりハ拙家分ハ美本ニ御座候得共、敦九ニハ百五十両と申、此元之学問所へ納り候様ニ相成候処、御役人御替り被成候而相止ミ申候得共、何レ学問所物ニ御座候得共自然貴家様ニ御求メニ相成候得ハ却而嬉敷存候、実ハ浜田侯之御秘蔵之品ニ御座候処、御所替ニ付去ル御家中様御譲り受ニ相成居候得共、是又私宅へ御払下ニ相成申候間、実ハ少々下直ニ買入申候間、右直段ニ而売払申候、何卒御勧入候、御求可被下候

…（中略）…

三月廿一日

米屋兵助

鷲野蕗太郎様

御支配人様

『大日本史』は、水戸徳川家が編纂した漢文の歴史書である。二代藩主徳川光圀が開始した修史事業は明治時代まで続き、本紀七十三巻、列伝百七十巻、志百二十六巻、表二十八巻、合計三百九十七巻が完成した。米屋の『大日本史』は大名クラスの家にあった秘蔵の本で、それを筆写した筆工は能書家を三人選んで写させたとある。また、大坂の学問所である懐徳堂の中井竹山の賛評も付き、誤字なども訂正された上、紙は美濃紙の上質な紙を使っていると、品質が保証されている。京都や大坂の本屋は、最近の写本を十一〜十二両の値段で売っているが、それは誤字だらけのもの。それに対して米屋の本はそれよりわずかに高い十五両。このような美本は、本の見る目がしっかりしているお得意様に売りたいと思っている、と米屋は本好きの心をくすぐる文句で、南村に『大日本史』を売り込んでいる。

ところで、米屋の『大日本史』には中井竹山の賛評が付いているとあるが、懐徳堂には実際に『大日本史』が伝わっている。これは大坂在番の大名や旗本と積極的に交流をもった竹山が、幕府大番頭で二条城在番となった堀田出羽守正邦の紹介で借り出したものである。門人知友を総動員して、明和八年（一七七一）十一月中旬から翌年二月下旬にかけて筆写させており、二百四十三巻六十冊を数える。おそらく米屋の『大日本史』は、この懐徳堂本をもとにした写本ではないかと考えられる。

次に、書簡の話題は『字貫』に移っている。『字貫』は清の王錫侯が『康熙字典』の誤りを正すために編んだ字書であるが、清朝の忌諱に触れ、中国では版が焼かれ発売も禁止されている。米屋が「清朝ニ而も絶板物ニ而誠之稀書」と書簡に書いているのはそのことを指している。米屋はここでも南村に売り込みをかけ、『字貫』は幕府の紅葉山文庫と江戸本石町十軒店の英平吉、大坂心斎橋南一丁目の敦賀屋九兵衛でしか所蔵していない、と述べている。しかも、米屋の『字貫』は敦賀屋よりも美本であり、敦賀屋の百五十両に対して七十五両と格安であることを強調している。そして、浜田藩主の転封にともない藩士に譲られたものを買い取ったため、安い値段で売ることができると米屋はその入手ルートを明かしている。

これらの書簡を検討して注目されることは、南村が単に安い書籍を買い求めれば良しとせず、大坂の学問所である懐徳堂、江戸幕府の紅葉山文庫、あるいは大名クラスがもつような書籍を集めようとしていた点である。大坂の知の巨人ともいえる有名な町人学者木村蒹葭堂が旧蔵していた書籍『明詩綜』を入手していることも、その一例として付け加えることができる。(12) 南村は大坂心斎橋筋や広島の複数の本屋と書簡を通じて、書籍の相場、善本の情報を頻繁に交換する中で、地方にあっても大坂遊学時代と変わらず質の高い書籍を手に入れることができたのである。そして、伊予に居ても大坂の本屋と対等に情報交換ができていた背景として、篠崎小竹の存在を外すことはできない。その一例として、篠崎小竹の紹介で大洲藩の大坂屋敷に出入りするようになり、大坂留守居役からも注文が入るようになったと記した藤屋禹三郎の書簡をあげることができる。(13) このように篠崎小竹が仲介することで、南村や大洲藩の大坂における書籍の購入はスムーズに行われたものと考えられる。

それでは南村を通じて、どのような書籍が伊予にもたらされたのか、最後にまとめる。表3は本屋が南村に宛てた書簡に記された書籍について一覧にしたもので、Ⅰは南村が購入したことが明らかな書籍、Ⅱは売り込みなど南村のもとに情報が寄せられた書籍を示している。Ⅰの購入した書籍の件数だけでも一二八件を数え、一件で十冊以上の書籍もあるので、千冊を超える書籍を購入した計算になる。なお、愛媛大学図書館には、鷲野南村の蔵書の一部が寄贈された鷲野家文庫があるが、約二千三百冊の漢籍が確認されている。(14) おそらくはそれを遥かに上回る大量の書籍が大坂などの本屋から南村のもとに送られていたものと想定できる。

表3　書簡に記された書籍一覧

Ⅰ　鷲野南村が購入した書籍

種別・件数	書籍名（冊数・値段）
漢籍、漢書（42件）	唐籍文碎、唐筆本（2匁5分）、◎朱子語類（45冊）、◎小学纂註（4冊）、古文翼（2帙1部）、日記大全（2冊・35匁）、輟畊録（6冊）、秘書廿一種（2分1朱）、卓氏藻林（2帙15匁）、嘉點小学（8匁5分）、四書大全　唐本（18冊・2分2朱）、後藤点五経（2部、3分1朱）、詩経大全　唐本（8冊・2分）、四書大全　半本（10冊・1分）、◎二程全書（68匁）、潜邱剳記（125匁）、四書存疑（14冊・30匁）、聲画集（4冊・6匁5分）、論孟精義（14冊・30匁）、論孟精義□門（12冊、21匁5分）、◎酉陽雜俎（10冊・38匁）、世説箋本（10冊、38匁）、蘇黄題跋（10匁）、学蔀通弁（4冊・24匁）、性理大全（43匁）、茶経（15匁）、◎三魚堂（文集）（1両）、後藤点四書（10冊・25匁）、後藤点五経（11冊・35匁）、左伝校本（15冊・58匁）、国語定本（22冊・22匁）、後藤四書（2部・38匁）、後藤五経（11冊・28匁5分）、青楼詩話（3匁）、国語定本（6冊・1分2朱）、唐国史補（3匁）、◎越史略（金1分）、◎唐律疏義（15冊・55匁）、戦国策（15冊・58匁）、山海経（5冊・9匁5分）、淮南子（10冊・13匁5分）、賈誼新書（5冊・7匁）
漢詩（36件）	王陽明文碎（粋）、幼学詩韻（3匁5分）、続幼学詩韻（3匁5分）、詩語砕錦続編（3匁5分）、江湖詩抄（2匁5分）、古詩帰唐詩帰（1部2帙）、◎忠雅堂集（1帙1部）、詩学便覧（2冊・10匁）、◎歴朝詠物詩選（1帙・3朱）、詩韻含英異同辨（10匁）、◎明詩綜　唐本（40冊・2両1分2朱）、◎唐宗（宋）十大家（3両3分）、◎杜工部集（1帙8冊・3分）、清三朝詩別裁（4帙・1両1分）、李白集（2分1朱）、唐詩家□選（7冊・12匁）、今才調集（16匁）、詩箋（1箱・4匁）、韓蘇詩鈔（3冊・8匁）、詩語討金（2匁）、三家妙絶（5匁）、淡島詩話（6匁）、淡亭詩話（6匁）、四溟詩話（6匁）、中唐廿家絶句（7匁）、晩唐十家（絶句）（2冊・4匁3分）、東坡集注（2帙12冊・1両2分）、元詩遺（1分2朱）、栗山文集（21匁5分）、詩語砕金（2匁）、幼学詩用（5匁7分）、夜航詩話（6匁）、梧窓詩話（3匁5分）、王建詩集（4匁5分）、陸放翁詩選（19匁5分）、五山堂詩話補遺（6匁□分）
歴史・軍記物（20件）	史紀、歴史綱鑑（90匁）、皇朝通記（28匁）、豊臣秀吉譚（9匁5分）、政記（1両1分1朱）、呉越軍記（18冊・22匁）、漢楚軍談（20冊・28匁）、武将感状記（10冊・13匁5分）、太平記評判（1両）、大友真鳥実記（15冊・16匁）、参考保元平次（治）（15冊・38匁）、奥羽軍記（7冊・6匁5分）、菊地（池）軍記（10冊・16匁5分）、南海治乱記（18冊・36匁）、明智軍記（10冊・18匁5分）、浅井三代記（15匁・14匁）、かまくら実記（17冊・28匁5分）、蒲生軍記（□匁5分）、三国志　和本（40冊・115匁）、◎皇朝史略（10冊・50匁）
和古書（3件）	玉杏園叢書（2冊）、鳩巣先生（15冊・70目）、読書随筆（1分1朱）
囲碁（3件）	石配自在（14匁5分）、収枰精思（6匁）、西征手談（6匁）
その他（8件）	倭（和）漢名数（5冊・40目）、職原抄（1匁8分）、薬性提要（4匁5分）、大清図（5匁）、農業全書（11冊・17匁）、制度通（8冊・21匁）、正名緒言（金1分）、◎冠辞考（25匁5分）
不明（16件）	唐筆本、文槻（25匁）、□□傳略（5冊・15匁）、淵潮集（8匁5分）、□通（2分2朱）、中鑿（4匁）、姓氏拝（3匁5分）、討語叢（3匁2分）、初学者学方（24冊・1両2分）、紙方全書（30匁）、羅子□□（10匁）、詩軒書二集（9匁5分）、学語□（3匁）、□川集（9匁）、古今□記（6匁5分）、柳翰文（76冊・135匁）

Ⅱ　鷲野南村が情報を送られた書籍

種別·件数	書籍名（冊数·値段）
漢籍、漢書（60件）	二程全書（43匁）、十七史商搉（200目）、御御資治通鑑（5匁）、古文折義（1匁2分）、◎大学衍義（45匁）、◎大学衍義補（200目）、綱鑑易智録（150目）、水経注（読記）（35匁）、十子全集（200目）、漢キ（魏）叢書（400目）、文献通考（10匁）、校本左傳、資治通鑑綱目（4両2朱）、大学衒義補（4両）、武林伝（2部）、字貫（75両）、暦代紀元彙攷（4冊）、蘇氏韻輯（4冊）、◎吾学編（24冊）、古今通韻（16冊）、東西漢演義全伝（14冊）、黄道周経伝（32冊）、姓氏族端箋譯（6冊）、経学提要（6冊）、経学提要(20冊）、四書経註集証（20冊）、周易□義（4冊）、五経図彙（10冊）、静志居詩話、綱鑑会編、四書備考、文選参注、春秋地理考、四書正解、西湖遊覧志、太平寰宇記、春秋類求、練兵類轉、無聲詩史、国朝別裁、王梅溪集、古玉図、列女傳、綱鑑易知録目録、禮記説義、蘇州府志、花顔集、林恵堂集、林恵堂集内之儀礼斗、日知録、曝書亭詩集注、十三経白□稿、渕鑑類函、◎明史古渡、文献通考続、廿一史古渡、唐荊川文編、類腋、学庸滙通、三魚堂全集
漢詩（13件）	和語圓機活法、唐詩号古詩帰（40匁）、唐詩号古詩記（1両）、林園月令（16冊·24匁）、（詩韻）含英異同辨（13匁5分）、絶句類選（10冊·19匁）、本朝館閣詩、李義山集、毛詩伝箋（8冊）、白氏文集（150目～1両）、杜詩鏡銓、曹秋岳集、東坡全集
歴史・軍記物（10件）	太平記、中興武家盛衰記（68匁）、源平盛衰記（40目）、東僊（遷）基業（30冊·2両）、逸史（2両）、東僊（遷）基業（30冊·2両3分）、東僊（遷）基業（3両2分）、大日本史、日本外史、東鑑
書道（５件）	竹田書題、（王）右軍十七帖（20目）、星鳳楼法帖（2両1分）、文房七詠詩帖（2朱）、随園尺牘
その他（８件）	本朝孝子傳、和漢年契、正代名家著述目録、農政全書（金2分）、藩翰譜（1～3両）、続藩翰譜（4両2分）、武徳編年集成、群書類聚
不明（６件）	両澤紀事（120目）、□□別裁（40目）、碁専図、武家経林（45匁）、楽雅図、判川左編

◎は鷲野家文庫（愛媛大学図書館蔵）に現存するもの

購入したり、情報が寄せられている書籍のほとんどが漢籍で、本屋から唐本の在庫を記した「唐本目録」が送付されていることから、南村が漢籍の中でも唐本をできるだけ集めようとしていたことは明らかである。唐本をもとに日本で復刻した和本、日本で刷られた儒学の注釈書、高松藩の儒学者後藤芝山が訓点を施した後藤点の四書五経などがそれに続く。儒書以外には、篠崎小竹の門人だけあって、漢詩についての書籍も多い。その一方で、読本・随筆・俳諧・和歌などの娯楽や趣味の書籍はほとんど見当たらない。『日本外史』『日本政記』など歴史への関心も高く、『太平記』『奥羽軍記』『菊池軍記』『南海治乱記』などの軍記物が見られるのも、娯楽や趣味というよりは歴史への関心を反映したものといえる。

書籍の価格は、『字貫』の七十五両が最も高く、『大日本史』の十五両が続くが、南村がこれらの高額な書籍を購入した形跡はない。購入が確認できる書籍では、『唐宋十大家』の三両三分、『明詩綜』四十冊本の二両一分二朱、『東坡集注』十二冊本の一両二分など、冊数の多い唐本が高価になっている。南村の蔵書は高額な貴重書は見えないものの、唐本を中心に漢籍が幅広く収集されており、村の知識人というよりは、藩の儒学者に匹敵する内容の蔵書といえる。

四　鷲野南村の書籍ネットワーク

次に、こうした南村の書籍購入や蔵書形成が、地域の中でどのように位置付けられるのかについて考察する。

資料3(15)

覚

一豊稼録

一農稼業事　稲作之部
　　　　　　艸綿作之部

右稲作之事委敷故御頼

〆

右二品御頼申上候、

正月八日

右品々御取寄被下置度枚（毎）度御世話なから御頼申上候、以上、

菊澤文太郎

鷲野蕗太郎様

貴下

資料4(16)

…（前略）…御所持之外史借用仕度五六巻程御越被下度奉頼候、右用事斗草々、以上

七月廿三日

宮内次郎

鷲野様

資料5[17]

…（前略）…右達而御世話被下候小学句読紙美字鮮而能本ニ御座候、然処小学句読ナレハ句下地所持仕居候相成儀ニ御座候得共、本註入ニ御引替被下度宜敷奉願上候、何れ拝眉委細御咄し申上度如此ニ御座候、草々頓首

初秋念三　　宮内幾太郎拝

鷲野翁先醒

資料3は上唐川村庄屋菊澤文太郎の書簡で、『豊稼録』と『農稼業事』の取り寄せを南村に依頼している。『豊稼録』は豊後日田出身の農学者大蔵永常が害虫の防除を中心に記したものである。『農稼業事』は寛政五年（一七九三）に琵琶湖東の老農児島如水が著したもので、稲作や綿栽培について、当時の新技術や具体的な方法が記されていたため全国的に反響を呼び、版を重ねた農書である。いずれの農書も近隣の本屋で簡単に入手することができなかったため、大坂や広島の大きな本屋と取引がある南村を通じて入手しようとしたものと考えられる。

資料4は上吾川村庄屋の宮内次郎の書簡で、南村が所蔵している『日本外史』のうち五、六巻ほどを借用したいという内容。南村の蔵書が、地域で活用されていたことの一つの証しともいえる。資料5は、下三谷村庄屋の宮内幾太郎が『小学句読』を南村を通じて取り寄せたが、註が入ったものに差し替えて欲しいという内容。この他にも大坂の京屋浅次郎から南村が自らの書籍を購入する際に、米湊村庄屋久保棟太郎と上吾川村庄屋宮内次郎の分の書籍を一緒

に取り寄せている事例もあり[18]、南村を介して地域内で書籍を取り寄せたり、貸借されていたことは明らかである。

資料6[19]

…（前略）…陳者白氏集ノ一件如命以前相払度申候處、近来ハ懈惰ニ付買書之念も止ミ其侭束（疎）濶ニ御座候、四五年前六拾五匁ニ相成候、脇方ニ六拾目ナレハ求候人有之候得ども、書肆無利と申僕ニ向ケ呈候、若し御望之人も御座候ハヽ、御地へさし上度候、価ハ六拾目ニハ致し度候、一箱四拾本と云へハ遠路運送ニも入費御座候、又ハ便有テ御取寄せ貴方ニ任せ候得ハ五拾五匁迄ニハ可然価カト奉存候、以前五拾目位ト申候節ハ他ニ求度書も有之事、貧之為メノ計ニ出申候、右之場一応御考之上御報奉待候、…（下略）…

十月三日　児珠堅蔵

鷲野冨貴太郎様

…（下略）…

資料7[20]

…（前略）…将又其節御噂之李註文選先一帙進覧残一帙ニ十本御座候、何卒便宜ニ大バシク候間薄帙之方ヲ試ニ呈し候、求人ニ御見せ被下弥相求呉候得ハ後ノ幸便ヲ待度候、且者貴方ニテ若し便宜も候へハ御寄せ被下度相願候、価之儀ハ御咄申候通以前札六拾目ナレハ求有之ヲ餘り惜しく留メ置候、貧生故何分書ノ交易ニ費へ弥手放し可申候間、右御含被下御憐恕之御取計ヒ頼入候、大坂書肆へ聞合セ候得ハ漸銀三拾目ナレハ上セ候様申来り候、

餘り下直ニて壱両壱歩格ニ相求候ナレハ半価ニハ是非可相成と延引ニ及居候、何分程克御世話相願候、穴賢

……（下略）……

十一月十三日

児玉徳

鷲野賢兄

資料6、7の児玉堅蔵、児玉徳は同一人物で、新谷藩の儒学者児玉暉山のことである。児玉暉山は幕府学問所である昌平黌で古賀侗庵に就いて朱子学を学んだ後、小松藩の近藤篤山のもとでも学んでいる。資料6では、中国唐の漢詩文集である『白氏文集』について、暉山が四、五年以前に六十五匁で購入したが、南村の周辺にもし購入の希望があれば送りたいと記している。『白氏文集』は一箱四十冊と大部なので、送料込みなら六十匁、自分で取り寄せるなら五十五匁まで値引きするとしている。

資料7は、『李註文選』を売り払う仲介を南村に依頼したもの。大坂の本屋に問い合わせたところ、三十匁なら買い取るといわれたが、暉山は南村の力により周辺の者へできるだけ高く売って欲しいと記している。これら暉山の手紙からは、南村が地域の中で書籍を売りたい人と買いたい人を結び付けて価格を調整する役割を果たしていたことが分かる。

資料8[21]

……（前略）……然ハ昨日小松へ出勤仕候處、御奉行喜多川又三郎様ゟ前漢書一部郷方にて当借いたし呉候様御頼ニ

而、態々人差上申候、何卒今便御貸可被下候様千萬奉頼上候、猶又三郎様より宜敷申通呉候様御伝言も御座候、実ハ小松にも漢書の一部や三部ハ御座候得とも、相察候處ハ御上ニ御廻読抔の事にて書物足り合不申儀と奉察候、尊家にハ唐本和本両様御座候間一部何分にも御貸可被下候、若又外方へ御貸付にも相成居候ハ丶、乍御面倒御取寄拝借仕度奉存候、稀の御頼故是非御用立不申候而ハ小子不都合ニ御座候、御察之上宜敷奉頼上候…（下略）…、

六月十一日

菅省三

鷲野藹太郎様

（後略）

資料9(22)

…（前略）…然ハ左之品急ニ入用御座候ニ付態々以使相借用いたし度奉存候、また其処民ヲ治候ニよき書物何等とも御考合之上此ものへ御封し可被下候、是も先日已来御重役様より村方治メ方之義毎々御咄し御座候ニ付、何ソ古人の書ニよつて可申上筈ニ相成居候間、何様御取合一入奉希上候、もし餘方ニても可然物御座候ハ丶、乍御面倒御取寄御こし御かし可被下候、相済次第御返却可申上候間此段御承知可被下候

牧民忠告

経済録

僕も元来浅見ゆへ書物の名も不諳候間写本唐本にても治ニ相成候筋之名物ハ何分にも御かし可被下候

…（下略）…

省三拝

蕗太郎様

侍史

資料8は小松藩の郡奉行喜多川又三郎が、中国の前漢のことを記した歴史書『前漢書』の借用について、南村の弟菅省三を通じて依頼してきたもの。書簡には小松藩でも『前漢書』は数部あるものの、今回「御廻読」するため複数部の本が必要になったと記されている。菅は南村の蔵書を熟知しており、『前漢書』は唐本と和本の両方が揃っていたことを書き加えている。また、「若又外方へ御貸付にも相成居候ハ、乍御面倒御取寄拝借仕度奉存候」とあるように、南村の蔵書が貸出を前提にした開かれたものであったことが読み取れる。

資料9も、小松藩の重役が村を如何に治めるかについて議論しているので、そのテーマにあった書籍の借用を菅省三が依頼してきたもの。為政者のために書かれた三部書のうちの一冊である『牧民忠告』、江戸中期の儒学者太宰春台の著書で、諸藩の財政窮乏の打開策として国産奨励と藩の専売制を説いた『経済要録』の借用を求めているが、それ以外にもこのテーマにふさわしい書籍を紹介して欲しいと記されている。南村の蔵書が村人の一時の娯楽のためというよりも、庄屋として地域を如何に治めていくのかという課題に応えられるだけの内容をもっていたことは明らかである。藩の儒学者に比べても遜色のない蔵書を一人の庄屋が集め、しかもそれが藩を超えて貸し出されるなど、広く利用されていた。このような江戸時代後期の村の高い文化力には驚きを感じる。

五　おわりに

鷲野南村は、書籍の相場から善本の所在など、大坂心斎橋筋や広島の本屋と書簡で頻繁に情報交換する中で、中国で出版された唐本をはじめ儒学・漢詩・歴史に関する書籍を購入して、藩の儒学者レベルともいえる蔵書を形成した。一般的に唐本などの漢籍は為政者が読むものであり、庄屋層の読む本は和刻本・医学書・草紙類・実録・俳諧など娯楽や実用的な書物であったと考えがちであるが、南村の事例は庄屋層の中にも、質の高い漢籍を使いこなせる人物が育っていたことを示している。

また、南村の蔵書は近隣の庄屋層や他藩にも貸し出されており、開かれた図書館としての性格をもっていた。(23) さらに、書籍に関する豊富な知識をもつ南村は、地元で手に入らない書籍を依頼を受けて取り寄せたり、地域内の書籍売買の仲介を行うなど、多くの人を書籍と結び付けていた。

寛政期以降になると、三都以外の地方都市にも本屋が簇生し、往来物など教育用図書については、地方においても入手しやすくなっていた。しかし、唐本などの漢籍については、依然として京坂地方や江戸以外で求めることは難しかったのではなかろうか。それだけに書籍の商品知識をもった鷲野南村のような地方知識人の存在が、地域の書籍流通において果たした役割は大きかったものと考える。

なお、今回鷲野南村という一人の地方知識人を取り上げたが、最後に大洲藩領の村々には、南村以外にも書籍を求める動きがあったことを紹介しておきたい。そのことが分かる資料は、喜多郡大谷村（大洲市）の庄屋であった三瀬家に伝わったもので、表紙には「諸書目録」と標題があり、文書の最後に享和三年（一八〇三）という年代と当時の庄屋「三瀬八十右衛門」の名前が記されている[24]。

冒頭の記述には「一南木武経　楠之才覚　大野新太郎」とあるが、「南木武経」が書籍のタイトル、「楠之才覚」は「南木武経」が楠正成を題材とした兵法書であることから、書籍の内容を示している。最後の「大野新太郎」が書籍の所有者であり、以下同じように四十二件の書籍の名前が列記されている。その上で、家ごとに所蔵している子ども用の書籍を書き記して、相互に貸借できるようにするために、この「諸書目録」を作成したことが記されている。つまり、「諸書目録」は家個人ではなく、喜多郡を中心とする三十三名の上層農民の蔵書を記した、地域で共有すべき蔵書の目録であったことが分かる。書籍は大洲城下の町宿を通じて貸借できるようになっており、そのシステムは一種の書籍組合ともいえる。

さらに、貸借される書籍は子ども用にとどまらず、その次には大人が読む歴史書・軍記物が列記されている。そこには、『日本紀』を筆頭に、『保元物語』『平治物語』『信長記』など五十三件の書籍が記され、子ども用と同じように町宿が仲介して貸借できるようになっている。特に、歴史書・軍記物を読む理由として、乱世の時の心を知ることは、治世を生きるためにも必要であること、また昔の人の生き方を知ることで、太平の世のありがたさを忘れないことがあげられている。子ども用の書籍も、儒学・心学・仏教など様々な分野から道徳を説く内容のものがほとんどであり、江戸時代の村人が単に趣味や娯楽のために読書をしたわけではなく、自らの心を見つめるために読書をしていたことが分かる。

「諸書目録」からは、鷲野南村の事例が決して特殊なものではなく、一人の地方知識人が主導するか、多くの上層農民が持ち寄るかの違いはありながらも、書籍がそれぞれの地域の実情に合わせて、多様な方法により受容されていたことが見えてくる。近世後期には地方も含めた全国レベルで、多くの村人が書籍と向き合う社会が成立していたのである。

註

(1) 横田冬彦「益軒本の読者」(横山俊夫編『貝原益軒』平凡社、一九九六年)、同「近世民衆社会における知的読書の成立」(『江戸の思想』五、ぺりかん社、一九九七年)、同「近世村落社会における〈知〉の問題」(『ヒストリア』一五九号、一九九八年)。
(2) 小林文雄「近世後期における「蔵書の家」の社会的機能について」(東北史学会『歴史』七六号、一九九〇年)。
(3) 池田真由美「『書籍有物帳』に見る江戸近郊名主層の動向」(『関東近世史研究』五一号、二〇〇二年)。
(4) 鈴木俊幸『江戸の読書熱~自学する読者と書籍流通~』(平凡社、二〇〇七年)。
(5) その中で、横田冬彦「三都と地方城下町の文化的関係　書物の流通を素材に」(『国立歴史民俗博物館研究報告』第一〇三集、二〇〇三年)は、福岡藩儒貝原益軒の書簡や日記を通じて、地方城下町福岡とその周辺の読者の問題を取り上げ、「益軒本」をはじめとする書籍の全国的流通の構造について地方からの視点により明らかにした研究として貴重である。
(6) 宗政五十緒、多治比郁夫編『名家門人録集』(上方芸文叢刊行会、一九八一年)。
(7) 『郷土資料目録4』(愛媛県立図書館、一九七九年)。
(8) 『松前町文化センター郷土目録』(二〇〇五年)。
(9) これらの本屋についての記述は、主に『増補改訂近世書林板元総覧』(日本書誌学体系七六・青裳堂書店、一九九八年)を参考にした。
(10) 西原氏旧蔵文書W二九一―一八―六―四〇。
(11) 西原氏旧蔵文書W二九一―一八―六―三四。
(12) 西原氏旧蔵文書W二九一―一八―六―二〇。

(13) 西原氏旧蔵文書W二九一―一八―六―二一。
(14) 愛媛大学図書館の鷲野家文庫は現在目録の作成途中で、その成果を十分に盛り込むことができなかった。
(15) 西原氏旧蔵文書W二九一―一八―六―一。
(16) 西原氏旧蔵文書W二九一―一八―一一。
(17) 西原氏旧蔵文書W二九一―一八―一四。
(18) 西原氏旧蔵文書W二九一―一八―六―二七。
(19) 西原氏旧蔵文書W二九一―一八―七一―六。
(20) 西原氏旧蔵文書W二九一―一八―七一―七。
(21) 西原氏旧蔵文書W二九一―一八―一六―五。
(22) 西原氏旧蔵文書W二九一―一八―一六―八。
(23) こうした図書館設立の動きは、平田派の国学者をはじめとして全国的に進んでいった。伊予においては、宇和島藩領の宇和郡八代村（八幡浜市）の神職の家に生まれた蘭方医清家堅庭が、漢学・国学・蘭医学など幅広い書籍を集めて安政六年（一八五九）に開設した王子文庫の事例をあげることができる。拙稿「幕末期在村蘭方医の医療と社会活動―清家堅庭の足跡―」（『国立歴史民俗博物館研究報告』第一一六集・二〇〇四年）。
(24) 大谷村三瀬家文書、個人蔵・愛媛県歴史文化博物館保管。

近世瀬戸内海路をめぐる情報ネットワークの形成

——山陽〜四国間における交換・共有のあり方を中心に——

鴨頭　俊宏

はじめに

昭和六一年（一九八六）、久留島浩氏が近世馳走の本質解明を提起し[1]、一九九〇年代に入ると、丸山雍成氏[2]など近世交通史研究者や藪内吉彦氏[3]など近代郵便史研究者のあいだから近世の交通路に形成した情報機能の解明が提起されるようになった。本論の内容は、これらの提起に問題関心を導かれながら近世の交通をめぐって行われた情報交換・共有のあり方を、幕府上使の瀬戸内海公用通行を素材にしつつ解明しようとする研究の一環である。

七〇年代半ばより日本近世史研究においても〝情報〟をキーワードとするさまざまな論考が発表されるなか[4]、公用通行に関する情報は、もっぱら幕藩体制における支配構造の分析素材として捉えられ、それを真正面から取りあげる研究は極めて少なかったといえよう。事実、朝鮮通信使や幕府巡見使の迎接において支配領域を超える情報の収集・交換の存在が実証されたことなど[5]以外では、近年まで①（触としての性質は異なるが）先触[6]・公儀浦触[7]など通行予定を、途中藩権力を経由せず直接経路上に通達する触の研究と、②馳走を行う在地の情報収集に関する研究[8]とばかりが進められてきた。しかも①②の研究はおおよそ別々に。この結果、支配構造における通行者（発信者）と迎接主体（受信者）の位置関係は明らかにされたものの、国内交通路をめぐって結局いかなる情報ネットワークが形成されたの

か、全体像は何なのかといった、その本質解明に関わる最も重要な点が課題点として残されることになったのである。(9)

以上の提起と研究動向を踏まえて筆者は、これらの課題点を解決すべく、瀬戸内海を取りあげそこでの伝達過程につき分析してきた。この結果瀬戸内海では、井上淳(10)氏が指摘した山陽側沿岸の馳走拠点に在勤する藩役人（在番）同士の情報交換ルート（以下「在番ルート」と表記）を基本として、上意下達触の廻達ルートに藩独自の情報ルートが有機的に結びつき関係する地域間で通行情報を補完し共有することにより初めて、馳走が遂行され通行は支えられることを明らかにした。つまり実際には、幕・藩双方の制度が組み合わさり、一つのネットワークとして機能したのである（具体的な伝達経路図・説明については随時後掲）。

かくして、ネットワークを形成する伝達系統はある程度描きだすことができたのだが、疑問点も複数残った。このなかで今回解決に取り組みたいのは、支配領域を超える情報交換につき藩ごとにそのあり方が異なっていた点である。これは、実際に伝達を司る藩役人がそれぞれ異なる情報の捉え方でもって行動していたからにほかならないのだが、この内容分析は、中央の幕府権力が設計した情報制度と実態とが一致していなかった点を実証するだけでなく、近世の交通をめぐる中央権力と地方の関係を解明するうえでも重要である。

では具体的に、いかに制度と実態が異なっていたのだろうか。またそこから、近世の交通をめぐる中央と地方の関係について何が見とおせるのだろうか。これらの疑問点を課題として本論では、幕府権力―藩権力―交通路（在地）の支配構造を念頭に、瀬戸内海のうち防予諸島域を対象フィールドとして、通行情報をめぐる制度と実態の対比を試みていく。紙幅の都合から限定的に事例を紹介・検討するに止めるが、それにより、最初に掲げたあり方の問題解決に向けて見とおしを示すこととしたい。

一　分析対象の限定

本章では、検討に入るにあたりまず対象とするフィールド・事例・時期などを限定し、項目ごとに整理しておく。

1　対象フィールド

第一に、なぜ筆者が瀬戸内海を取りあげ、かつ、そのなかで防予諸島域に注目したのかから説明する必要があろう。

筆者が瀬戸内海を取りあげたのは、この海が幕藩体制の支配構造における地域の情報ネットワークの本質を解明するうえで格好の素材だからである。水本邦彦氏によるとこの海をめぐっては、当時の国を単位に公儀浦触の「山陽ルート」（摂津・和泉・播磨・備前・備中・備後・安芸・周防・長門国）と「四国ルート」（紀伊・讃岐・阿波・土佐・伊予・豊後・日向国）とが別々に整備された(11)。すなわち、一つの海が幕府権力にもとづき南北異なる二つの通達エリアに区分されたこととなるわけだが、ここでも実際には、各所で両エリア間の垣根を越え情報の収集・交換が行われていたのである。

ここで問題となったのは、そのような国を単位とする区分自体が、あくまで中央の情報発信者が地方の受信者に効率よく意思を通達することを意図したものに過ぎず、実際に通行を支える地域の人々の実情には必ずしも即していない点である(12)。受信者は、発信者から一方的に予定を知らされるだけでは通行を支えられない。人の移動にアクシデントや急な予定変更はつきものであり、従ってこれに対応する機能も必要となる。また、そもそも公用通行に関する情報は、通行者の到着前に受信しないと馳走が間に合わず意味を成さない。これこそがほかの一般的な情報の受信と異なる点なのだが、つまり受信者に〝時限〟が存在したのである（もちろん当時は、追触という、予定変更を知らせる廻達触も通行者の側から随時発せられていた。だが瀬戸内海の場合、この触は迎接主体にとって必ずしも有効に機能しなかった）。そこで、これに対応すべく必要となってくる機能の一つが、受信者間での情報の補完である。経路が一本の線に限定されないという海上交通の特性を鑑みれば、そこにはもはや両エリア間の垣根も関係ない。このような事情をはらむ瀬戸内海での情報活動からは、公用通行の情報をめぐる中央権力と地方の関係がうかがえ、この内容分析は、最初に掲げたあり方の問題解決に資するものだといえよう。

次に、ではなぜそのなかで防予諸島域に注目したのか、またなぜ備讃間よりこの諸島域なのかについて説明したい。その理由は、この諸島域とそれに隣接する芸予諸島域とに存在する公儀浦触「山陽ルート」「四国ルート」両エリア間の境界線付近に、藩直営の御茶屋が立地していた点にある（図一参照）。つまり、藩の馳走拠点がこの境界部分に集中していたからだということである。

もちろん、近世以前の段階より瀬戸内海には、山陽~四国そして島々のあいだを互いに（南北に）往来する航路が各地に存在した(13)。備讃間もしかりである(14)。しかし公用通行に限っていえば、備讃間の場合その境界部分で公用通行の補助を担ったのは藩からではなく幕府から特権的役割を与えられた塩飽諸島の塩飽勤番所であり、この諸島の人名《にんみょう》だったのである。そうなると、本論で問題とする幕府権力—藩権力—交通路（在地）三者間の関係の典型までは見とおしにくい(15)。

対して芸予・防予諸島域の場合、関係する藩は馳走を行うべくこの御茶屋を情報拠点として位置づけ、その垣根を越える情報交換にも直接関与していた。このため関係する藩領内村々の御用記録には、前述の、途中藩権力を経由しない先触・公儀浦触の廻達とそれに対する藩独自の情報活動とが共に残されることになった。すなわち該諸島域の現存史料を検討することにより、前掲した三者間の関係を実態から明らかにできると考えたわけである。

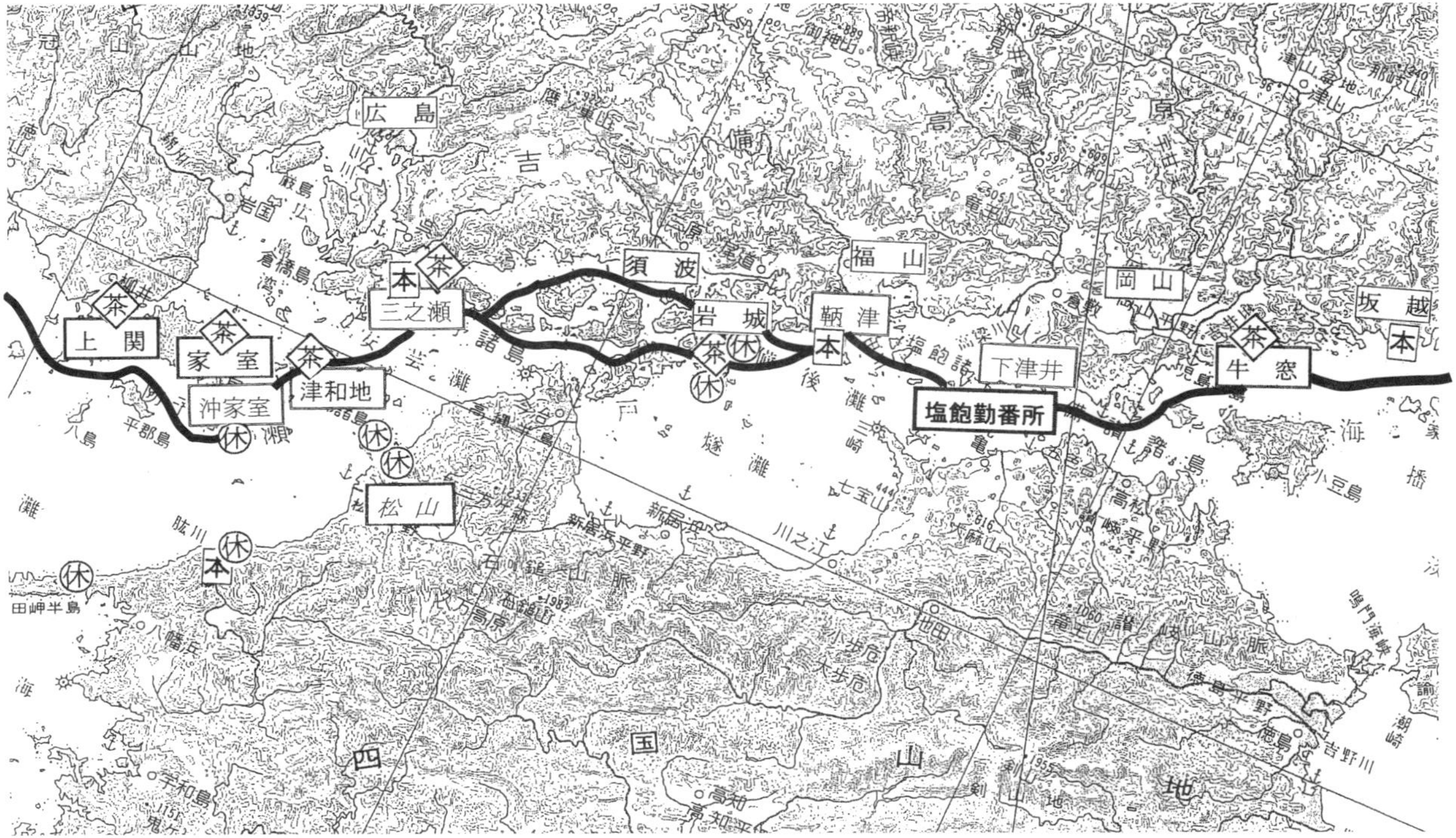

図１　近世後期の瀬戸内海路に関係する休泊施設の分布（地図に筆者加工）

註（1）本は幕府公用通行者用の本陣（庄屋宅を含む）、茶は幕府公用通行者用の藩直営御茶屋、そして休は自藩の藩主参勤交代や一般の公用通行などにおいて利用されるそのほかの休泊施設を示す。
（2）太線は、長崎上使の瀬戸内海通行における主な航路を示す。

（依拠：東昇「瀬戸内海の本陣と御茶屋」〈1999年〉表１ほか）

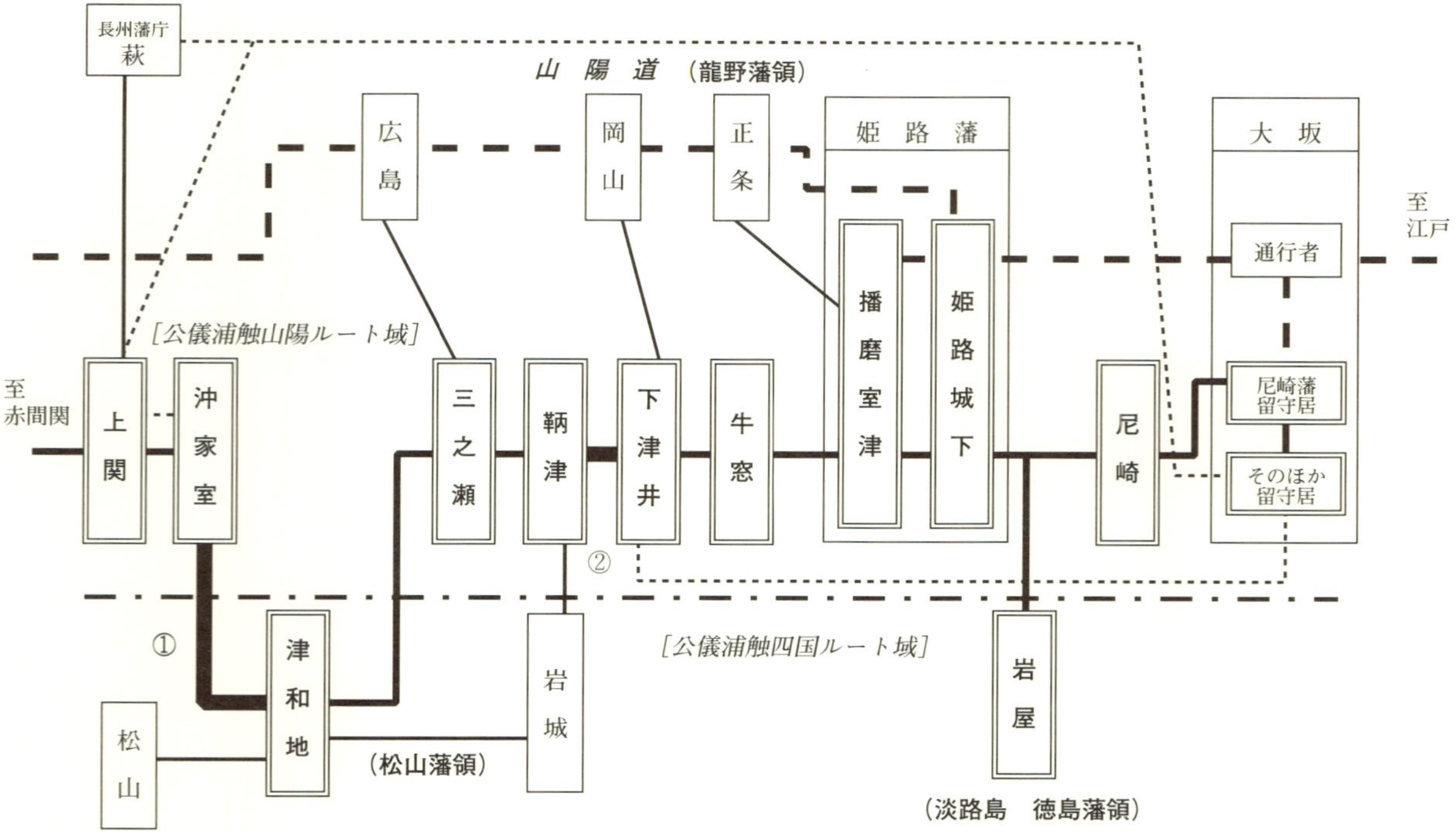

図２　長崎上使ほか幕府公用通行における山陽道・瀬戸内海路の情報伝達経路（筆者作成）

註（１）二重枠（ゴシック体文字）の交通拠点は、在番ルートにおける情報伝達の拠点。
（２）伝達経路のうち＿＿＿（太実線）の経路は在番ルートを、＿ ＿ ＿（太破線）は通行者が発する先触の廻達ルートを、＿＿＿（実線）は藩独自の情報ルートを、そして------（破線）は大坂留守居が自藩に宛てて独自に発する情報の流れを指し示す。
（３）ほかにも地域独自の情報交換ルートが複数存在するが、本図には、本論において不可欠な主要経路のみ掲げた。
（依拠：『史学研究』249・252号〈2005・2006年〉収録拙稿掲載図。一部分を加筆・修正）

2　対象区間と対象事例

第二に、対象とする区間と事例を限定する。前述のように、防予諸島域の幕府公用通行をめぐる情報ネットワーク自体については、先行研究に筆者自身の史料分析を加えることによってある程度描きだすことができた（図二参照）[16]。本論において注目するのは、図の伝達系統のうち①伊予国松山藩直営の御茶屋を有する津和地（現愛媛県松山市）～周防国長州藩領の沖家室（現山口県大島郡周防大島町）であり、それと対照すべく②備前国岡山藩領の下津井（現岡山県倉敷市）～備後国福山藩領の鞆津（現広島県福山市）の区間にも目を配りたい。事例については、毎年ほぼ一度江戸～長崎間を往復していた長崎奉行ほか幕府公儀役の一行（以下「長崎上使」と表記）の下向（江戸→長崎）を取りあげ、それに関して藩の大坂留守居[17]から伝達された情報の交換に注目することとする。

そこで、以下これら対象区間の概要と着眼点につき説明しておきたい。

まず①の津和地は、伊予国域に位置することから、本来公儀浦触「山陽ルート」には組み入れられない立場にある。しかし、周防国の東隣にある安芸国広島藩領の情報拠点下蒲刈島三之瀬（現広島県呉市）とは地理的距離があるため、沖家室と三之瀬の中間に位置する津和地が触廻達の中継拠点としての立場を得るようになった。松山藩は、江戸時代前期より津和地に藩士八原氏を地詰させ、情報収集および藩としての馳走を行わせた[18]。沖家室にも家室在番が在勤し、上関在番と併せて長州藩における〝東の窓口〟的な位置づけで情報交換を担当した[19]。すなわちその区間では、山陽～四国間の垣根に関係なく、公用通行に関する廻達触のみならず独自に入手した通行情報をも交換していたのである。

②の下津井と鞆津にも、それぞれ藩庁から藩役人が在番役として派遣されていた。しかし前述のように、備讃間をめぐっては藩ではなく幕府から特権的役割を与えられた塩飽勤番所が存在し機能していたことから、この区間では、基本的に四国の諸藩との情報交換拠点というより山陽ルート上の触廻達拠点としての役割を果たすなかで、藩の情報

基地として機能していたのである[20]。

このように、①は山陽～四国間の垣根を越える情報交換の区間なのに対し②は山陽ルート上での情報交換の区間という相違点があったわけだが、①の家室・上関在番と②の下津井在番とには自藩の大坂留守居から通行情報が直接伝達されるという共通点もあった。ここで注目されるのは、大坂留守居が独自に入手した通行情報を在番ルートに宛て直接発信していた点である[21]。にもかかわらず一方で自藩の交通拠点にも直接伝達したというのは、その情報が、自藩の馳走達成のみを意図して発信したものであることにほかならない。瀬戸内海の藩同士での情報共有を意図するのなら、ただ在番ルートばかりに宛てて発信すればよいからである。本意は不明だが、受信した在番も、この意図は認識していたはずである。

では具体的に、受信したその種の情報を、在番はいかに利用していたのだろうか。この疑問点について①②双方の事例を検討することにより、①の山陽～四国間の垣根を越える情報交換のあり方にアプローチしていきたい、というのが本論における検討の趣旨である。

3　対象時期

そして第三に、対象時期を限定する。筆者はこれまでの発表論考において、ある一つの交通情報のネットワーク機能を解明するにあたって、単一の通行形態に注目するだけではそれに対する情報伝達も単一の形態しか見出せない、またネットワークの全体像を解明するためには、さまざまな伝達形態が存在した時期すなわち通行形態の変容期に注目する必要があると提起し検討に取り組んできた[22]。この検討により、瀬戸内海路をめぐっては①天明年間（一七八一～一七八八）における東海道の全般的な水害と、②寛政年間（一七八九～一八〇〇）における長崎上使の（瀬戸内海航行中心）→（山陽道通行中心）への移行を主要因として天明～寛政年間の史料上にさまざまな情報伝達が表面化すること

表　長崎上使下向における各情報伝達形態のパターン別分布（明和5〜寛政12年）（筆者作成）

No.	時期区分（年）	件数	海陸選択		パターン	①	②	③	④	備　考
					先触情報第1段階	○	×or不明	○	○or×	
			海路	陸路	第2段階	○	○	先着先触	×or不明	
1	明和5（1768）〜明和8（1771）	6	5（83%）	0		2（33%）	2	1	0	海陸双方を巡見通行の例外1件あり。
2	安永3（1774）〜天明元（1781）	8	7（88%）	1		6（75%）	1	1	0	一般的に、山陽道選択の増加が安定化(4)。
3	天明2（1782）〜天明7（1787）	9	6（67%）	3		2（22%）	7	0	0	在番ルートの機能低下が明確化。
4	天明8（1788）〜寛政5（1793）	11	8（73%）	3		6（55%）	3	2	0	
5	寛政7（1795）〜寛政12（1800）	10	3（30%）	7		3（30%）	1	1	5	長崎上使通行における山陽道選択が増加。
	合　計	44	29（66%）	14		19（43%）	14	5	5	

註　（1）「先触情報第１段階」とは、江戸出立→大坂までの先触に関する情報。同「第２段階」とは、大坂到着後に発せられる同所以西（海陸選択を含む）の先触に関する情報。
（2）「先触情報」の○印は、尼崎藩大坂留守居を起点として在番ルートに伝達される先触情報が遅延なく発信・廻達されたことを示す。×印は、その逆である。
（3）表中③「先着先触」は、在番ルートを通じた伝達が遅延し、播磨室津に先着した「御先触」の写が、先に在番ルートへ合流したことを意味する。
（4）藤沢晋『近世封建交通史の構造的研究』（福武書店、1977年）。

（依拠：『史学研究』249号〈2005年〉収録拙稿掲載図）

が明らかとなった。

この時期における最も大きな変化は、通行予定を知らせる先触の伝達が遅延するようになったことである（表参照）。そのため迎接主体の側から通行情報を補完する必要が生じたことから、在番ルートが藩独自の情報ルートと有機的に結びつき、さらに山陽道上の先触廻達ルートとも結びつくことによって、海陸路一体で情報を共有していくという実態が確認されたのである(23)。

よって、本論の検討においても天明〜寛政年間を、瀬戸内海の情報ネットワークに変容が生じ、かつ迎接主体の側から情報を補完する必要があった時期として捉え(24)、この時期区分内の長崎上使下向をめぐる情報交換に注目することとした。

二　山陽〜四国間における情報の補完・共有関係とその形成

では、本章で具体的な検討に入ることとする。

1　家室在番から津和地への大坂留守居伝達情報

前章で触れたように大坂留守居は、瀬戸内海における幕府公用通行の情報を補完するうえで重要な役割を果たした。すなわち、①馳走を行う藩同士で通行情報を共有すべく在番ルートに宛てて先触情報を発信することと、②自藩の馳走拠点に直接情報を伝達することである。長州藩における②については、吉田智史氏が（幕府上使とは異なる位置づけだが重要な通行の一例として）宝暦一三年（一七六三）の朝鮮通信使を取りあげ、それへの馳走態勢の検討から言及している。吉田氏の検討は、長州藩という一つの藩がいかに馳走を達成したかとの視点にもとづくことから、大坂留守居およびその組合を、主に国許や江戸留守居との連携により藩相互の情報交換を支えるための機能として捉えた。従って、在番ルートの存在を認識し、かつ大坂留守居と赤間関や上関の派遣家老との情報面の連携を指摘しつつも、留守居の機能が瀬戸内海地域の迎接の場をめぐる情報ネットワークといかに結びついていたのかまでは踏み込まなかった。(25) しかし事実、長州藩においても②のような活動は存在しており、しかも、藩庁ではなく上関すなわち迎接の場のほうからそれを働きかけていたのである。

まず、この働きかけの事実から確認する。

　　伺中候事

此段御国江之上使之儀者不及申ニ、西国九州目へ之上使御往来之節者、先達而其聞之あるへく候条、趣被申越候ハ、今壱人可指出事（中略）

上之関ニ而御馳走可被成[a]上使御下り之節者、御出船を見かけ、態飛船を以旁（傍カ）迄様子申下シ候様ニ、大坂岩脇方（大坂留守居）へ可申付事、

一、此中上使御下之節者、[b]大坂より便船を以様子被申越候付、或ハはや過又者延引仕、[c]大坂御乗船之定日不相聞候

故、御馳走御用意御損ニ成候儀節々御座候、向後者従大坂態小舟被申付、彼地御乗船之定日注進有之様ニ被仰付可
被下候（中略）
以上
明暦弐年（一六五六年）
三月二日　　　　　　　　　　　　　　　　　山懸善右衛門（上関所務代、就澹）
堅　房州様（当職、堅田就政）(26)

内容を整理すると（長崎上使を含む）上使の下向においては、大坂より在番ルートを通じた先触情報の伝達のことを指すと思われる「便船」が上関まで来るのだが（傍線bの部分）、それは必ずしも上使の大坂乗船日をきちんと伝えるものではないため馳走を失敗することが「節々」ある（傍線cの部分）。よって自藩の大坂留守居に、大坂出船の様子や予定日を直接国許へ注進するように申しつけるべきだというのである（傍線adの部分）。この書簡は、一七世紀半ばの段階より大坂留守居と在地の馳走現場とが有機的に結びついていたことを示唆するものとして指摘できよう(27)。

ただもちろん、この書簡自体はあくまで長州藩の馳走達成を念頭に置くものであることから、差出人の目は藩庁と藩の大坂留守居とばかりに向いている。その留守居伝達情報を、隣藩の馳走拠点すなわち松山藩の津和地へ転送することなどには一切言及していない。（推定を含めて）この伝達事実が史料から複数見られるようになるのは、在番ルートの機能低下が明確となる天明～寛政年間である。

経緯の明確なその一例が、天明六年（一七八六）御目附役末吉摂津守利隆一行の下向である。これは、元々同年五月「七日ニ江戸表御出立ニ而大坂ゟ直ニ御乗船ニ而御下候由(28)」と、在番ルートを通じて第一段階の先触情報が伝達されていたのだが、この予定が急遽変更となり、結局正確な江戸出立日が伝達されないままでいたというものである。

そのような状況において、五月二八日、家室在番の阿部伝助から八原氏のもとへ以下の書簡が送られてきた。

一、沖家室ゟ飛船到来、左之通申来、
以飛札致啓上候、先達而被仰知被下候御目附末吉善左衛門殿御一立（同カ）、当月（五月）廿一日大坂御着、同廿四日同所御発足、播州室津迄陸地御下、室津ゟ御乗船之段大坂蔵屋敷ゟ今日飛船を以申越候（中略）蒲刈（「二」脱カ）おゐて御承知之段難計御座候間、御使を以被仰知候様奉存候、追付上筋順達戊到来可仕候へとも承リ候ニ付、先ゝ及御知達候、沖相（合）彼是之趣相知候ハ、此方ゟ其表ニ縣船とも差越置候間、早速被仰知被下候様奉頼候、下拙ゟハ蒲刈不申達候ニ付、可然様奉頼候、恐惶謹言、

五月廿八日　　　（家室在番）阿部伝助
八原佐之（野）右衛門様
（後略）[29]

内容を整理するとこの書簡は、五月二四日大坂出立、瀬戸内海路選択、の決定事項を知らせる第二段階の先触情報としての意味をもつものだとわかる（傍線eの部分）。そして、従来の在番ルートを通じた廻達とは別に、長州藩大坂蔵屋敷（＝留守居）から直接独自に長州藩領（沖家室カ）へ伝達されたと考えられる（傍線fの部分）。注目されるのは、①留守居からの情報を受信したその日のうちに津和地の八原佐野右衛門へ転送していること、②津和地のみならず広島藩の蒲刈在番（三之瀬）へも連絡するよう依頼していること（傍線gの部分）の二点である。

①については、沖家室と長州藩の藩庁所在地萩（現山口県萩市）との地理的距離からして、通行情報を、藩との相談なしに独断で津和地へ発信していた点を指摘できる。長州藩の場合、藩庁が瀬戸内海・山陽道から遠距離に位置することから、その藩独自の地方行政区画である宰判の統治者すなわち郡の代官同士でネットワークを組み、両交通路間で通行情報を補完し共有する仕組みを確立することによって、馳走の失敗を予防しようとしたのである。この点は、

文政四年（一八二一）長崎奉行土方出雲守勝政一行の下向に関する藩の記録にある「昨九日當表（大坂）御着ニ而有之、依之御出立之日限旁承合候所、来ル十二日御出陸地（立（朱書））御下リ之筈ニ御座候、別紙承合之趣書付差越候条御通路筋御代官中へ御順達相成候様ニと存候」[30]との文言からも確認される。そのなかで、藩庁を経ない情報交換・共有のあり方が形成されたのであろう。

②については、この発信が決して家室在番と八原氏の個人的つながりだけでなされたものではなく、在番ルートに関係する藩同士で情報を共有していくことを意図するものだった点を指摘できる。遅延する本来の東から西への触廻達に対し、逆方向から情報を送ることによって、効率よく在番ルート上での補完が達成されるわけである。

このように家室在番は、本来自藩の馳走達成のみを意図し直接送られてきた大坂留守居発信情報を、独自に他藩の馳走拠点へ転送していた。その第一中継点として伊予国の津和地に伝達されることにより、山陽～四国間の垣根を越える情報の共有が成立したということである。

2　下津井在番から鞆津への大坂留守居伝達情報

次に、岡山藩下津井在番の情報行動に注目する。下津井在番による前節での家室在番と同様の情報活動は、寛政年間のものから複数確認される。その一つとして挙げられる事例が、寛政九年（一七九七）長崎奉行松平石見守貴強一行の下向である。

以下の廻状は、その下向の際に前節の事例と同様、上使の江戸出立以降の情報が在番ルートに伝達されない状況において下津井在番が発信したものである。

一、蒲刈ゟ飛船到来、左之通順達之由申来、

以飛札致啓上候、然者先達而得御意候長崎御奉行、去ル十（八月）日御着坂（大坂）、一昨十三日同所御出立、室津ゟ御乗船被成候

由大坂国元留守居ゟ承合候段申越候、未上筋より順達不致到来候得共、慥成御様子相聞候ニ付御知せ得御意候、下筋江も御順達可被下候、留守（「居」脱）ゟ之書状昨朝相達、定而上筋ゟ順達可有御座と今申上刻迄見合居申候処無其儀、慥ニ相聞候儀を延引御知せも如何哉と先如此御座候、上筋順達致到来候ハ、可得御意候、恐惶謹言、

八月十五日　寺崎善左衛門（下津井在藩）（後略）(31)

傍線部分からわかるように下津井在番は、大坂留守居の伝達情報を昨（一四日）朝に受け取ってから一五日夕刻まで、一日半ほど在番ルートへの発信を保留している。在番は、この理由として「上筋ゟ順達」すなわち（本来、最初に通行情報を伝達してくる）在番ルートを通じた大坂からの触廻達はまだ到着していないのだが、まもなく来ると思った旨述べている。そして、確かな情報をもっているのに知らせないままというのは問題だと考え直して、留守居情報を在番ルートに合流させたのである。

もちろん、一度一日半様子をみただけでその人物の情報活動のあり方を断定するわけにはいかない。そこで次に注目される事例が、寛政一二年（一八〇〇）奉行肥田豊後守頼常一行の下向である。理由は、この下向においても、下津井在番は同じ寺崎善左衛門のままであり、かつ在番ルートを通じた伝達の状況も同様だったからである。この際には「右飛脚去ル八日（三月）致当（到）着候処、順達余リ延引いたし候故、先右之趣御知せ得御意候」(32)と、大坂留守居からの情報を三月八日に受け取りながら（書簡の差出日より）同月一一日まで四日間も在番ルートへの合流を保留している。つまり、以前より保留日数が延びているのである(33)。

3　両者の比較をとおして見る情報共有のあり方

以上、一つの在番ルート上における二つの大坂留守居伝達情報の扱い方を見てきた。整理すると、①家室在番から津和地への発信は受け取ったその日のうちに行われたのに対し、②下津井在番から鞆津への発信は一日半から四日間

にまで延長し保留していた、という相違点が明らかになる。

地図からも確認されるように瀬戸内海には、本章第一節で触れた長州藩の萩と上関のあいだを筆頭に、各藩の藩庁と馳走拠点との距離が比較的大きいという地理的特徴がある。つまり各馳走拠点にとっては、馳走方法の問い合わせや藩庁から上使への進物・使者の用意などだけでも日数を要するため、通行情報の一日でも早い入手は不可欠という事情があった。そうしないと馳走が間に合わなかったのである。[34] この意味で①と②の行動の違いは大きいのだが、そのなかで注目されたのが、①で藩庁を経由せず直接津和地へ発信した点である。

繰り返しになるが、大坂留守居が自藩領へ直接伝達した通行情報は、本来、自藩の馳走達成のみを意図するものであった。その意味では、安易に在番ルートへ合流させようとしなかった下津井在番の行動のほうが妥当だといえる。にもかかわらず家室在番が受信日にすぐ津和地へ発信したのは、その目が自藩の制度より交通路のネットワークにある人的つながりに向いていたからであろう。しかもこれは、日常的に連絡を取り合う個人的つながりだけのものではなく、在番ルート上の馳走拠点同士での共有関係全体を念頭に置いたものである。第一章第一節で触れたように、中央の幕府権力は、全国的な上意下達制度の一つとして公儀浦触の伝達ネットワークを整備した。しかしこれらは、あくまで中央の情報発信者（通行者）が地方の受信者（交通拠点）に効率よく意思を通達することを意図したものに過ぎず、実際には、触廻達制度の機能の限界もあってその意図どおりにならないことが多くあったのである。

このことを受けて、在番など馳走を担当する人たちが情報をいかに捉え、いかなる行動をとったのか、それが交通路をめぐる情報ネットワークのあり方を決定づけたのである。家室在番安部伝助による、大坂留守居伝達情報を他藩の馳走拠点へ独断で転送した行為は、下津井在番の場合との比較から決して当時・当該地域に共通するとはいえないものの、幕藩の制度を補い地域で交通を支えていくという重要なものとして位置づけられる。このような行動が近世のいつからなされるようになったのかは不明だが、少なくとも、本論で注目した瀬戸内海路をめぐる情報ネットワークに変容がもたらされた天明～寛政年間に、その変容への対応(35)の一つとして現存史料上に複数表面化してくるのである。

おわりに

本論では、近世の交通路をめぐり形成した情報機能を解明する一環として、瀬戸内海路における長崎上使通行情報の伝達を取りあげ、国・藩の垣根を越えた情報交換・共有のあり方について検討した。具体的には、瀬戸内海の在番ルートに着目し、そのうち長州藩領沖家室～松山藩領津和地間と岡山藩領下津井～福山藩領鞆津間とを対象区間に設定して、本来ならば自藩の馳走達成のみを意図して伝達された大坂留守居の発信情報がいかに扱われたのかを比較し検討した。

検討結果については第二章第三節で述べたため省略することとし、以下、今後の研究の展開に向け検討から得た見とおしを掲げておきたい。

近世の交通をめぐる情報ネットワークを解明するにあたりまず重要だといえるのは、伝達を担う個々が情報をいかに捉えいかなる行動をとったのか、さらに幕藩の支配権力からもたらされた制度をいかに補完していったのかにも注目していくことである。前述したように公用通行に関する情報は、ほかの一般的な情報とは異なり実際の通行前に受信されなければならない、つまり〝時限〟を伴うものであった。迎接主体は通行者の到着前に迎接準備を完了しなければならないのだが(36)、支配権力が設計した触廻達制度、すなわち通行者が一方的に予定を通達するだけでは時間的余裕をもって状況を把握できず準備もできない、それが当時の実情だったのである。しかしこのことが、同一交通路上にあってその拠点間での相互連絡体制を維持しつつも、迎接主体ごとに独自の情報交換・共有のあり方を生みだしていった。すなわちこれが近世的な地域のネットワークの形成につながったと見とおすわけだが、本論では、長州藩家室在番と岡山藩下津井在番の行動比較からそれをうかがったのである。

このように近世の公用通行に関する情報は、受信者に〝時限〟が伴うだけに、また在地における馳走の問題が絡むだけに当時の発信者（通行者＝中央）と受信者（迎接主体＝地方）の関係、さらには受信者間での支配領域を超えた補完機能を読み取りうる格好の素材である。近年、日本近世史研究においても地域の情報ネットワーク解明に取り組んだ論考が数多く発表され、ある程度その研究のあり方が定まりつつある。今後その研究を深化させることを考えれば、これまで一般的な時事情報の受容とは分けて捉えられていた感のある公用通行に関する情報の伝達も、見方を改めその研究の対象に組み入れていく必要があろう。

註

（1）近世における馳走とは、藩・宿・村などの迎接主体が通行者を迎接するための、準備に始まる一連の行為を意味する（林英夫ほか『旅と街道』〈光村図書、一九八五年〉六八頁、ほか）。それに関して久留島浩氏は、実際には「藩からの『御馳走』―町・村での『馳走』の二重構造になっている」と、指摘した（《研究ノート》「盛砂・蒔砂・飾り手桶・箒―近世における『馳走』の一つとして―」〈『史学雑誌』九五―八号、一九八六年〉）。本論は前者に注目するものだが、本文中では「馳走」と、統一表記している。

（2）丸山雍成編『日本の近世第六巻　情報と交通』（中央公論社、一九九二年）五三～五六頁。

（3）藪内吉彦「東海道守口駅の御用状継立の変遷過程―継飛脚より郵便へ―」（『交通史研究』四五号、二〇〇〇年）。

（4）たとえば高部淑子「日本近世史研究における情報」（『歴史評論』№六三〇、二〇〇二年）を参照されたい。

（5）その事実を明かす研究自体は、各地でさまざま発表されている。重要な交通路に関係する各自治体史誌でも言及されている。ここでは、今村和昭「幕府巡見使迎接における在地の馳走」（『ぐんま史料研究』一一号、一九九八年）を代表例として挙げたい。この論考は、幕府巡見使という特別な通行を取りあげての分析とはいえ、藩領内の迎接主体間で形成された情報ネットワークの機能を問題提起したものであり、筆者の研究にも大きな影響を与えた。

（6）先触の制度と機能については、たとえば『国史大辞典』第六巻（吉川弘文館、一九八五年）三〇〇頁（児玉幸多執筆「先触」項）、池田真由美「本陣史料の基礎的研究―四日市宿清水本陣の休泊関連史料を中心に―」（大石学監修『東海道四日市宿本陣の基礎的研究』、岩田書院、二〇〇一年）を参照されたい。

（7）公儀浦触の制度と機能については、水本邦彦氏がこの解明の中心的役割を果たしてきた。後掲もする主な論考としては、水本邦彦ⓐ《研究余録》「公儀浦触について」（『日本歴史』五〇一号、一九九〇年）、同ⓑ「〈公儀浦触〉発給の諸段階」（朝尾直弘教授退官記念会編『日本国家の史的特質』近世・近代、思文閣出版、一九九五年）、同ⓒ「浦触と房総の村々―上総国の名主文書から―」（『立命館文学』五四二号、一九九五年）が挙げられる。

（8）さまざまな先行研究があるが、おおむね、史料で「聞合」と表現される問い合わせ行為により説明がなされている。たとえば武泰稔ほか『矢掛の本陣と脇本陣（岡山文庫一五三）』（日本文教出版株式会社、二〇〇二年〈第三刷〉）六九頁を参照されたい。

（9）上意下達触の通達と在地の迎接主体間の連絡との双方に注目し、全体的な情報の行き交いとその本質に言及した論考は複数ある。たとえば前掲註（7）水本氏論考ⓒでは、浦触ルートを通じて「上は幕府勘定奉行所から下は近隣村の村役人にいたるまで、各種のレベルで作成された浦触が頻繁に行き交っていた」と、述べている。岩下哲典《研究ノート》「江戸時代の通信手段『注進手札』―管理社会に生きる人々のメンタリティ―」（『交通史研究』三七号、一九九六年）では、奥州一関藩（現岩手県一関市）の街道における馳走を例に、迎接主体間で用いられた通行情報を速報する簡略的な手札に注目し、この本質を明らかにしている。

(10) 井上淳《問題提起》「瀬戸内海の情報ネットワーク―松山藩津和地御茶屋を中心に―」(『地方史研究』二九二号、二〇〇一年)。このなかで井上氏は、尼崎藩船奉行から長府藩御用所の赤間関在番にいたるまで、在番ルートを成す各馳走拠点の伝達の担い手を掲げている。筆者は、そのうち明石藩船奉行～岡山藩御茶屋の牛窓在番間の伝達経路について疑問をもち再検討を試みた(拙稿《研究ノート》「瀬戸内海の公用通行に関わる情報と播磨室津・名村氏―長崎上使御下向の事例を手掛かりに―」〈『史学研究』二四九号、二〇〇五年〉)。

なお、この在番ルートの存在自体は、たとえば柚木学「海上の道―九州・四国の海路と海運―」(『太陽コレクション「地図　江戸・明治・現代」』三号、平凡社、一九七七年)でも提起されていた。

(11) 前掲註(7)水本氏論考ⓑ。この論考によると全国的な公儀浦触の伝達ネットワークは、諸段階を経たうえでおおむね宝暦年間(一七五一～一七六三)に「完成され安定化」した。

(12) これは、あくまで国を単位とする区分についての指摘である。山下堅太郎「近世前期における公儀浦触について―寛文十一年幕府唐船廻漕令を中心に―」(『財団法人　土佐山内家宝物資料館　研究紀要』一号、二〇〇三年)註(41)において「宇和島藩では、藩内での公儀浦触の伝達ルートを、藩内の触回達ルートに沿う形で藩側が決定し」たとするうえで「この藩内の触伝達のルート自体は、在浦に形成されていた情報伝達ルートに根ざしたものであった」と説明するように、藩領内における具体的な伝達ルート(廻達の順序)自体は地域の受信者の実情に即したものと考えられている。

(13) 山口徹編『街道の日本史42　瀬戸内諸島と海の道』(吉川弘文館、二〇〇一年)六八～七〇頁。

(14) たとえば『香川県歴史の道報告第一一集　海の道調査報告書』(瀬戸内海歴史民俗資料館、一九九三年)のほか香川県内各自治体史誌の論述によれば、備讃間では①藩役人の一般的な公用通行、②金毘羅船、③そのほか民間の商船などが讃岐国の港から岡山藩領下津井(現岡山県倉敷市)へ一度寄港し、ここから山陽沿岸航路(いわゆる「安芸地乗り航路」)に合流していた。

ただしその流れは、高松藩主の参勤交代において讃岐沿岸を東進する航路が選択されるようになるなど、必ずしも公私すべての航行に共通するものではなかった。

(15) もちろん、瀬戸内海が基本的に領国地域だからといって、塩飽勤番所を通じた備讃間の情報交換を特殊なものとして片づけるつもりはない。それと本論で注目する芸予・防予諸島域との比較結果については、紙幅の都合により次稿で述べたい。

(16) 図は、あくまで幕府公用通行の情報を正式に通達する在番ルートとそれに対応する藩指定の情報ルートとを掲げたものに過ぎない。通行の種別によってはそれ以外の地域独自のルートを通じて伝達される場合があり、また史料に残らない伝達もあろうから、真の意味でのネットワーク全体像を掲出するのは困難である。筆者は、地域独自の情報交換の一例として、伊予国松山藩領岩城村（現愛媛県越智郡上島町）庄屋の、山陽沿岸にある広島藩領須波村（現広島県三原市）への付船派遣を挙げた（拙稿《歴史余録》「上島町教育委員会所蔵『岩城村教育委員会文書』―芸備～伊予間の垣根を越えた海事情報の一つとして―」〈『芸備地方史研究』二五三号、二〇〇六年〉）。

なお通行者の接近にあたっては、触廻達・付船派遣のみならず狼煙網が機能したことも忘れてはならない。瀬戸内海路をめぐる狼煙網については、たとえば東昇「瀬戸内海の本陣と御茶屋」（『海道をゆく―江戸時代の瀬戸内海―』、愛媛県歴史文化博物館、一九九九年）を参照されたい。

(17) 諸藩が幕府機関からの情報を入手すべく三都の蔵屋敷に派遣した留守居およびその組合については、笠谷和比古「大名留守居組合の制度史的考察」（『史林』六五―五号、一九八二年）、服藤弘司『大名留守居の研究』（創文社、一九八四年）がこの代表的な先行研究として挙げられよう。ただし以上の研究段階では、大坂留守居に関して未解明な点が多かった。瀬戸内海と関係する藩の大坂留守居の活動についての研究が本格化したといえるのは、一九九〇年代に入ってからである。ここでは、その代表として吉田智史「朝鮮通信使接待をめぐる西国諸藩の動向―萩藩大坂留守居の活動を中心として―」（『七隈史学』四号、二〇〇三年）を挙げたい。

(18) 八原氏は、上使への馳走ほか津和地における松山藩士としての公務を「御用日記」などに記録した。この記録は、現在「八原家文書」(以下「八原」と略記)として愛媛県歴史文化博物館に所蔵されている。本論で取りあげる明和～寛政年間(一八世紀後期)には、佐野右衛門が当主として活動していた。史料「八原」の概要と先行研究については、たとえば東昇《解題》「八原家文書解題」(『愛媛県歴史文化博物館資料目録第七集　武家文書目録』、愛媛県歴史文化博物館、二〇〇〇年)を参照されたい。

(19) 前掲註(16)東氏論考、前掲註(10)井上氏《問題提起》、そして拙稿「瀬戸内海の公儀浦触ルートと津和地御茶屋」(『伊予史談』三三三号、二〇〇四年)。

(20) 前掲註(10)井上氏《問題提起》、拙稿「近世瀬戸内海の公用通行に関わる情報機能について―公儀役の下り通行を中心に―」(『史学研究』二五二号、二〇〇六年)ほか。

(21) 前掲註(10)拙稿《研究ノート》、前掲註(20)拙稿。

(22) たとえば橘敏夫《研究ノート》「東海道における宿組合の編成」(『交通史研究』五八号、二〇〇五年)を参照されたい。

(23) 前掲註(20)拙稿。

(24) 本論では取りあげないが、この時期の天明四年(一七八四)九月二二日には、幕府より瀬戸内海の情報ネットワークに影響を与えたもう一つの通達が発せられている。紙幅の都合から詳述は避けるが、それは『通航一覧』第八(清文堂出版、一九六七年〈復刻版〉四六五頁(附録巻一五「朝鮮船」項)にも収録されている国内漂着異国人の送還手続きの改定である。この異国人送還の場合における情報伝達の具体像およびその変容については、別稿で述べたい。

(25) 前掲註(17)吉田氏論考。

(26) 山口県文書館所蔵「毛利家文庫『遠用物』」所収「上関所務代山縣就逌問箇条并当職堅田就政肩書物写」(整理番号：遠・近前二七八)(『山口県史』史料編　近世二〈山口県、二〇〇五年〉八七一～八七二頁)。

(27) 史料傍線ｃの部分より、一七世紀半ばも、下向する上使の大坂出発情報が瀬戸内海の馳走拠点へ的確に伝達されなかったことがうかがえる。管見の限り、この時期の実態にせまりうる有効な史料が現存していないため実相は不明だが、おそらくその要因は、在番ルートの制度自体が未発達の段階にあったことによるものであろう。

(28)「八原」所収「天明六年午歳御用日記」(整理番号：一八) 同年五月一七日条。

(29) 前掲註(28) 天明六年五月廿八日条。

(30) 山口県文書館所蔵「文政四年長崎奉行通行一件」(整理番号：九諸省五一一)。この史料については『歴史の道調査報告書　山陽道』(山口県教育委員会、一九八三年) 一七一頁において、その一部分を翻刻したうえで解説している。

(31)「八原」所収「寛政九年巳歳御用日記」(整理番号：二四) 同年八月一七日条。

(32)「八原」所収「寛政十二年庚申歳御用日記」(整理番号：二七) 同年三月一四日条。

(33) 下津井在番が発したこの書簡については、前掲註(20) 拙稿においてすでに考察したので参照されたい。

(34) 長崎上使の海路選択安定期にあたる明和年間(一七六四～一七七一) でも、本文中でいう「第二段階の先触情報」は通行の約六日前に在番ルート上へ伝達される。そのため各拠点にとっては、この情報だけだと馳走が間に合わない可能性がある(津和地の場合、松山藩庁に馳走開始を依頼して準備を終えるまで平均一週間を要する)。すなわち、その情報と二〇日以上前に伝達される「第一段階の先触情報」とを両方入手することにより初めて、余裕をもって馳走を行えたのである(前掲註〈20〉拙稿)。

(35) 前掲註(20) 拙稿では、天明八年(一七八八)、在番ルートを通じた先触情報の伝達機能の低下を受け、関係する各馳走拠点がその先触情報の廻達を待たずして長崎上使の「御迎船」(出迎えを担当する福岡藩または佐賀藩が船を九州から播磨室津へ、すなわち瀬戸内海を西から東へ移動させる) を確認した時点から馳走に取り組むように改めたことも指摘した。

(36) 幕藩領主は馳走触にもとづいて、一般民衆に公用通行者への馳走を強制した。これが、公用通行における地域側からの情報ネットワーク形成に直結したわけだが、領主が強制した理由は、馳走を成功させることによって道筋の民衆にその権威を具体的かつ直接的に知らしめるためである〈前掲註〈1〉久留島氏《研究ノート》〉。

[付記]　本論の内容は、平成一七年（二〇〇五）度「財団法人　福武学術文化振興財団研究助成」瀬戸内海文化研究・活動支援の助成金にもとづく研究成果（No.〇五―〇三三）の一部分である。大会の口頭発表では、備讃地域と芸予・防予諸島地域について制度面から比較を試みたが、本論では、紙幅の都合によりその比較に関する説明は大幅に省略し、後者の実態から交換・共有のあり方にアプローチすることとした。

Ⅱ　四国内部の地域間交流

海村の生活文化―漁民の交流と漁村形成の諸相―

武智　利博

一　はじめに

高松大会の共通論題が「四国―その内と外と―」である。漁民や漁村の「ひと」・「もの」の交流に視点を当て、海村の生活文化についてみてみたい。漁民の地域間の交流の動機や時代によって、さまざまなタイプの漁村が形成されてきた。さらに漁村には、漁民信仰を通して地域間の交流が見られ、漁村特有の生活文化を形成してきた。本稿で取り上げる地域は、私がライフワークとして歩いてきた、瀬戸内海地域と宇和海沿岸地域である。

瀬戸内海は世界の代表的な閉鎖性海域である。面積は二三、二〇三平方キロメートル、平均水深三八メートルの浅くて広大な海域で、一一府県が瀬戸内海を囲んでいる。瀬戸内海は多島海と呼ばれ、島の数は一、〇一五島、うち有人島は一六〇である。(1)これらの島々は、約一〇〇万年前に断層や、土地の隆起・沈降運動によって形成された。隆起部分が島となり、沈降部分が灘となった。島と島、島と半島を結ぶ灘へ通じる水道を、海峡とか瀬戸と呼んでいる。

瀬戸内海に出入りする潮流は豊後水道系、紀伊水道系、関門海峡系であるが、そのうち豊後水道系の海水量は、紀伊水道系の約五倍である。そのため、東西両潮流の混合は、東よりの塩飽諸島付近である。瀬戸内海には、約六〇〇種の魚類、約六〇種のエビ類、約二〇種のイカ・タコ類が生息し、(2)昔から瀬戸内海は、漁業の生産性の高い海域であった。

佐田岬半島と佐賀関半島以南の宇和海沿岸は、地形的には沈水海岸で、陸地の尾根部分が岬と半島となり、谷部分が入江や湾となった出入りの多いリアス式海岸である。宇和海に流入する潮流は、黒潮本流から分かれた黒潮分流で、豊後水道を北上して瀬戸内海に入っていく。南部ではサンゴ礁もみられ、暖海性の魚類の回遊や生息もみられる。日振島沖合、由良岬沖合、沖の島沖合には潮目が生じ、アジ、サバ、イワシ類が群集し好漁場を形成してきた。現在は冬でも温暖な水温[3]とリアス式の穏やかな海が、日本一の海面養殖地域を形成してきた。両海域は昔から海人と呼ばれる人々の交流によって、活発な漁撈活動が営まれてきた。

二　古代における海人の活動

1　瀬戸内海・宇和海の海部と海人

承平年間（九三〇～三七）に、源順によって編纂された『和名類聚抄』に、宮本常一氏は全国に一七ヶ所の海部がある[4]と指摘し、池邊彌氏は『和名類聚抄郷名考證』[5]で二三の海部を挙げている。そのうち両者とも瀬戸内海沿岸に六ヶ所の海部の存在を挙げている。海部とは、漁撈集団の居住する場所、漁村のことであり、漁撈する漁民を海人と呼んでいる。

養老四年（七二〇）編纂の『日本書紀　巻の第十』[6]に「誉田天皇　應神天皇　〔五〕（三年）十一月、處々の海人、訕哤きて命に従はざりしかば、阿曇連[7]の祖大濱の宿禰をして、その訕哤きを平けしめ、因りて海人の宰と為しき。故、俗の人の諺に佐麼阿摩と曰へるは、それこの縁なり。」、「〔七〕五年の秋八月、庚寅の朔にして壬寅の日、諸国に令して海人と山守部とを定めき。」

和銅六年（七一三）諸国に撰上させた風土記の中の、『豊後国風土記』(8)には、「海部の郡、郷四所里一十二、驛一所、烽二所。此の郡の百姓は、並海邊の白水郎なり。因りて海部の郡といふ。」の記載がある。

以上の記載から、應神天皇の五世紀初頭には、阿曇連に統率された海人の活動、八世紀の豊後国風土記にみえる海部、白水郎（海人）の活動、一〇世紀の和名抄の全国に二三の存在からも、古代において多くの漁村が形成され、漁撈や製塩を盛んに行っていたことが分かる。

2　伊予にも海部が存在した

一〇世紀に編纂された和名抄の中で、伊予国には海部の記載がない。伊予国は瀬戸内海と宇和海に海域を持ち、海岸線の長さも全国第五位（一、六二三キロメートル）の国である。私は伊予にも海部は存在していたと考える。地名として大三島上浦の甘崎、宇和島市三浦半島の甘崎、由良半島のアマ崎、八幡浜市の雨井などの地名が海人の地と考えていた。

昭和六一年（一九八六）から六四年の『平城宮発掘調査出土木簡概報』(9)が刊行された。その中の長屋王家木簡に、「和気郡海部里調塩三斗（裏面に刑部首嶋とある）」。二条大路木簡には、「伊予国和気郡海部郡若日下部廣嶋楚割六斤」、「伊予国伊予郡石井郡海部里阿曇部大隈鯛楚割六斤」、「伊予国宇和郡調贄楚割六斤」が報告された。さらに「奈良文化財研究所木簡データベース」から、新たに「伊予国伊予郡川村郷海部里白髪」、「伊予国伊予郡石井郷海部里白髪部嶋」、「宇和郡海部郷乎知部万呂楚割六斤」、「伊予国伊与郡石井郷海部里白髪部佐波楚割六斤」、「伊予国伊予郡石井郷海部里日下部麻呂調贄楚」、「伊予国神野郡海乎人知訓塩二顆」、「伊予国伊予郡古鯖三」の七件が検索された。

このことから、伊予国には少なくとも、八世紀までに海部や海人が存在し、阿曇部などに統率された海人たちによって、朝廷や王家に魚を乾燥させた楚割や塩を送っていたことが、木簡によって証明された。それがなぜ、伊予国が一〇世紀の和名抄から姿を消したかについては、今後検証していく必要がある。

三　中世末までに形成された古い漁村

古代には存在した海部・海人の活動のみられた地域が、一〇世紀の和名抄から消えていることから、古代の海部が中世まで存続していたか否かは、史料不足で検証は困難である。しかしながら、中世末までに漁村を形成していた地域は存在する。これらの漁村に共通する点は、漁村成立を貴種流離譚や漁業習俗に求めることができる。加藤嘉明が伊予を領有していた新居浜浦の漁民は平家落人説を持ち、嘉明が松山に移城するまでの城下であった松前浦は、婦女子による魚の行商オタタの頭上運搬イタダキを京都の公家の姫、瀧姫に求めている。さらに両漁村には、豊臣秀吉の文禄の役（一五九二～九六）、慶長の役（一五九七～九八）に、加藤嘉明の水軍の加子として参加したとの口碑がある。

弓削島は、京都の東寺領荘園で「塩の荘園」として知られている。弓削島では公物分として、塩、鯛、かき、あらめなどの海産物や、網二帖の記載がある[10][11]。

宮本常一氏は、寛治四年（一〇九〇）の『加茂神社古代荘園御厨』[12]の中に、瀬戸内海には、播磨国伊保崎、伊予国宇和郡六帖網、伊予国内海、讃岐国内海、豊後水津、周防国佐河、牛島の名がみえる。寛治四年から九〇年後の鎌倉時代初めの『賀茂注進雑記』[13]に全国で四二の荘園のうち、一六が瀬戸内海にあったことを指摘している。伊予には菊万庄（今治市菊間）、佐方保（同菊間町佐方）があった。

郵便はがき

料金受取人払郵便

麹町支店承認

8246

差出人有効期間
平成21年12月
09日まで

1028790

108

東京都千代田区富士見
二—六—九

株式会社 雄山閣
愛読者カード係 行

■ご購読ありがとうございました。 是非ご意見をお聞かせくだ

ご購入の書名をご記入下さい。

書名

本書のご感想および小社の刊行物についてご意見をお聞かせください。

山閣購読申込書

近くの書店にご注文下さい。

書　名	冊数
	冊
	冊

定書店名	取次店・番線印	（この欄は小社で記入致します。）

近くに書店がない場合は、このはがきを小社刊行図書のご注文にご利用下さい。
便振込み用紙を同封させていただきます。
の際、送料380円ご負担となりますので、ご了承下さい。

ｩりがな お名前		性別		生年月日 年　月　日
ご住所	〒 お電話番号　（　　）			
ご職業 勤務先		所属研究 団体名		

ンケートにご協力下さい。

書をどこでご購入されましたか？
書店 2.生協 3.古本屋 5.インターネット 7.弊社直接販売 8.その他（　　）
書を何でお知りになりましたか？（複数回答可）
書店でみて 2.新聞・雑誌（　　　）の広告で 3.人にすすめられて
書評・紹介記事をみて 5.図書目録（内容見本等）をみて 6.その他（　　）
書への感想をお聞かせ下さい。
容1.満足 2.普通 3.不満（理由　　　）
量1.満足 2.普通 3.不満（理由　　　）
格1.満足 2.普通 3.不満（理由　　　）
社図書目録を希望しますか？ ○新刊案内等の発送を希望しますか？
はい 2.いいえ　　　1.はい 2.いいえ

己入いただきました個人情報は、弊社からの各種ご案内（刊行物の案内等）以外の目的には利用いたしません。

宇和海では、建長六年（一二五四）の『古今著聞集』[14]の中で、安貞（一二二七〜二八）のころ、矢野保黒島（西宇和郡伊方町）で魚を曳いたところ、多くの鼠を曳き上げたという記述がある。正和元年（一三一二）の『玉葉和歌集』[15]に、「いよの国うはの郡のうをまでも、われこそはなれ世をそくうとて」と詠まれ、宇和海は中央にもよく知られていた。伊達秀宗が元和元年（一六一五）に仙台より宇和島に入封する前に、宇和海には九七帖のいわし網（元網）が存在し[16]、中世以来の土豪的性格を持つ「村君」のもと漁民は半農半漁の生活を営んできた。

四　近世以降に形成された漁村

近世に入り幕藩体制が確立してくると、各地に新しく漁村が形成されてくる。また、漁村形成の時期、動機、移動など、比較的多くの記録が残されている。

1　藩境に新浦形成—伊予市湊町の漁村—

松山藩主蒲生忠知が、寛永一一年（一六三四）に病死し、嗣子がないため城地を没収された。大洲藩主加藤泰興が松山城番となった際、大洲領の飛地と松山藩領の一部との交換を幕府に願い出て許可された。寛永一二年に替地が完了し、大洲藩では松山藩松前浦と境を接する吾川村小川町（のちに湊町と改名）に漁村を作り、漁業振興と加子を確保しようとした。

はじめ長浜の漁師八人を移住させたが、漁業不振のため二人となった。その後、上灘村漁師四郎左衛門が小川町に網仕度をして移住を願い出て許可され、曳子を引き連れて漁村を形成した。大洲藩の替地後、三二年経過した寛文七年（一六六七）の『西海巡見志』[17]には、家数三一軒、舟数六艘（一艘五石積五艘猟舟）の記述がある。正徳四年（一七一四）には、漁船一八艘、ボラ敷網一帳、サワラ巻網一帳、地曳網一帳、片寄網三帳、イワシ網九帳と漁村として発展している様子を知ることができる[18]。

2　城下町に漁村形成—西条市喜多浜漁村—

西条藩では、西条城下に加子を確保する上からも、漁村を積極的に誘致しようとした。西条の隣りの新居浜浦は、中世末までに形成された漁村で、「この地元来御領分第一の漁場所[19]」であった。享保一三・一四年（一七二八・二九）に新居浜の東須賀、中須賀から喜多浜へ三二軒が移住して漁村を形成した。天保一三年（一八四二）には漁家数八五軒、漁師三六五人に増加している。

3　他国からの集団移住による漁村形成—大洲領青島—

伊予灘に浮かぶ青島は、地方《じかた》の長浜町喜多灘から約一二キロメートルの沖合にある周囲四キロメートルの小島である。青島の開発と移住は、無人島である青島へ、播州坂越村（現兵庫県赤穂市）の網師与七郎が、西国へ出漁の途中、島に船掛けした。その時、イワシの大群を発見し、網を入れたところ大漁であった。その後、毎年八、九月に島で網を曳いたが大漁であった。与七郎は島での網操業と島の開発を、大洲藩に願い出て許可され、寛永一六年（一六三九）坂越村から家族と網子を引き連れ一六軒が入殖してきた。二八年後の『西海巡見志』には、家数一九軒、舟数二六艘（三艘一〇石積より六〇石積迄 一三艘猟舟）、加子数二四人内五人役加子の記載がある。明和五年（一七六八）には、五六軒にまで集落規模が拡大している[20][21]。

4　新浦開拓による漁村形成―宇和海の漁村―

宇和島藩、吉田藩では、段々畑の造成を積極的に進め、開発によって作られた浦を新浦として取り立てた。新浦に対してイワシ網（新網）の網代を許可した。新浦の開拓は、元和元年（一六一五）の伊達秀宗入封後の初期の開発として、寛永四年（一六二七）の下灘浦の須下浦が初出である。その後、成る浦、蒋渕浦の大島浦、高山浦の田之浜浦、伊方浦の黒島、穴井浦大島、下灘浦竹ヶ島、内海浦魚神山等がある。さらにその後に開発された新浦として、元禄二年（一六八九）の奥浦の内大良鼻から、遊子浦の高島、外海浦中浦の田之浜浦、内海浦網代、外海浦外泊、下久家、樽見、和田内、麦ヶ浦、武者泊等がある。[22]

（1）　藩替えによる新浦開発

三浦半島の先端にある蒋渕浦は、寛文二年（一六六二）に宇和島藩から吉田藩となった。吉田藩では、この地域が漁場として恵まれているところから、蒋渕浦の先の大島に新浦を開くことを考えた。領内から大島への入殖者を募集し、寛永九年（一六六九）に、一二軒の入殖があった。吉田藩では入殖時に、大島村君に銀子二枚、入百姓一〇人に米二〇俵を与え、こやの前に網代を許可している。[23]

（2）　漁業先進地からの移住による新浦形成

宇和島藩では、漁業の先進地から来住し、新浦を開発した例もみられる。南宇和郡内海村網代（由良半島の先端地・現愛南町）は、土佐幡多郡和田村の儀左衛門が、文化五年（一八〇八）二月、「由良山の内荒樫よりアマ崎までの間に一浦を開拓せんとして同志二〇名を募り上願して同年五月二七日許可せられ」[24]開墾に着手した。天保九年（一八三八）に新浦に取り立てられるまで、三〇年の長い歳月を要している。

南宇和郡西海町（現愛南町）は、藩政期は外海浦と呼ばれていた。外海浦のうち中泊の開拓は、淡路福良の喜兵衛

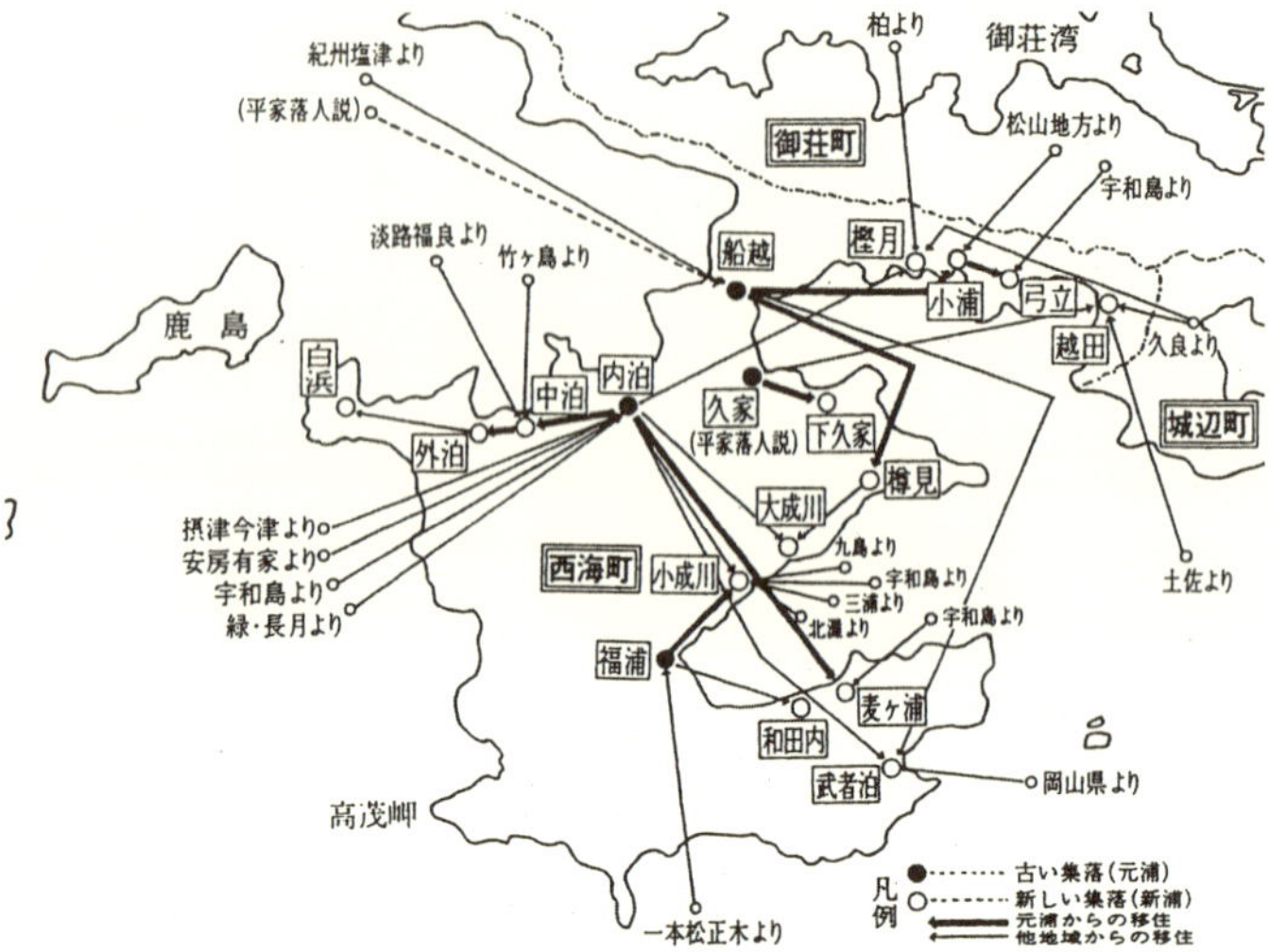

図1　西海町における新浦開拓移住系統図
『西海町誌』より武智作図

によるものである。元禄九年（一六九六）に外海浦内泊に来り、同地長蔵の娘を娶り、同年二月中泊開墾を願い出て許可され、新浦を形成していった。文化元年（一八〇四）には、五〇石積のイサバ船（運搬船）を作り、カツオ船一艘を新造している(25)(26)。

(3)　漁村内の人口増に伴なう新浦開拓

宇和島藩には、伊達秀宗入封前からあるイワシ網を本網（元網）九七帖と、入封後の貞享元年（一六八四）までに新たに七二帖の結出網があった。本網や結出網を持つ浦を本浦（元浦）と呼び新浦と区別している。

新浦が開拓された地域は、近世初頭まで開発から取り残された地域、すなわち、砂地の少ない岬や島などの隔絶性の強い地域である。本浦の人口増により、新しく土地を開発し移住する新浦もみられるようになる。その例は、南宇和郡船越半島に多くみられる。船越から小浦、樽見、武者泊、久家から下久家、内泊から中泊、中泊から外泊がある。このうち内泊が本浦（母村）で、中泊が新浦（子村）であり、外泊が孫村となる。

幕末にいたり中泊の人口が増加し、中泊本家の発案で、二・三男対策として、外泊入殖者を募集し、計画的に開拓されたのが外泊である。開発は中泊から通勤が可能で、現地に仮小屋を作る必要はなかった。

明治一二年（一八七五）に造成工事が完了し、四七戸、一九八人が入殖している[27]。外泊は「石垣の里」として、平成一九年（二〇〇七）に「美しい歴史的風土一〇〇選」に選ばれた。

宇和海沿岸の漁村形成は、まず土地の開発、耕して天に至る段々畑が先行し、その後、新浦として網代が許可されている。庄屋層が地主であり網主、村人は小作、曳子という従属関係で、半農半漁の生活であった。

5　能地系漁民の移住による漁村形成

瀬戸内海の島嶼部および沿岸には、近世中期の一八世紀以降から、明治初期にかけて成立した漁村がある。広島県能地、二窓の漁民や愛媛県岩城村の漁民が、出漁先に寄留したり移動した漁村である。

能地系漁民には二つの系統がある。一つは広島県三原市幸崎町能地と、竹原市二窓である。能地は夜漁の小網漁（手繰網。のちに打瀬網、底曳網に発達）であり、二窓は昼漁の一本釣漁民と能地漁民によって形成された漁村である。

能地系漁民を河岡武春氏は「漂海漁民[28]」と呼び、羽原又吉氏は「漂海民[29]」と呼び、吉田敬市氏は漁民の定着化を「家船的集落[30]」と呼んでいる。河岡氏は、「家船は文字通り、船が家であり、仕事場と住居が一つである。家の中心は夫婦であり、しぜん子供がこれに付随する。」と述べている。

能地系漁民の詳細な研究は、前記の河岡氏の他に、広島県教育委員会による『家船民俗資料緊急調査報告書[31]』と、『三原市史　民俗編[32]』で宮本常一氏のものがある。

漁獲物は婦人が頭上運搬で、島方や地方農村に売り歩いた。漁民が出漁する際は、一〇組が一つの仲間となって移動した。これは海上生活での相互扶助をはかること、トラブルが生じた時にも、各船が協力することができた。仲間内の長が「浮鯛抄」の巻き物を持参している。「浮鯛抄」は能地系漁民の系図のようなもので、一種の貴種流離譚であるが、出漁先で入漁をめぐるトラブルが発生した際、この巻き物を提示して、能地漁民の漁業慣行の根拠としたものである。現在各地に一二巻の「浮鯛抄」が発見されているが、そのうちの一巻が松山市高浜町沖組に残っている。

能地系漁村では、親が船一艘を与えて、長男、次男とつぎつぎに分家させ独立していく末子相続制をとってきた。能地漁民の人口増と漁船の増加は、必然的に出漁が瀬戸内海全域に拡大され、また移住を促す結果となった。河岡氏の研究では、瀬戸内海全域で移住村数一〇〇、寄留村数四〇を数えている。

愛媛県の岩城村の漁村は、早い時期に能地からの分村といわれている。『岩城村誌』(33)によれば、寛政一一（一七九九）に漁船四〇艘、漁師七〇人の記録がある。明治一七年（一八八四）八月に襲った大暴風雨で、村一円が激甚災害を受けた。とくに海浜地域にある漁家は、家や船、漁具を流出するという大打撃を受け、大挙して村外に流出した。明治一七年以前より岩城漁民は、浅海、興居島へ寄留や移住をしていたので、これらの地を頼って岩城を去る漁民が続いた。

船を家とし海上生活をする漁民にとって、陸あがりして定着し、漁村を形成する場合も、宇和海沿岸漁村が、半農半漁村を形成したのに対し、土地を持たず、零細な漁業生産と、魚の行商を生業とする純漁村を形成していった。

五　漁民の信仰と交流

漁村には、板子一枚下は地獄ということばがある。高度な科学技術によって装備された漁船でも、遭難という事態は解消されていない。海を生活の舞台とする漁民にとって、海に対して敬虔な信仰を持っている。さらに交流によって信仰圏が広がり、漁村特有の生活文化が形成されてきた。

1　船霊信仰

船霊（玉）とは船の神で、女神といわれている。木造船時代は、船霊を駒形の器に納めている。納めるものは男女一対の紙で作った人形と銭一二文、賽二個、五穀である。船下しの神事が終了すると、船大工や船主を海に投げ込む習俗があった。これは海神や船霊に対するみぞぎの意味があった。船主には船霊が虫の声のようにチンチン鳴く音が聞こえるという。魚島では船で寝る時には、船霊に足をもたせるのは良いが、頭をもたせると襲われるという伝承があった。これは船霊が女の神であるからといっている。八幡浜市のトロール船主の家では、廃船となった船霊を全部神棚にまつり供えて、厚く信仰している人もいる。

2　網霊信仰

網霊は網の神であり、大漁をもたらす漁の神である。大型のイワシ網やタイ網には、網の中央部に魚を捕える袋網があり、網の中央に大きな浮子（あば）が付けられる。浮子は烏帽子の型で、えべすあばと呼び、浮力の強い桐の木が使用される。漁期が終ると網主の家の神棚にまつられていた。

3　恵美須信仰

戎・夷・蛭子・胡子・笑子の字が当られている。福をもたらす神で、はるけき海のかなたより流れ寄り来る漂着神として信仰された。瀬戸内海、宇和海沿岸漁村にみられる恵美須信仰は、西宮市社家町の西宮神社(34)から勧請して祀られるもので、島根県美保神社(35)は少ない。美保神社と称する神社でも、神紋は西宮神社の「三つ葉柏」であること、神像にも「三つ葉柏」が彫られている。

愛媛県下の「えびすまつり」の行事については、紙数の関係で割愛する。

4　龍神信仰

龍神は水を支配する神であり、漁民にとっては海を支配するわたつみの神として信仰されている。漁民や船乗りにとって、航海の安全を守る神であり、龍神の怒りにふれまいとして、ある種のおそれを抱いている。龍神が祀られている場所は、恵美須神社が社殿を持つのに対し、小祠に祀られるところが多い。祠は地形的に鼻と呼ばれる海に突出した場所、沖の小島などに多くみられる。

檮原町四万川の海津見神社

高知県高岡郡檮原町は、海岸から遠く離れた山中にある。海津見神社は、通称竜王神社といわれ、祭神は海神の娘豊玉毘女命である。豊漁、雨乞いの霊験あらたかな神として信仰があつい。神社の由緒は、安永五年（一七七二）里人によって池の神として祀られた。寛永六年（一七九四）蛇王権現として社殿を建てた。その後壁路山に社を移し、竜王大権現と称してきた。明治の神仏分離令で海津見神社[36]と改称した。

第二次世界大戦までは、四月二九日と一一月二三日の大祭には、数万人の人が参拝に来て、神社の石段は自分であがれず、人波で押し上げられる程であったという。参拝者の半数以上は漁師であった。神社の信仰圏[37]は、高知市以西の沿岸漁村から、宇和海沿岸、さらに伊予灘沿岸、大分県の一部が含まれ、比較的広い範囲に分布している。

宇和島市遊子八浦の竜王まつり

遊子地区は三浦半島の宇和島をのぞむ北側に位置している。平成一九年（二〇〇七）度文化庁により「重要文化的景観」として選定された水が浦の段々畑がある半島である。

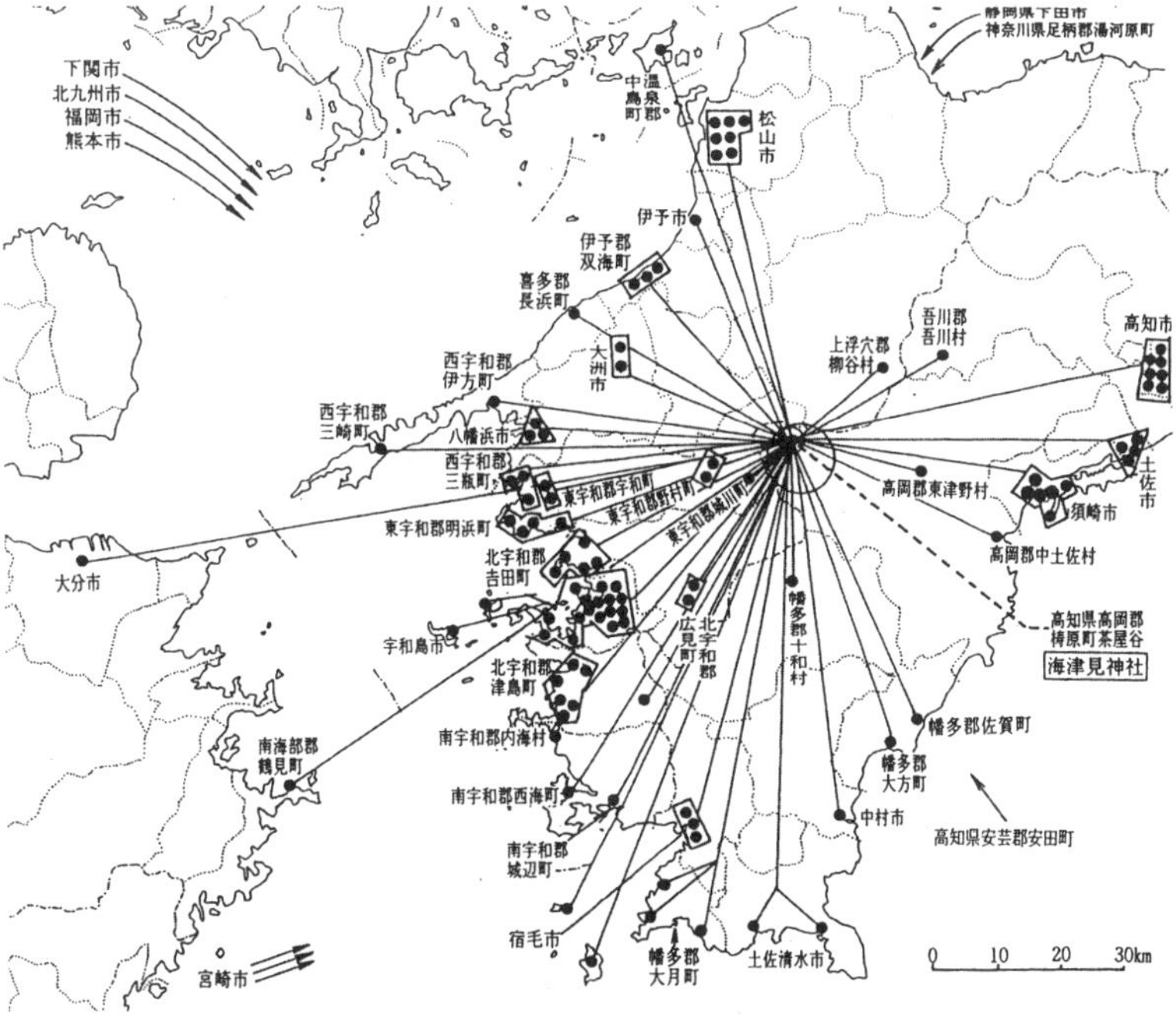

図２　高知県高岡郡梼原町海津見神社の信仰圏
註37により武智作図

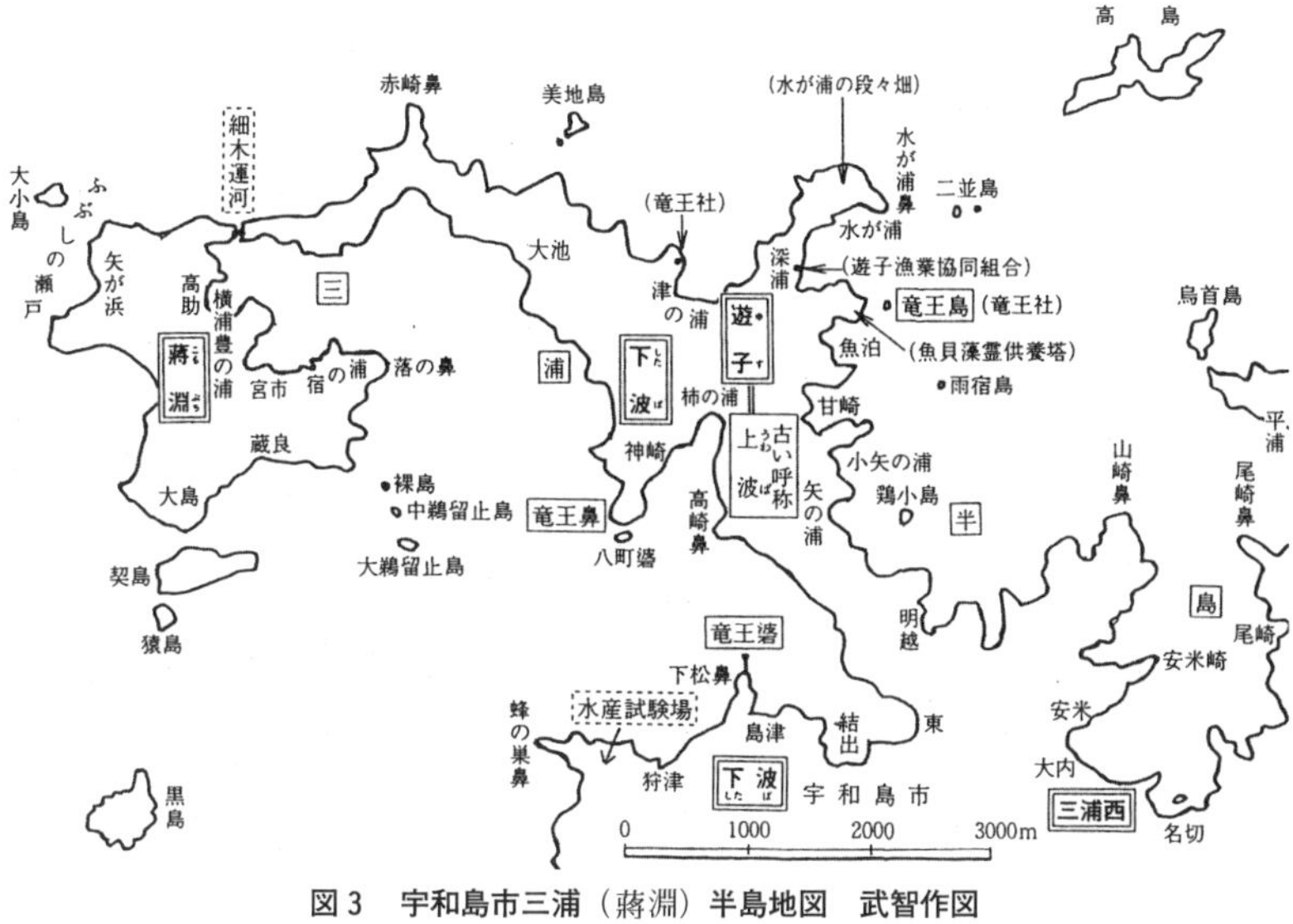

図３　宇和島市三浦（蒋淵）半島地図　武智作図

檮原の竜王権限が遊子地区に伝えられたのは一八世紀前半である。はじめ津の浦で竜王まつりが行われていたが、魚泊沖の竜王島に移してまつりを行うようになる。天保一二年（一八四一）八月の記録には八大竜王(38)と記されている。藩政時代から旧八月一八日を祭日とし、遊子八浦共同で祭祀する。この日は漁止めとし、八浦全体が漁を休んでまつりに参加する。

檮原の海津見神社より授かった神札と御幣を竜王島の祭壇に供え、六人の神主によって漁事祈とうと、えびす舞が奉納される。その後御幣をつけた漁船の後に、その年に新造された漁船が続き、八浦をパレードする。陸上では漁舞いの伊予神楽が舞われ、直会で祭りは大いに盛りあがる。今も藩政時代から続く遊子地区の生活文化である。

5　「山あて」と信仰

山あて(39)は現在のように漁船に魚群探知器が設備されてくると、その重要度は低くなったが、山あては漁民にとって漁場（網代）を決定し、その位置によって漁獲に大きく影響するものであった。

佐田岬半島が伸びる伊予灘は、直線状の断層海岸で、比較的高い山並みが、急傾斜で海に達している。大洲市上須戒の出石寺は海抜高度八一二メートル、長浜町の壺神山は九七一メートル、伊予市双海町の牛の峯は八九六メートルで、伊予灘を漁場とする周防や安芸や忽那諸島の漁民は、これらの山を山あてに利用した。

金山出石寺は真言宗御室派別格本山(40)として信仰のあつい寺院である。牛の峯には地蔵尊(41)がまつられている。伊予灘を漁場とする漁民にとって、霊験あらたかなことを伝聞して、信仰の対象となることは不思議ではない。金山出石寺には出石講(42)が組織されている。信仰圏の分布は、今治市菊間町から以西の中予、南予地域、広島県の竹原市忠海、山口県の周防大島、高知県の幡多郡、高岡郡、宿毛市、大分県の佐賀関、鶴見町、宮崎県の延岡市と講の分布は広域で

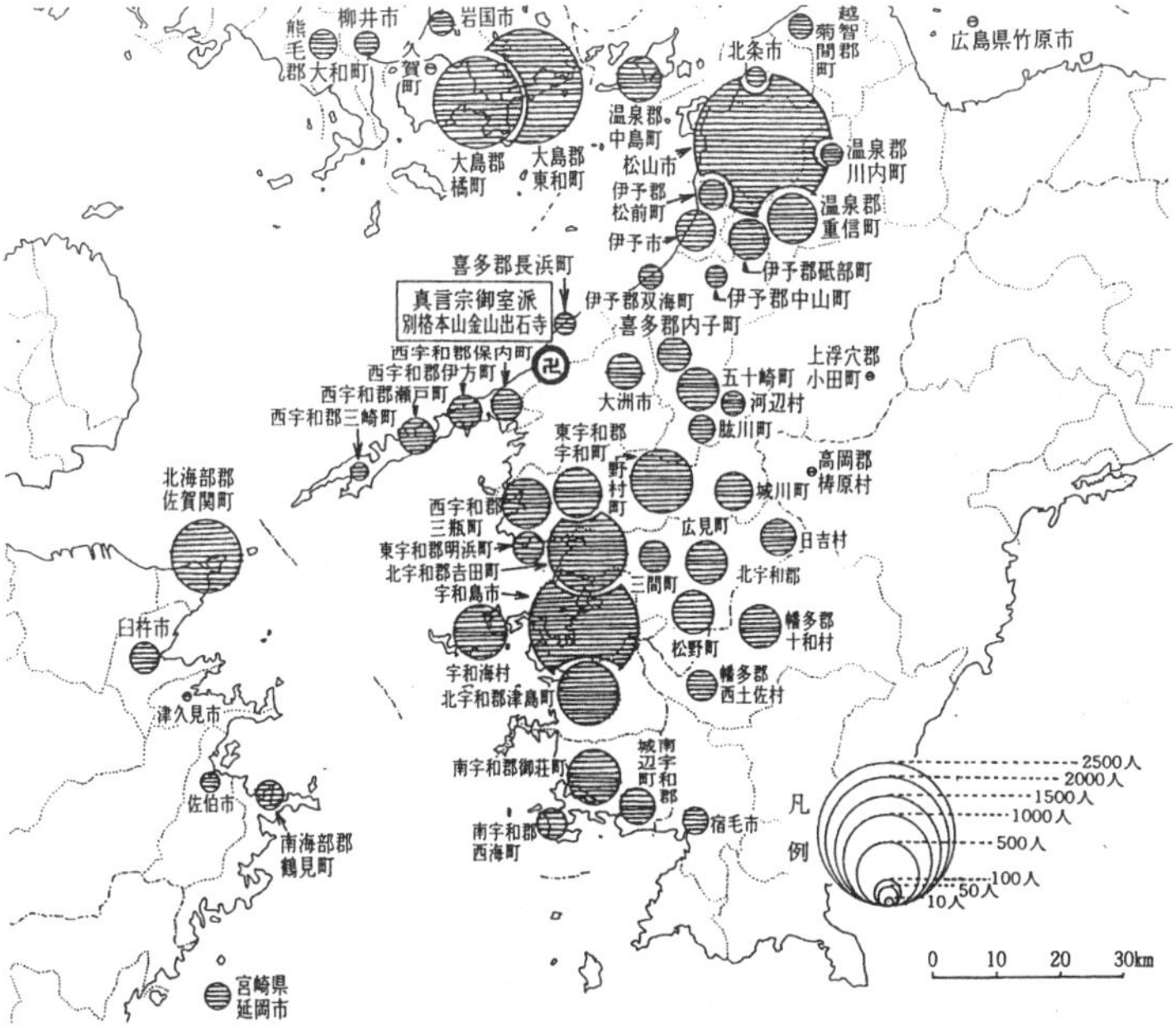

図４　喜多郡長浜町豊茂金山出石寺出石講社員の分布（昭和47年８月調）
（門田恭一郎「出石講について」より武智作図）

ある。牛の峯地蔵尊は四月二四日の春祭りと八月二四日の夏祭りには、周防大島や中島の島方からも参拝にきていた。

6　蛸を食べない、とらない文化圏

佐田岬半島の佐田岬灯台と、佐賀関半島の関崎灯台までは、速吸瀬戸（豊後水道）をはさんで、一三・五キロメートルである。『古事記』、『日本書紀』、『豊後国風土記』に登場する佐賀関地方は、古くより海人の活躍した地域である。

古事記の神武天皇東征の項に、水先案内を務めた椎根津日子[43]をまつる椎根津彦神社がある。またこの地には、「関の権現」として人々の信仰のあつい早吸日女神社がある。神社の由来について、神武天皇東征の途中、甲寅年速吸瀬戸で船が進まなくなった。みると海底の岩礁の上に大蛸が神剣を抱いている。土地の黒砂・真砂の海女に命じて、神剣を天皇に献じたが二人とも息絶えた。船はもとにかえり航行を始めた。天皇は姉妹の海女を哀れみ、若御子の地に葬ったと[44]の伝承がある。現在は佐賀関港に面して二つの石祠と若御子社がまつられている。

早吸日女神社には、「蛸断祈願」という習俗がある。願い事があると、満願成就するまでタコは食べませんと願掛けをし、蛸の絵を神社に納め、拝殿の柱や壁に何十枚もの蛸の絵が張られている。宮司の家では代々にわたり、タコは絶対に食べないという。

速吸瀬戸をはさんで、伊予側の三崎町正野には野坂神社があり、「串の権現」として知られている。『宇和旧記』[45]に野坂神社の蛸伝承について二説を載せている。一つはみのこしの海中が光るので、みれば海底で大蛸が玉を抱いている。串浦の兄弟の海士に玉を取り上げさせた。兄弟の海士は蛸と戦い玉を取りかつぎあげたが息絶えた。二つは御島鰯碆の海中が光り、船の遭難が続くので、佐賀関の親子の海士を雇い、大蛸と戦い玉をかつぎあげた後息絶えたの説である。野坂神社には二人の海士を祀る大元御前がある。野坂神社でも昔は願掛けに蛸の絵を奉納したり、タコを食べませんと唱えながら、

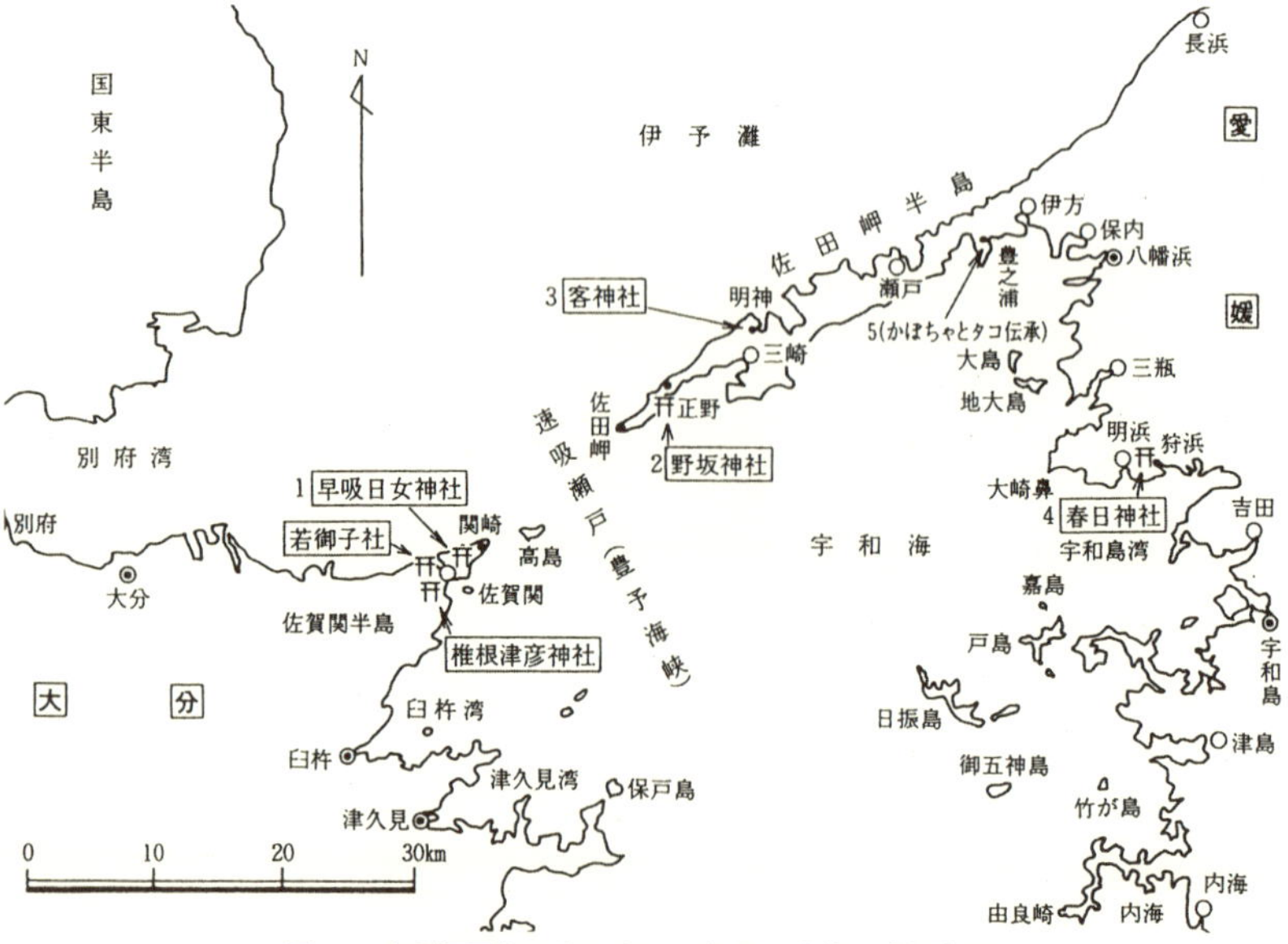

図5　速吸瀬戸をはさんだタコ伝承の分布　武智作図

お百度を踏む習俗があった。(45)

三崎の明神の客神社では、天文のころ（一五三二〜五五）新兵衛という者が、泊りの海中で大蛸を捕えたが、神鏡二面を抱いていたので、社を建て客大明神として奉斎した。(46)客神社では、社殿に張る幕に蛸の絵を描き、神社の由来を伝えている。氏子の人々は今でも近海でタコを取らないという。

明浜町狩浜（現西予市）にも蛸伝承がある。春日神社の御神体が盗難にあい、上方へ運ばれる途中、三崎村名取の沖で難船した。御神体を大蛸が持ちあげたという故事(47)があり、氏子はタコを取らない、食べない、厄落としに蛸の絵を拝殿の柱に張る習俗が残っている。

これら速吸瀬戸をはさんで、タコを取らない、食べないという習俗や、神社の蛸伝承が剣、玉、鏡、御神体としている。それらを海底の大蛸が抱いていること。かづきあげた後絶命していること。これは『日本書紀』の「赤石の海の真珠」の玉取り説話と共通するものがある。速吸瀬戸をはさんで、蛸伝承や風俗があることは、九州からの海人の移動や交流によって生れた生活文化である。

六　おわりに

瀬戸内海、宇和海沿岸地域における、漁民の移動や交流によって形成された漁村の諸相と、漁民信仰から生れた生活文化について述べてきた。私の専攻は地理学であり、漁村の地域性の解明に視点を置いている。私はライフワークとして半世紀近く漁村を歩いてきた。調査地域には何回も足を運んで、人々と膝を交え話し合うことで、文献・史料では解明できないことが、見えてくることも多かった。私は「史料」よりも「視料」に頼る傾向、すなわち地域の景観や人々のくらしを視角でとらえようとする。それらを地図化することで、地域性を明らかにしようとしてきた。本来ならば本稿でも写真や地図を多く載せたい気持はあったが、紙数の関係上割愛せざるを得なかった。

現在の瀬戸内海、宇和海の漁村や漁業は、わが国の高度経済成長から、海の環境破壊と、漁業生産力の低下、漁民の高年齢化と離村が進行してきた。『離島統計年鑑』(48)より、瀬戸内海で人口減少の激しい三八島を抽出してみた。昭和四九年（一九七四）から平成一四（二〇〇二）の二八年間に、人口零人となった島が五島、世帯数二〇世帯以下の島が一七島、二八年間で島の人口が三分の一以下に減少した島が二二島で、人口減少の歯止めがきかなくなっている。近年よくいわれる「限界集落」から瀬戸内海の島の漁村の消滅を示す数値である。このことは、長い歳月をかけて形成されてきた生活文化の継承が困難となり消滅することである。漁村をライフワークとして歩いてきた私にとって、今なにができるのか、「自問」をしているが、「自答」のできない自分が笞打たれる思いである。

おわりに当たり、今回の高松大会で公開講演の機会を与えて頂いた、大会運営委員会及び関係各位に対し深甚なる感謝を申し上げる(49)(50)。

表1　人口減少の厳しい瀬戸内の島

県	市町村	島名	S.49 1974	S.59 1984	H.14 2002
愛媛県	魚島村	高井神島	134 48	88 34	65 37
愛媛県	弓削町	豊島	29 12	5 3	2 1
愛媛県	宮窪町	鵜島	122 34	109 29	49 25
愛媛県	関前村	小大下島	21 91	141 75	78 52
愛媛県	今治市	小島	130 36	84 35	43 25
愛媛県	今治市	馬島	73 19	46 17	35 14
愛媛県	今治市	来島	155 42	100 35	38 18
愛媛県	今治市	比岐島	30 7	9 3	6 2
愛媛県	北条市	安居島	130 50	72 37	45 28
愛媛県	長浜町	青島	199 73	114 59	55 34
香川県	土庄町	小豊島	37 9	33 9	20 8
香川県	直島町	牛ヶ首島	25 8	9 5	2 2
香川県	直島町	向島	80 15	43 12	22 8
香川県	直島町	家島	10 3	4 2	0 0
香川県	坂出市	小与島	94 22	37 14	18 9
香川県	丸亀市	牛島	102 37	51 26	21 11
香川県	詫間町	志々島	288 149	151 93	54 38
岡山県	笠岡市	小飛島	101 27	74 24	40 24
岡山県	日生町	鴻島	133 33	80 23	45 22
岡山県	日生町	鹿久居島	60 14	36 13	16 8
岡山県	日生町	鶴島	4 1	2 1	0 0
岡山県	倉敷市	六口島	25 10	18 6	15 5
岡山県	倉敷市	松島	51 11	39 7	9 5
岡山県	倉敷市	釜島	19 7	1 1	0 0
広島県	三原市	小佐木島	71 22	47 20	21 14
広島県	東野町	生野島	144 45	87 41	52 30
広島県	大崎町	長島	181 49	47 20	21 14
広島県	豊島	三角島	144 45	87 41	52 30
広島県	豊浜町	斎島	145 63	91 50	35 24
広島県	呉市	情島	87 32	55 26	18 11
広島県	尾道市	加島	27 9	6 3	0 0
山口県	岩国市	端島	220 77	145 67	59 39
山口県	岩国市	黒島	117 31	93 34	49 29
山口県	大島町	笠佐島	71 19	32 15	14 10
山口県	久賀町	前島	113 41	64 30	29 19
山口県	橘町	立島	3 2	1 1	0 0
山口県	平生町	佐合町	114 65	81 46	41 23
山口県	由布施町	馬島	78 32	62 29	42 26

各島の数値の上段は人口
下段は世帯
昭和49年、59年、平成14年版『離島統計年鑑』
日本離島センターより抽出

註

（1）『瀬戸内海の環境保全資料集』（瀬戸内海環境保全協会、平成一三年）。
（2）『瀬戸内海漁業の現状』（日本水産資源保護協会、昭和三二年）。実際に漁業生産上重要なものは、その一割程度といわれている。
（3）愛媛県南宇和郡愛南町内海湾では、摂氏一六度から一七度。中部の宇和島湾で一四度。北部の八幡浜湾で一三度である。
（4）宮本常一『海に生きる人びと』（未来社、昭和五六年）。瀬戸内海の海部は①安芸国阿萬②安芸国海③紀伊国海部郡④淡路国三原郡阿萬⑤阿波国那賀郡海部⑥豊後国海部郡がある。
（5）池邊彌『和名類聚抄郷名考證』（吉川弘文館、昭和四一年）。
（6）武田祐吉校注『日本書紀』（朝日新聞社、昭和二八年）。
（7）阿雲連は、海神綿津見神の子孫で、大和政権の海産物の貢納や航海技術者として、朝廷に仕えた部民である。律令制下では代々天皇家の食膳のことを職掌とする海に深く関与した氏族である。
（8）久松潜一校注『豊後国風土記』（朝日新聞社、昭和三四年）。ここでいう白水郎とは海人のことで、〝あま〟と読む。
（9）『平城宮発掘調査出土木簡概報』（奈良国立文化財研究所、昭和六一年〜六四年）。
（10）山内譲『弓削島荘の歴史』（弓削町、昭和六〇年）。延応元年（一二三九）一二月の所当等注文に、「公物分として、しを二百五十俵　京定納百石　白干のたい百こん夏分　あましをたい百こん冬分　かきをけ八　くすのこ一をけ　あらめせうせう」の記載がある。
（11）網野善彦『古代、中世、近世後期の漁撈と海産物の流通』（日本評論社、昭和六二年）。
（12）宮本常一　註4前出。
（13）宮本常一　註4前出。
（14）長山源雄「中世に於ける伊予の産業（三）」（『伊予史談』第一三号、昭和二八年）。

(15) 長山源雄　註14前出。
(16) 古谷直康「網元制の展開と明治維新―宇和島藩・吉田藩の場合―」(近代史文庫宇和島研究会、昭和四三年)。
(17) 『西海巡見志、予陽塵芥集』(伊予史談会双書第一一集、昭和六〇年)。
(18) 『伊予市誌』(予州大州領御替地古今集)(伊予市、昭和六一年)。
(19) 日野和煦編『西條誌』(和綴一〇巻、愛媛県立図書館蔵、天保一三年)。
(20) 『大州旧記・温古集・大洲領郷村高辻帳』(予陽叢書刊行会、昭和一三年)。
(21) 村上節太郎『青島観光診断報告書』(長浜町、昭和五六年)。
(22) 古谷直康・八幡睦郎共著「宇和島・吉田藩漁業史年表」(昭和三五年)。
(23) 『郡鑑』(伊予吉田郷土史料集第四輯、吉田町教育委員会、昭和五七年)。
(24) 大沢宏堂『内海村史上巻』(内海村、昭和二八年)。
(25) 『西海町誌』(西海町、昭和五四年)。
(26) 小野武夫編『宇和島藩、吉田藩漁業経済史料』(アチック・ミューゼアム、昭和一三年)。
(27) 『愛媛県西海町外泊石垣集落伝統的建造物群保存調査報告書』(西海町教育委員会、昭和五〇年)。開発は川に沿う一本の道を軸に、五本の道が左に伸び、この道によって家敷を区切り、四屋敷を一単位として造成されている。基準の四屋敷のうち、三戸を家宅とし、一区域を共同の野菜畑として耕作する。さらに五本の道の連なっている所を墓地、それから半農半漁の生活の糧である段畑が開墾され、すべてたんねんに石をもって畳んでいる。
(28) 河岡武春『海の民　漁村の歴史と民俗』(平凡社、昭和六二年)。
(29) 羽原又吉『漂海民』(岩波書店、昭和三八年)。羽原氏の漂海民の定義(1)土地・建物を陸上に直接所有しない。(2)小舟を住居にして一家族が暮らしている。(3)海産物を中心とする各種の採取に従い、それを販売もしくは農産物と物々交換しながら、一ヶ所に長くとどまらず、一定の海域をたえず移動している。

(30) 吉田敬市『日本に於ける家船的聚落の調査』(東亜人文学報告第一巻一号、昭和一六年)。
(31)『家船民俗資料緊急調査報告書』(広島県教育委員会、昭和四五年)。
(32)『三原市史　第七巻　民俗編』(三原市役所、昭和五四年)。
(33)『岩城村誌』(岩城村、昭和六一年)。
(34) 吉井貞俊『えびす信仰とその風土』(国書刊行会、平成元年)。
(35) 和歌森太郎『美保神社の研究』(国書刊行会、昭和五〇年)。
(36)『檮原町史』(檮原町、昭和四三年)。
(37) 信仰圏の分布図作成は、昭和二七年の海津見神社一五〇年祭寄付者名簿、昭和三二年の社殿屋根改修賛助名簿、平成四年神社参拝者名簿および祈願依頼名簿より作成した。
(38) 上原甚太郎『遊子の郷土史(一考察)』(遊子真珠養殖三〇周年記念実施委員会、平成五年)。
(39)『民俗の事典』(岩崎美術社、昭和四七年)「山あて」。海上で働く人々が船の位置を確かめ、または漁場を定めるために利用する目標を、アテと呼ぶ。漁場を定めるには、岸辺から比較的近い特定の事物と、背後の山のひとつの峰を見通す沖合何町の位置ということで測定される。
(40)『長浜町誌』(長浜町、昭和五一年)。
(41)『双海町誌』(双海町、昭和四六年)。
(42) 門田恭一郎「出石講について」(『伊予の民俗』第六号、昭和五〇年)。昭和四七年の出石講数は七二一講、講員数は一六、〇七六人である。門田氏の調査から信仰圏分布図を作成した。
(43) 倉野憲司校注『古事記』(岩波書店、昭和三八年)。神武天皇東征の項に、「亀の甲に乗りて、釣しつつ打ち羽挙き来る人、速吸門に遇ひき。ここに喚び帰せて、「汝は海道を知れりや。」と問ひたまへば、「能く知れり。」と答えたので、槁根津日子の名を与え、水先案内をさせた。

（44）『佐賀関町史』（佐賀関町、昭和四五年）。
（45）佐々木正興「三崎半島正野の民俗抄」（『伊予の民俗』第一八号、昭和五一年）。
（46）『三崎町誌』（三崎町、昭和六〇年）。
（47）『明浜町誌』（明浜町、昭和六一年）。
（48）『離島統計年鑑』（昭和四九年・五九年・平成一四年版、日本離島センター）。
（49）武智利博『愛媛の漁村』（愛媛文化双書刊行会、平成八年）。
（50）武智利博「漁村形成の諸相」（景浦勉編『伊予近世社会の研究（上）』関奉仕財団、平成五年に所収）。本稿の執筆については註49、50を底本とした。

近世の瀬戸内の浦と水主役

山本　秀夫

はじめに

四国も、瀬戸内も、讃岐も、浦がないと成立しえない地域である。浦は、漁業・海運の拠点であるだけでなく、農林業の生産品や商工業が生み出す製品などの移出入の結節点であり、各種情報の取得拠点でもあり、また、人の移動の出発点・帰着点でもある。ちなみに、私は、このような浦のとらえ方にもとづき、検討対象とした、讃岐国引田浦を「複合社会」と名付けたこともあった(1)。その意味では、まさに、「四国の内と外と」を具現化する場所が浦であると言える。

浦及び漁村に関する先行研究(2)は、「近世初期の水主役の設定が近世漁村の成立と不可分である」という共通点を持ち、説得力があるが、以下二点で不十分だと考える。第一に、近世期（とくに中・後期）になっての水主役の編成の分析が十分に成されているとは言えない。第二に、漁村・漁業史の中での議論であり、当然、水主浦の理解は「水主浦＝漁村」となる。その点では、最近の荻慎一郎氏の議論(3)は魅力的である。荻氏は、土佐藩を分析の対象として、「浦は、漁村ではない。在町でもない。また港町でもない。さらに、比喩的に言えば、漁村でもあり、在町でもあり、港町でもある。」と結論付け、「このような浦の性格、あるいはその政治的編成は土佐藩独自ではなく、諸藩にも共通し」「さらに多様性があった」と展望をも述べている。また、水主役については、「水主役を負担するのは、浦住民（浦人）の証でもあった。」と浦社会という地域社会の中で水主役の問題を思考すべきとしている。「浦の性格付けの再検討」と「水主役というものを浦社会そして住民（浦人）との関係で見ていこう」という二つの観点は、私の研究の方向性と合致する。

本稿では、水主・水主浦・水主役というものが浦社会の中でどういう位置づけになりうるかということを実証的に考え、水主役の本質に迫ることを課題としたい。具体的には「漁業・漁村・漁民＝水主役・水主浦・水主」なのか、あるいはそうでないのか、ということ。また、「役」というものの流動的な側面、もっと正確に言えば過渡的な側面をも合わせ持っていたのではないか。もし、そうであるなら、浦社会の中で、その役の設定の実態はどうなのかについて、分析してみたい。

以上の課題にもとづき、分析地域を、讃岐国内とりわけ高松藩領の引田浦と坂出浦、及び塩飽諸島の讃岐広島にもとめた。

一　水主浦と水主御用

1　高松藩の水主浦

(1)　水主浦の位置

荒居英次氏によれば、幕府や諸藩の城米などの蔵物輸送、参勤交代・朝鮮通信使来聘などの海上交通などの御用や、船手の常備的要員としての水主は「御用水主」とされ、「直加子」「役加子」「定加子」などとして、一般の浦水主から区別される場合が多かった(4)。

高松藩では、御用水主は「本水主」と「賃水主」とからなり、両者は区別されていた。これらが徴発された浦が「水主浦」である。【図1】は高松藩の水主浦の位置を示したものであり、【表1】は高松藩各浦における本水主と賃水主の数を運上の有無とともに示したものである。ただ、いずれも近世後期~末期の史料によってまとめたものであることをお断りしておく。

これらから次の三点を指摘することができる。第一は、高松藩の水主浦の数と位置である。本水主は一八ケ浦・三六九人、賃水主は三八ケ浦・五九九人である。諸運上貢納は、享和期の「諸網御運上被仰付写」という史料(5)によれば、「東浦」としては魚屋町・下横町・内磨屋町・北浜・東浜、庵治、原、志度、小方、小田、津田、鶴羽、小磯、三本松、松原、安戸、引田、馬宿の一六ケ浦、「西浦」としては西浜、香西、木沢、乃生、大藪、林田、宇多津の七ケ浦がそれぞれ浦役人とともに列挙されている。高松藩の水主浦に関しては、水主役提供という点から言えば三八ケ浦、諸運上貢納という点から言えば二三ケ浦ということになる。第二は、従来の研究で欠落していた考え方であると思うが、高松城下町の中の町から供出される水主役の問題である。城下で水主を徴発されているのは、【表1】より、西浜・魚屋町・下横町・内磨屋町・借屋・塩屋町・北浜・東浜であり、それらの合計は本水主九〇人・賃水主一二五人で、他の浦のそれを圧倒している。城下における水主役については、城下町を歴史的にどのように位置づけるかという観点からも慎重な分析が必要であるが、後節で若干考えたいと思う。第三は、漁業権の認定の問題である。本来、漁業権は労働地代（水主役）と生産物地代（諸運上など）とを負担した村が認定されたという後藤雅知氏の説(6)に立つと、三八ケ浦の水主浦のうち、享和期において二三ケ浦が認定されていたことになる。

【表１】「高松藩の各浦の水主役と運上」

浦名	本水主	賃水主	運上上納	浦名	本水主	賃水主	運上上納
西浜	28	31	○	浦生		2	
香西	46	82	○	石場		2	
生島		1		津ノ村		2	
亀水		6		片元		2	
木沢		6	○	庵治	35	35	○
大藪		3	○	原		5	○
林田		3	○	志度	45	64	○
江尻		1	○	小方		3	○
乃生		9	○	小田	2	8	○
坂出	20	5		津田	35	45	○
御供所		3		鶴羽	8	28	○
宇多津	5	24	○	馬篠		2	
魚屋町	6	35	○	小磯	1	4	○
下横町	8		○	横内		3	
内磨屋町	5		○	三本松	23	35	○
（借屋）		10		松原		2	○
塩屋町		8		白鳥本町		1	
北浜	8	15	○	安戸		5	○
東浜	35	26	○	引田	48	75	○
牟礼		3		馬宿	11	5	○

［※「御船手御心得方覚書」（安政元年『福岡家所蔵文書』）、「浦方被仰出」（享和元年『日下家文書』）より作成］

【図１】「高松藩の主な水主浦」

（2）高松城下町における水主役

次に、他の浦の水主役の数を圧倒している、高松城下町の水主役について考えてみたい。近世前期の高松藩における水主役については明らかにされていることは、ほんのわずかであり、慶長期、高松城下の魚棚（魚屋）町の住人の一部を野方町へ移動させて水主役を勤めさせたことに触れている程度である。[7] この事項を示すのが【史料二】[8]である。

【史料二】

①廿二日、三宅十大夫成田内匠入谷治部左衛門今泉八郎左衛門下津権左衛門間島平左衛門横井覚右衛門渡邊半右衛門河合平之丞西御屋敷へ被罷出、御意之趣②野方町之者共加子役之義ニ付訴訟指上申候様子被為聞候処、先代慶長年中生駒一正代魚棚野方へ引け其時より水主役勤候、③是節ハ櫓手をも配可申候得共、二代三代より商売こそ仕へ、櫓手配る事者成間敷候、左候得者雇加子仕出し候得共、万一之節何程金銀船ニ積候而も櫓手之役ニ者立申間敷候、其時ニ至雇加子者猶以成間敷候得者御用ニ立申間敷候、尤野方之者役銀出し候者当分御費も無之候得共、④何事ニても無之節ニても野方之者雇出し候水夫を本水夫ニ直し申様ニ仕候ハヽ、敢て水夫之減りと申ニてハ無之候、野方之者櫓手配申事不成候得者加子役勤るとハ難申候、⑤浦々之者山家へ参候とも加子役付キ参候得者勤内チ山之者浦辺へ参候而も山役勤内チ尤ニ候得共、其身一代之事、二代より者勤る事成申間敷候、左候得者当代之致様悪敷ニて無之壱岐守仕様阿しきと申ものニ候、先代より炭所枌所勤来候得共、当代者炭枌致候事不成候故、久世大和守殿へ鈴木善兵衛御使ニ被遣御相談候て御免被成、先代より仕付候とも不成義者免し候而も不苦候、海辺陸とも詮義之上痛ミ申所は船大将代官共見繕ひ、夫々ニ救ひ申而能く候、⑥船大将者浦々之船数加子過不足改申を第一ニ思召由段々御咄等有之候ニ付申上候者、右御意之趣段々御尤ニ奉存候、⑦先代魚棚より野方へ引け今ニ加子役勤申候得共、只今町中カニ候得者加子役御免又魚棚町役御免加子役被仰付候得者、加子役減り

申事ニ者無御座様子も能御座候、⑧只今魚棚者賃水夫勤申候得共本水夫ニ被仰付可然由申上候得者此義尤ニ思召候、能詮義致可申付之由ニて御入被成候、二月十九日廿三日前ニ東浜より通町へ引越候者、本水夫加子役相勤候者共、御山へ御訴訟申上、水夫役御免町役ニ被仰付候

この史料は、藩にとっての水主役の重要性を指摘できる、大変興味深い史料と評価できる。詳細な分析の前に、「本水主」と「賃水主」についての、私なりの理解を述べておく。

○本水主は、「本役」で、本来的に常備する義務であり、その代償として払われるもの（賃銀）は賃水主に比べ安いが、他の役は免除される。

○賃水主は、「臨時役」で、実際には、水主が多数必要な場合に追加される義務であり、必要な時に雇っていた。

以下、史料に関して、傍線部①〜⑧を中心に詳細にみていく。

①延宝五年（一六七七）一月二二日に、各奉行による評定が開催され、「御意之趣」とあるように藩主（英公つまり初代松平頼重）も出座しており、海上輸送を支える意味からも、藩がいかに水主役を重視しているかがわかる。

②先代の慶長年中生駒一正代に魚棚町から野方町へ引っ越してきたとき、水主役を勤めたとある。つまり、水主役の設定時期が明らかになる。

③このときは、「櫓手」を配っていたが、二〜三代目から商用が盛んになり、「櫓手」を配分することができなくなったとされる。そこで、雇水主を頼むことになるが、これは代銀納となる。しかし、金銀が船に積まれても何の役にも立たないとされている。やはり、元賦役が必要ということである。

④野方の者を雇い出した水主を「本水主」に直しても水主が減ったことにならない。野方の者が「櫓手」配りをしないことは、水主役を勤めていることにはならない。

⑤「浦の者が山へ」逆に「山の者が浦へ」移った場合は、それぞれ前者は加子役を一代だけ勤めることになる。しかし、二代目からは勤めることはできない。
⑥船手役所が第一義的に考えるのは、浦々の船数と水主の過不足であったようである。
⑦先代、魚棚町より野方町へ引っ越した。「野方町は今は水主役を勤めているが、今は町中なので水主役を免除する。」「魚棚町は町役を免除、水主役を課せば、全体としての水主役は減ることにはならない。」というのである。
⑧魚棚町は賃水主を勤めている。本水主とすることを仰せつけるべきことがもっともなことである。殿様も「そのように検討せよ。」と言い残して引き取っている。

高松藩では、水主役が慶長期から設定されてきたが、その水主役の設定が実態とずれてきたので、延宝期に再編・整備され、以後、松平氏の高松藩的な水主役制度として定着していったのである。二点が指摘できるであろう。第一は、雇水主の依頼が代銀納であったことが問題とされた点である。この時には、やはり水主役の本質であるところの元賦役が必要とされた。第二は、この水主役の再編・整備がどのように行われたのかということである。それは、水主役と山役・町役との互換の関係の中で行われた。慶長期に野方町へ引っ越した魚棚町に対して本水主役を課すことが藩主の決定となった。

以上のことから、水主役は、時期的・地理的に流動的・過渡的側面をあわせもったものであったのである。なお、「城下町の中の「町」が、水主役を負担していること」の意味をどう考えるべきかは大きな問題であるが、少なくとも「水主役や水主浦を近世漁村の成立との関係でのみとらえる」ことはできないと考える。

（3）一七世紀末段階の水主役に関する規定

次に、一七世紀末の高松藩における、水主役に対する労賃の規定を記した【史料二】(9)を通じて、本水主と賃水主の相違をみておく。

【史料二】

定

①一本水夫、人数所付前々書候而奥書左之通り御証文有り

②一右之水夫、高松より他領江遣候時者、日数次第御扶持方都扶持共ニ壱人一日ニ米壱升五合ツ、可被相渡候事

③一新水夫、高松より大坂江上り下り仕候義者、日数何ニ程掛り候共壱人ニ付賃銀五匁五分、扶持方日数次第壱人一日米壱升ツ、可被相渡候事

④一水夫、高松より播州室津播州片上江上り下り仕候義、日数何程掛り候共壱人ニ付賃銀弐匁、扶持方日数次第壱人一日米壱升ツ、可被相渡候事

一右作法之通、本水夫遣払新水夫遣ひ候ハヽ、右之通り被相渡御勘定可被相定者也

元禄九子年十月

成田内膳　印
大久保主膳　印
稲田主米　印

⑤一新水夫株、毎年浦廻り之節、所之政所組頭方より、櫓手取十五歳以上六十歳以下書付改取り納申候

⑥一御領分中御用ニ付、水夫遣候時分ハ本賃共ニ壱人ニ付一日米壱升ツ、被下候

⑦一御水夫船中扶持、朝ニ合五勺、昼ニ合五勺、晩ニ合五勺、但シ三日以上者一日引ケ候而壱人一日ニ七合五勺ツ、相渡シ可申候

史料中から明らかになることを①~⑦の順に列挙していく。
①時代は異なるが、【表1】でまとめた本水主の配置についてである。
②「右之水夫」は本水主のことであろう。本水主の場合、高松から他領へは日数次第で一人扶持米一日米一升五合が支払われたのである。
③・④「新水夫」「水夫」とは賃水主のことである。高松~大坂で日数にかかわらず賃銀五匁五分・扶持米一日一升、高松~播磨国室津・備前国片上で日数にかかわらず賃金二匁・扶持米一日一升であったことがわかる。
⑤「櫓手取」の問題であり、あとで検討する。
⑥領内御用について、本・賃水主ともに一人に一日米一升である。
⑦「御水夫」とは本水主のことである。船中においても扶持米が朝昼晩ごとに渡された。

以上のことから、御用に対して本・賃水主ごとの差こそあれ、扶持米は日数ごとに、銀は一つの御用ごとに支払われたことがわかる。なお、ここで、「本水主と賃水主の扶持米の、五合の差をどう評価するのか。」や「賃銀が支払われる賃水主が本水主よりも経済的に優遇されているのではないのか。」などの疑問が生じる。この点は、先記した、本水主と賃水主の、本来的な「役」の本質的意味の相違であると考えられる。つまり、「本水夫有之浦方江漁業御免被仰付候御仕振ニ御座候」とか「賃水夫計ニ而本水夫壱人も無之浦方者漁業不相成候」などと記された別の史料[10]から、漁業権と水主役の関係で本水主の優位性の位置付けが大きかったことが指摘できることと関連する。

2　浦社会と水主御用

本節では、前節で明らかにしたように、設定された水主役がどのように浦社会に浸透していったかを検討する。

高松藩領域の浦社会における本・賃水主の実態について、藩の東部の引田浦を事例に考える。引田浦の本・賃水主の実態を次の【史料五】[11]から見てみよう。

【史料五】

本水夫株四拾八人

内別　（略）

賃水夫株七拾五人

内別　（略）

外ニ浦人弐百十五人

右者本水夫賃水夫家別レ之者ニ而御座候、尤水夫　御用之節本水夫賃水夫之内指支在之候ハ丶、右浦人之内より撰出シ御用為相勤申候

一本水夫賃水夫并家別レ之者共

家数〆三百三拾八軒

右之外ニ浦人八拾軒計本水夫賃水夫家別之者御座候得共、当時老人并女亦者幼少ニ付御用難相勤候得共、追々相続人出来次第指出候義ニ御座候

右之通御座候、以上

日下孫左衛門

戌四月

これによれば、三点が指摘できる。①本水主株四八人・賃水主株七五人とあるように株制であった。なお、この

「株制」については後述する。②「本水夫賃水夫家別レ之者」つまり帳面から除かれた浦人が二一五人おり、これらの人々は水主御用においては「本水夫賃水夫之内指支」があるときに選出された。③「本水夫賃水夫并家別レ之者」を合わせた家数は一三八軒で、これら以外の浦人の家が八〇軒あった。これら八〇軒の家には、老人・女・子どもしかいないが、「追々相続人出来次第」に水主を供出することが義務づけられていた。このように、浦での水主御用は、その浦全体の人々によって、長期的な考えのもとに支えられていたということが言える。

次に、高松藩領における水夫御用の際の徴発内容をみておく。荒居英次氏によると、諸藩において、一七世紀中葉に浦方の水主役が、夫役納から銀納・米納制に移行したとされる。[12]【史料四】[13]は、享保期の引田浦のものである。

【史料四】

覚

一本水夫四拾八人　引田
一賃水夫八拾人
一三百石舟　同所弥一兵衛
　此賃水夫拾五人　同所
一弐百四拾石舟　同所白次郎
　此賃水夫拾三人　同所
一本水夫拾壱人　馬やど
一賃水夫七人　(馬やど)
一同七人　安戸

右ハ此度　御参勤御用大坂迄遣候間、来ル十日朝御船蔵迄指越可申候、尤舟諸道具共ニ入念乗廻可申候水夫之
儀、随分達者成者致吟味組頭ニ召連させ無間違指越可申候

右記

四月五日

右浦々政所

来ル八日、午九月より未ノ八月迄之内、水夫賃銀渡、残り之分相渡可申候間、政所中印判組頭為持、八日之朝
政所へ指遣可被申候、以上

四月五日　　山地弥次右衛門

一三百石舟　　弥一兵衛
一弐百四拾石舟　　白次郎

右之舟、此度　御参勤御用遣申候間、左様心得可申候、尤居合舟弐艘石合之間違之儀も候哉、此書状参着次第、
組頭を以、否品々御申付可有候、以上

四月三日　　山地弥次右衛門

日下佐左衛門殿
引田
善右衛門殿

町頭中

これによれば、参勤交代に際して、大坂まで派遣される本水主・賃水主は、それぞれ引田（四八人・八〇人）、馬宿（二一人・七人）、安戸（賃水主のみ七人）であった。これらの水主は、藩の御船蔵まで徴発される側の村の組頭が召し連れることになっており、この際、引田の二艘の浦船も徴発された。なお、「右記」とは船奉行の渡辺右記、「山地弥次右衛門」は船手役人、日下佐左衛門は庄屋である。このように、水主御用は浦と船手役所の綿密な連絡体制のもとで行われた。そして、高松藩において、水主役は、少なくとも享保期つまり一八世紀前半までは夫役納で行われていたことがわかる。

一方、幕末期の坂出浦の史料(14)によれば、坂出浦には本水主株二〇人・賃水主株五人が割り当てられていたが、「御船之水夫御用之節者、当浦之義、往古海陸打込ニ仕、村高七百八拾壱石四斗六升六合ニ割当申候」というように、「海陸打込」つまり浦方と村方をまとめた形で、村高に水主役を割り当てたというのである。それに対応して、本水主二〇人の一人に付き銀二二〇匁六分四厘三毛ずつが出銀されている。

以上のように、近世後期にいたって、高松藩においては、水主を徴発された村が、その動員に関係した諸入用を村割し、銀納によって水主役負担が行われていた。

二　水主役の設定と実態

1　水主役の設定状況

水主役が株によって課せられたということは前述した。本章では、水主役の設定状況を詳しくみていこう。分析対

【表２】「塩飽島各浦所持の水主株数」

島名	浦名	家数（軒）	旧水主数	新水主数	朱印高（石）
本島	泊	341	62	90	147.694
	笠島	231	53	78	182.14337
	甲生	40	11	16	40.63245
	大浦	72	16	23	94.014
	福田	52	17	26	62.066
	尻浜	69	28	40	57.387053
	生之浜	60	23	33	47.127
広島	立石	51	11	16	35.775
	江ノ浦	94	14	20	43.008
	青木	78	10	14	13.9995
	市井	67	8	12	18.3944
	重浦	78	10	14	29.812
高見島	広島	249	53	77	50
佐柳島		114	5	7	20
手島		110	46	66	154.269
牛島		121	25	37	79.352
沙弥島		15	9	9	10
瀬居島		27	13	20	13
与島		96	28	40	106.41
櫃石島		57	6	10	44.93275
	泊・笠島 肝煎分		2	2	
		2022	450	650	1250.01652

（※『新編丸亀市史』２近世編187頁より。原史料は「塩飽島諸訳手鑑」正徳３年『藤井家文書』）

象とするのは、讃岐広島である。【表２】は塩飽諸島の各島の村高などをまとめたものである。

さて、水主[15]役の設定状況を示す史料の一部を【史料五】で示した。

【史料五】

壱人役

一高六斗九升六合六勺四才　八左衛門

年亥ニ五拾壱歳

内三斗七升　田方

三斗弐升六合六勺四才　畑方

是ハいつ頃よりと申訳相知候共、先年より加子役相勤候株、

但渡世ハ木挽職仕候

一高三斗壱升五合　喜十郎

年亥ニ五拾歳

内壱斗八升五合　田方

壱斗三升　畑方

是ハ百七拾四年以前より加子役相勤来候、

但渡世ハ作仕候

一高弐斗四升弐合七勺七才　太次郎

年亥ニ五拾三歳

内八升壱合六勺七才　田方

壱斗六升壱合壱勺　畑方

是ハ百六拾六年以前より加子役相勤来候、
但渡世ハ異船商売仕候

一高七斗五升六合六勺四才　　新七

年亥ニ七拾弐歳

内三斗七升　田方

三斗八升六合六勺四才　畑方

是ハ百四拾四年以前より加子役相勤来候、
但渡世ハ作仕候

一高弐斗九升弐合七勺七才　治郎右衛門

年亥ニ三拾七歳

内八升壱合六勺七才　田方

弐斗壱升壱合壱勺　畑方

是ハ百拾四年以前より加子役相勤来候、
但渡世ハ廻船加子働仕候

一高弐斗四升弐合七勺七才　喜兵衛

年亥ニ

内八升壱合六勺六才　田方

壱斗六升壱合六勺七才　畑方

是ハ百拾壱年以前より加子役相勤来候、
　但渡世同断
　　　右六人合壱人役

【表2】によれば、江の浦には「古水主一四株」「新水主二〇株」があり、【史料五】によれば、その設定状況がわかる。その史料全体をまとめたものが【表3】である。なお?の箇所は史料破損で解読不能の箇所である。そして、【表4〜6】は、【表3】から「水主の年齢」「持高構成」「渡世の内容」をまとめたものである。

これらの表から明らかになることは次の五点である。

①株分け：当初、水主役一株が一人持ちであったもの（親株）、その後、早いものは慶長一〇年（一六〇五年）から分割されている。また、細分化されると、一株を一八人で共有する場合もある。とくに、後家四軒の存在に注目したい。

②水主の年齢：「三〇〜七〇歳代」で八九・〇%。

③持高：「五斗未満」が七七・四%。

④水主勤務年数：「一七四年前」が最高。

⑤渡世の内容：「廻船・異船関係」六九・七%。

水主役が近世初期から株制で分割されて設定されており、一個人に対してのみに固定的に課せられるのでなく、流動的な側面をも合わせ持っていたのである。なお、後家にも設定されていたことは特筆すべきである。また、渡世の内容で「農作業」が散見することは、水主役が漁業・水運業の範疇でのみ賦課されていなかったことの証明といえよう。

【表 3】「水主株の保有状況」（1）

	人名	歳	持高	加子役の経緯	渡世の内容	備考
1	七郎兵衛	75	1石1斗7升3合6勺 田方　8斗1升1合1勺8才 畑方　3斗6升2合4勺2才	・先年より勤める ・株取得年は不明	（庄屋役）	合１人役
2	茂兵衛	61	4斗1升8合7勺1才 田方　1斗9升2合6勺3才 畑方　2斗2升6合　8才	・先年より勤める ・株取得年は不明	廻船加子働	〃
3	市蔵	33	1斗6升9合1勺8才 田方　4升 畑方　1斗2升9合1勺8才	・173年以前より勤める	〃	〃
4	?	?	?	?	?	?
5	?	?	?	?	?	?
6	?	?	?	?	?	?
7	?	?	?	?	?	?
8	平□	?	6升9合7勺 田方　4升 畑方　2升9合7勺	・114年以前より勤める	?	〃
9	小三郎	36	7升2合 田方　3升2合 畑方　4升	・113年以前より勤める	?	〃
10	新六	28	3斗3升8合3勺4才 田方　8升 畑方　2斗5升8合3勺4才	・111年以前より勤める	?	〃
11	善五郎	45	1斗3升5合3勺4才 田方　3升2合 畑方　1斗　3合3勺4才	・96年以前より勤める	?	〃
12	庄七	67	1斗6升9合1勺8才 田方　4升 畑方　1斗2升9合1勺8才	・93年以前より勤める	異船商売	〃
13	嘉四郎	36	1斗3升5合3勺4才 田方　3升2合 畑方　1斗　3合3勺4才	・90年以前より勤める	廻船加子働	〃
14	久蔵	20	1斗3升5合3勺4才 田方　3升2合 畑方　1斗　3合3勺4才	・86年以前より勤める	〃	〃
15	紋八郎	33	1斗6升9合1勺8才 田方　4升 畑方　1斗2升9合1勺8才	・74年以前より勤める	〃	〃
16	七郎右衛門	37	7斗1升1合2勺3才 田方　3斗7升6合6勺3才 畑方　3斗3升4合6勺	・73年以前より勤める	船商売	〃
17	文右衛門	48	3斗2升9合3勺4才 田方　2斗6升2合6勺 畑方　6升6合7勺4才	・63年以前より勤める	船大工商売	〃
18	五郎右衛門	41	4斗1升8合7勺1才 田方　1斗9升2合6勺3才 畑方　2斗2升6合　8才	・50年以前より勤める	廻船加子働	〃
19	七兵衛	46	9斗7升7合8勺1才 田方　2斗3升1合1勺7才 畑方　7斗4升6合6勺4才	・先年より勤める ・株取得年は不明	異船商売	合１人役

【表3】「水主株の保有状況」（2）

20	儀右衛門	38	3斗2升6合6勺9才 田方　4升6合6勺9才 畑方　2斗8升	・145年以前より勤める	異船商売	〃
21	七右衛門後家	32	4斗9升5合4勺7才 田方　1斗6升8合8勺1才 畑方　3斗2升6合6勺6才	・114年以前より勤める	農作業	〃
22	利左衛門	30	9斗7升7合8勺1才 田方　2斗3升1合1勺7才 畑方　7斗4升6合6勺4才	・103年以前より勤める	廻船加子働	〃
23	五平次	66	9斗7升7合8勺1才 田方　2斗3升1合1勺7才 畑方　7斗4升6合6勺4才	・95年以前より勤める	異船商売	〃
24	九郎左衛門	53	5斗5升8合3勺8才 田方　1斗2升2合3勺8才 畑方　4斗3升6合	・85年以前より勤める	廻船加子働	〃
25	九郎兵衛	30	2斗9升4合1勺6才 田方　7升6合6勺6才 畑方　2斗1升7合5勺	・78年以前より勤める	〃	〃
26	平十郎	20	3斗6升6合6勺9才 田方　8升6合6勺9才 畑方　2斗8升	・75年以前より勤める	異船商売	〃
27	芳五郎	30	畑方　9升3合7勺5才	・71年以前より勤める	廻船加子働	〃
28	八左衛門	51	6斗9升6合6勺4才 田方　3斗7升 畑方　3斗2升6合6勺4才	・先年より勤める ・株取得年は不明	木挽職	合１人役
29	喜十郎	50	3斗1升5合 田方　1斗8升5合 畑方　1斗3升	・174年以前より勤める	農作業	〃
30	太次郎	53	2斗4升2合7勺7才 田方　8升1合6勺7才 畑方　1斗6升1合1勺	・166年以前より勤める	異船商売	〃
31	新七	72	7斗5升6合6勺4才 田方　3斗7升 畑方　3斗8升6合6勺4才	・144年以前より勤める	農作業	〃
32	治郎右衛門	37	2斗9升2合7勺7才 田方　8升1合6勺7才 畑方　2斗1升1合1勺	・114年以前より勤める	廻船加子働	〃
33	嘉兵衛	記載なし	2斗4升2合7勺7才 田方　8升1合6勺7才 畑方　1斗6升1合1勺	・111年以前より勤める	〃	〃
34	甚吉	24	畑方　2斗3升9合9勺8才	・先年より勤める ・株取得年は不明	廻船加子働	合１人役
35	平助	61	畑方　5斗8升1合	・147年以前より勤める	〃	〃
36	金四郎	70	4斗2升6合6勺7才 田方　6升6合6勺7才 畑方　3斗6升	・143年以前より勤める	〃	〃
37	石右衛門	55	3斗4升9合9勺8才 田方　5升 畑方　2斗9升9合9勺8才	・96年以前より勤める	〃	〃

【表3】「水主株の保有状況」（3）

38	弥兵衛	38	2斗3升3合3勺3才 田方　3升3合3勺3才 畑方　2斗	・93年以前より勤める	船大工職	合1人役
39	惣三郎	43	8斗　6合 田方　2斗8升6合 畑方　5斗2升	・先年より勤める ・株取得年は不明	異船商売	〃
40	定次郎	13	7斗　8合4勺4才 田方　2斗8升8合4勺4才 畑方　4斗2升	・135年以前より勤める	農作業	〃
41	甚五郎	23	4斗　3合 田方　1斗4升3合 畑方　2斗6升	・126年以前より勤める	異船商売	〃
42	甚四郎	31	4斗　3合 田方　1斗4升3合 畑方　2斗6升	・82年以前より勤める	廻船加子稼	〃
43	和助	18	4斗　3合 田方　1斗4升3合 畑方　2斗6升	・80年以前より勤める	家大工職	〃
44	平助後家	33	4斗　3合 田方　1斗4升3合 畑方　2斗6升	・67年以前より勤める	農作業	〃
45	重右衛門	44	7斗　8合4勺5才 田方　2斗8升8合4勺5才 畑方　4斗2升	・64年以前より勤める	廻船加子稼	〃
46	孫兵衛	74	3斗8升1合6勺4才 田方　1斗4升1合 畑方　2斗4升　6勺4才	・先年より勤める ・株取得年は不明	農作業	〃
47	徳兵衛	60	2斗7升9合5勺1才 田方　1斗5升3合3勺3才 畑方　1斗2升6合1勺8才	・172年以前より勤める	廻船加子稼	〃
48	喜右衛門	50	2斗3升7合　8才 田方　7升6合6勺7才 畑方　1斗6升　4勺1才	・143年以前より勤める	〃	〃
49	曽平	54	6斗8升3合2勺8才 田方　2斗8升2合 畑方　4斗　1合2勺8才	・141年以前より勤める	家大工職	〃
50	善吉	63	4斗7升4合1勺8才 田方　1斗5升3合3勺3才 畑方　3斗2升　8勺5才	・117年以前より勤める	廻船加子稼	〃
51	惣兵衛	43	2斗9升1合6勺4才 田方　5升1合 畑方　2斗4升　6勺4才	・111年以前より勤める	木挽職	〃
52	源太郎	32	2斗3升7合　8才 田方　7升6合6勺8才 畑方　1斗6升　4勺	・77年以前より勤める	廻船加子稼	〃
53	喜平治	52	6斗7升6合2勺5才 田方　2斗1升2合5勺 畑方　4斗6升3合7勺5才	・先年より勤める ・株取得年は不明	異船商売	〃
54	庄兵衛	44	6斗8升6合2勺6才 田方　1斗7升2合5勺 畑方　5斗1升3合7勺6才	・151年以前より勤める	船大工職	〃

【表３】「水主株の保有状況」（４）

55	仁兵衛	73	3斗4升3合1勺8才 田方　8升6合3勺 畑方　2斗5升6合8勺8才	・88年以前より勤める	廻船加子稼	合１人役
56	忠左衛門	73	3斗4升3合　8才 田方　8升6合2勺 畑方　2斗5升6合8勺8才	・66年以前より勤める	〃	〃
57	長十郎	53	3斗3升8合1勺2才 田方　1斗　6合2勺5才 畑方　2斗3升1合8勺7才	・53年以前より勤める	〃	〃
58	清治郎	70	3斗3升8合1勺2才 田方　1斗　6合2勺5才 畑方　2斗3升1合8勺7才	・52年以前より勤める	農作業	〃
59	源次郎	37	8斗4升7合3勺1才 田方　2升9合6勺5才 畑方　8斗1升7合6勺6才	・先年より勤める ・株取得年は不明	廻船加子稼	〃
60	与兵衛	33	？	・43年以前より勤める	〃	〃
61	利太夫後家	38	3斗3升　2勺6才 田方　1斗1升　3勺9才 畑方　2斗1升9合8勺7才	・14年以前より勤める	農作業	〃
62	伊兵衛	38	1石2斗3升3合3勺4才 田方　1斗6升6合6勺7才 畑方　6升6合6勺7才	・先年より勤める ・株取得年は不明	廻船加子稼	〃
63	松右衛門	61	6斗9升1合6勺6才 田方　5升8合3勺4才 畑方　6斗3升3合3勺2才	・134年以前より勤める	異船商売	〃
64	常七	24	5斗8升3合3勺4才 田方　6升6合6勺7才 畑方　5斗1升6合6勺7才	・130年以前より勤める	廻船加子稼	〃
65	幾右衛門	62	5斗9升1合6勺5才 田方　5升8合3勺3才 畑方　5斗3升3合3勺2才	・81年以前より勤める	異船商売	〃
66	甚六	60	3斗4升4合6勺2才 田方　6升8合3勺7才 畑方　2斗7升6合2勺5才	・先年より勤める ・株取得年は不明	廻船加子稼	〃
67	源兵衛	72	6斗8升9合2勺5才 田方　1斗3升6合7勺5才 畑方　5斗5升2合5勺	・151年以前より勤める	〃	〃
68	善助	45	3斗4升4合6勺3才 田方　6升8合3勺8才 畑方　2斗7升6合2勺5才	・112年以前より勤める	〃	〃
69	新六	48	3斗4升4合6勺 田方　6升8合3勺7才 畑方　2斗7升6合2勺3才	・111年以前より勤める	〃	〃
70	善兵衛	53	3斗4升4合6勺3才 田方　6升8合3勺8才 畑方　2斗7升6合2勺5才	・82年以前より勤める	〃	〃
71	茂兵衛	40	3斗4升4合6勺2才 田方　6升8合3勺7才 畑方　2斗7升6合2勺5才	・56年以前より勤める	〃	〃

【表３】「水主株の保有状況」（５）

72	幸吉	22	3斗4升4合6勺2才 田方　6升8合3勺7才 畑方　2斗7升6合2勺5才	・49年以前より勤める	廻船加子稼	合１人役
73	善太郎	36	3斗7升5合 田方　5升 畑方　3斗2升5合	・先年より勤める ・株取得年は不明	〃	〃
74	平左衛門	72	3斗8升5合 田方　5升 畑方　3斗3升5合	・149年以前より勤める	〃	〃
75	善七	20	3斗7升5合 田方　5升 畑方　3斗2升5合	・119年以前より勤める	〃	〃
76	勘七	70	3斗7升5合 田方　5升 畑方　3斗2升5合	・118年以前より勤める	〃	〃
77	喜平	41	4斗2升　8勺2才 田方　1斗　3合5勺2才 畑方　3斗1升7合3勺	・先年より勤める ・株取得年は不明	〃	〃
78	久米之助	13	2斗2升　8勺2才 田方　1斗　3合5勺 畑方　1斗1升7合3勺2才	・150年以前より勤める	農作業	〃
79	利太夫	51	2斗8升1合7勺4才 田方　7升　1勺7才 畑方　2斗1升1合5勺7才	・147年以前より勤める	異船商売	〃
80	源吉	35	2斗8升1合7勺4才 田方　7升　1勺7才 畑方　2斗1升1合5勺7才	・106年以前より勤める	農作業	〃
81	喜右衛門	51	2斗3升7合8勺 田方　7升6合6勺7才 畑方　1斗6升1合1勺3才	・102年以前より勤める	異船商売	〃
82	善十郎	53	4斗2升8合2勺5才 田方　1斗　3合5勺 畑方　3斗2升4合7勺5才	・97年以前より勤める	廻船加子稼	〃
83	兵三郎	63	2斗2升　8勺2才 田方　1斗1升3合5勺 畑方　1斗　7合3勺2才	・58年以前より勤める	〃	〃
84	喜兵衛	48	畑方　5升7合9勺2才	・15年以前より勤める	異船商売	〃
85	徳三郎	62	4斗3升3合3勺5才 田方　5升3合3勺4才 畑方　3斗8升　1才	・先年より勤める ・株取得年は不明	廻船加子稼	〃
86	平次郎	40	1斗4升4合4勺6才 田方　1升7合7勺9才 畑方　1斗2升6合6勺7才	・160年以前より勤める	農作業	〃
87	文蔵	48	4斗3升3合3勺4才 田方　5升3合3勺3才 畑方　3斗8升　1才	・150年以前より勤める	〃	〃
88	金次郎	64	4斗3升3合3勺5才 田方　5升3合3勺4才 畑方　3斗8升　1才	・120年以前より勤める	〃	〃

【表３】「水主株の保有状況」（６）

89	善六	58	2斗2升6合6勺6才 田方　2升6合6勺6才 畑方　2斗	・110年以前より勤める	廻船加子稼	合１人役
90	善八	53	2斗2升6合6勺6才 田方　2升6合6勺6才 畑方　2斗	・80年以前より勤める	農作業	〃
91	清右衛門	59	1斗4升4合4勺5才 田方　1升7合7勺8才 畑方　1斗2升6合6勺7才	・62年以前より勤める	〃	〃
92	宇兵衛	69	4斗3升3合3勺4才 田方　5升3合3勺4才 畑方　3斗8升	・58年以前より勤める	〃	〃
93	六右衛門	48	1斗4升4合4勺6才 田方　1升7合7勺9才 畑方　1斗2升6合6勺7才	・43年以前より勤める	桶屋職	〃
94	与吉	54	3斗4升41合　3才 田方　6升8合4勺8才 畑方　2斗7升2合5勺5才	・150年以前より勤める	異船商売	〃
95	与七後家	38	畑方　4斗5升6合6勺8才	・118年以前より勤める	農作業	〃
96	庄五郎	49	2斗9升3合3勺5才 田方　2升 畑方　2斗7升3合3勺5才	・115年以前より勤める	廻船加子稼	〃
97	松大夫	55	3斗　1合6勺3才 田方　4升3合3勺3才 畑方　2斗5升8合3勺	・78年以前より勤める	〃	〃
98			無高	・80年以前より勤める		6人役

（「江ノ浦加子竈数井大小船数」安永８年『岡家文書』より作成）

【表６】「渡世の内容」

	人数
庄屋役	1
廻船加子稼	48
異船商売	14
船商売	1
農作業	17
船大工職	3
木挽職	2
家大工職	2
桶屋職	1

【表５】「持高構成」

	人数
1石以上	2
9斗～	3
8斗～	2
7斗～	4
6斗～	6
5斗～	4
4斗～	16
3斗～	24
2斗～	18
1斗～	9
0斗～	4
無高	1

【表４】「水主の年齢」

	人数
70歳代	10
60歳代	13
50歳代	19
40歳代	17
30歳代	23
20歳代	7
10歳代	3

2　地域社会の中での水主役

最後に、本稿の研究課題である水主役の本質、つまり、家・浦と水主役の関係についてまとめてみたい。まず、引田浦について、次の【史料六】(16)で見てみよう。

【史料六】

一本水夫何人

右水夫株者定り候得共、浦方ニ而家持之者不残本水夫株と定在之候哉、又者株高之人別本水夫株と定在之候哉、并本水夫株人へ付候義者無之哉、自然水夫株人へ付候得者、郡方之土地へ変宅仕候而も水夫役相勤候哉

答

御尋之趣奉畏候

一本水夫株者四拾八人御定御座候得共、古来より賃水夫同様ニ而家持者勿論借宅仕申候者も相応之水夫役相勤居候、并水夫株之者他村へ変宅仕候得者、水夫役者勤不申候、尤村内ニ而変宅仕候得者、水夫役ハ相勤申候得共、其余諸公事者相勤申候

一賃水夫何人

右株者定候得共、借宅ニ居申候者、賃水夫株と定在之哉、一体賃水夫株と申者浦方ニ而古来より之仕成如何心得罷在候哉

答

御尋之趣奉畏候

一賃水夫之者、借宅仕居候而も、右申上候通相応之水夫役相勤申候、尤本水夫株之者ニ而茂只今及困究ニ候而御用之水夫役も一向得相勤不申者も御座候、右ニ付古来より本水夫賃水夫之差別無御座候

これによれば、次の二点が指摘できる。第一は、水主株は「家」についてくるということである。つまり、水主が家持・借宅にかかわらず水主役は掛かることになるのである。ただし、他村への変宅の場合は除かれる。第二は、本水主が現在困窮しているため御用水主を十分に勤められないので、本水主・賃水主の差をなくし勤めていることである。したがって、水主役は家に掛かってくるが、その家の所有状況には影響されない。村内での移動では役負担の変動はないが、他村への移動では変動も認められた。また、生活の困窮程度が役負担に影響を与えたことも認められたのである。

一方、坂出浦の方はどうだろう。【表7】は坂出浦の本・賃水主株に関する史料[17]からまとめたものである。これから三点が指摘できる。第一に、水主役に関する藩側の実態把握の方針についてである。藩（船手）は、本・賃水主役の中核となる「櫓手取」だけでなく、その家族も含め、宗門改的な、徹底した把握方法をとっている。第二に、櫓手取の年齢構成が一五歳より上で六〇歳未満であった。このことは、【史料二】の「定」の条文中で述べられている櫓手取の年齢とほぼ合致しており、元禄期からの定めが弘化期も継続されていたことが指摘できる。第三に、櫓手取の重要性である。同史料の最後に「右之通ニ御座候、尤水夫御用之節櫓手取人数之内指支等有之難罷出候ハヽ、如何様之御法度ニも可被仰付候」とあるように、水夫御用を勤めることが絶対条件であり、櫓手取の不足はあってはならないことになっていた。同史料が組頭・庄屋から船手与力へ出されていることから、村の責任として、このことが求められていたのである。つまり、浦方の成立条件である水主役の供出は、村としての必要条件であった。

【表7】「坂出浦の水主株の人別」

本水主			
	人別の内容	人数	櫓手
1	加作(55) 吉松(41) 女2人	4	2
2	庄左衛門(58) 松太郎(51) 次郎末(49) 庄太郎(41) 女2人	6	4
3	瀬吉(45) 権次郎(33) 女2人	4	2
4	弥九蔵(56) 八五郎(50) 女2人	4	2
5	徳左衛門(53) 女2人	3	1
6	徳次郎(57) 三五郎(57) 女3人	5	2
7	十蔵(56)	1	1
8	卯平太(43) 女2人	3	1
9	勘九郎(弘化5年に養子 18) 女2人	3	1
10	豊市(29) 女1人	2	1
11	藤吉(32) 女2人	3	1
12	沢右衛門(47) 藤松(32) 女2人	4	2
13	沢四郎(27) 宇吉(48) 女1人	3	2
14	助太郎(43) 松太郎(33) 女1人	3	2
15	甚吉(29) 女1人	2	1
16	喜三郎(40) 大吉(37) 2人(15歳以下) 女1人	5	2
17	磯次郎(弘化5年に養子 20) 与作(47) 女2人	4	2
18	六右衛門(44) 紋蔵(42) 六次(40) 女2人	5	3
19	弥平二(35) 1人(60歳以上) 女1人	3	1
20	弥八郎(弘化5年に養子 16) 八五郎(49) 亀次(50) 女2人	5	3
計	人数合計72人(36人櫓手 1人60歳以上 2人15歳以下 33人女)	72	36
賃水主			
1	四郎吉(32) 1人(60歳以上) 女2人	4	1
2	平五郎(52) 平太郎(32) 女1人	3	2
3	才蔵(32) 女1人	2	1
4	半五郎(16) 半太郎(44) 女3人	5	2
5	加左衛門(37) 女3人	4	1
計	人数合計18人(7人櫓手 1人60歳以上 10人女)	18	7
水主総人数 90人(43人櫓手 2人60歳以上 2人15歳以下 43人女)			

(「人別の内容」欄の( )内の数字は年齢を示す。)

[※「坂出浦本水夫并賃水夫諸網株控改」(弘化3年『阿河家文書』)より作成]

以上のように、二つの同一藩内の事例からであるが、水主役は、家単位という範疇で藩側に把握され、浦・村を通して供出された役であったと言える。

おわりに

最後に、本稿で主張したかったことをまとめておく。

第一は、城下町と諸町の水主役の関係である。城下町の機能の一つとして、流通の結節点であることがあげられるが、それには商用だけでなく、魚の流通・海上輸送の役割も含まれていて、本来、城下町は町役に一元化されるはずであるが、水主役を担っている場所もあった。そのような役の存在が必要な城下町が高松城下町ではなかったかと考える。しかし、これをもって、「城下町も水主浦である」とは言えないと思う。つまり、城下町が「浜方」と「町方」に分離していたのではないだろうか。このような町の事例として、以前、私が分析した引田浦がある。(18)最近、讃岐で初めて現れた総石垣を特徴とする織豊系城郭の引田城の存在が、発掘調査で明らかになり、さらに引田浦を含んだ引田市街が城下町として整備された可能性が高いことが指摘されている。(19)このことが、【表1】で指摘した通り、高松城下町に次いで引田浦の水主役が大きいことと関連しているのではないか。このように、「海に開かれた、水主役の存在が重要視された城下町」、つまり「讃岐的城下町」が存在したのではないかと考える。

第二は、水主役は、漁業権の保障という担保のみではなく、浦の家やその住民に対して、浦や村を通じて課せられたのではないかということである。水主役は、「藩の海上輸送力を支える役」である。それを「漁村であろうが」「浦であろうが」どこであろうがとってくることが求められていた。そして、実態的には、水主役は、人（櫓手）についており、株化していく。つまり、「一人役」は、「家から一人を供出すること」である。「だれが出ていってもいい」わけである。当主、老人、子ども、そして後家・女性も。株化することでいろいろなバリエーションが出てきたのである。決して、はじめから女性に役がかかってきたわけではないと考えている。

［註］

（1）拙稿「近世瀬戸内の浦と地域運営」（『地方史研究』第三〇二号　二〇〇三年）

（2）主な先行研究は、以下のとおりである。
　五味克夫「讃州塩飽島の人名制と漁業制」（『鹿児島大学文理学部文科報告』第一〇号　一九六一年）、宮本常一『瀬戸内海の研究』（未来社　一九六五年）、畑中誠治・隼田嘉彦「近世初期における加子役の成立と市場構造」（福尾猛市郎編『内海産業と水運の史的研究』吉川弘文館　一九六六年）、三鬼清一郎「水主役と漁業構造」（『日本社会経済史研究　近世編』吉川弘文館　一九六七年）、荒居英次『近世の漁村』（吉川弘文館　一九七〇年）、真木信夫『瀬戸内海に於ける塩飽海賊史』（宮脇書店　一九七二年）、河岡武春『海の民―漁村の歴史と民俗―』（平凡社　一九八七年）、山口徹『近世漁民の生業と生活』（吉川弘文館　一九九九年）、定兼　学『近世の生活文化史―地域の諸問題―』（清文堂出版　一九九九年）、伊藤彰子「「浦方」編成に関する一考察」（『瀬戸内海地域史研究』第七輯　一九九九年）、後藤雅知『近世漁業社会構造の研究』（山川出版社　二〇〇一年）など

（3）荻慎一郎「近世土佐の浦について」（高知県立歴史民俗資料館図録『描かれた土佐の浦々』　二〇〇五年）、荻慎一郎「近世後期における土佐藩領の浦」（『高知大学人文学部人間文化学科人文科学研究』第一三号　二〇〇六年）

（4）荒居氏前掲書

（5）「諸網御運上被仰付写」（『日下家文書』瀬戸内海歴史民俗資料館保管史料）

(6) 後藤雅知『近世漁業社会構造の研究』(山川出版社　二〇〇一年)
(7)『新編丸亀市史』2近世(一九九四年)
(8)「英公外記」(延宝五年正月二十二日条　香川県教育委員会蔵)
(9)「秘事記」(元禄九年『福岡家所蔵文書』)
(10)「引田浦猟場ヨリ御尋答留」(天保十四年『日下家文書』瀬戸内海歴史民俗資料館保管史料)
(11)「大内郡引田浦本水夫賃水夫名前帳」(嘉永三年『日下家文書』瀬戸内海歴史民俗資料館保管史料)
(12) 荒居氏前掲書
(13)「御船手御用留帳」(享保十五年『日下家文書』瀬戸内海歴史民俗資料館保管史料)
(14)「坂出浦卯ヨリ巳三月水夫賃銀書上帳」(明治二年『阿河家文書』瀬戸内海歴史民俗資料館蔵)
(15)「江ノ浦加子竈数并大小船数」(抄)(安永八年『岡家文書』)。なお、『岡家文書』は、讃岐広島の江の浦の旧庄屋文書である。
(16)「大内郡引田浦御尋御用指出し帳」(抄)(文化九年『日下家文書』瀬戸内海歴史民俗資料館保管史料)
(17)「坂出浦本水夫并賃水夫諸網株控改」(弘化三年『阿河家文書』瀬戸内海歴史民俗資料館蔵)
(18) 前掲拙稿
(19) 唐木裕志・橋詰茂編『中世の讃岐』(美巧社　二〇〇五年)二七五頁

近代香川の農村社会と労働力移動

嶋田　典人

はじめに

明治後期（三十年代・四十年代）を中心に香川県の農村社会からの労働力移動（移住・出稼ぎ）の実態と要因について述べようとするものである。先行研究では労働力移動すなわち移住や出稼ぎの様々な概念がある。ここでは次のように概念を規定したい。まず移住は、北海道移住などにみられる農業を目的とする遠隔地への労働力移動である。北海道へは郷里還流型の出稼ぎもあるが、ここでの移住は、多くが挙家離村、つまり一家を挙げての、もしくは家族の一部による永久完全離村が特色である。次に出稼ぎは、主に商工業を目的とする東京や阪神など、都市への労働力移動である。それには完全に離村し移住する型もあるが、ここでの出稼ぎは、郷里へ再び還流する型である。

香川県に関する先行研究については、移住分野では、香川県から北海道への移住について、桑原真人[1]、中村英重[2]、細川滋[3]の研究があるほかは、『香川県史』[4]、『新編丸亀市史3』[5]など自治体史にあるが、多くが明治中期（明治二十年代）に関心がおかれており、一方、出稼ぎ分野の研究としては、大藪輝雄[6]の研究があるが、主として昭和戦後期が中心である。

そこで、香川県の明治後期に関するものは稀有であるので、分析と検討を行ないたい。

最初に地名を確認しておきたい。香川県の東の地域は東讃、西は西讃と呼ばれている。東讃では大川郡（明治三十一年以前の旧郡では大内郡と寒川郡）、西讃では三豊郡（旧郡では豊田郡と三野郡）をとり上げ、さらに、東讃に接する徳島県の板野郡（徳島県最東部）、西讃に接する愛媛県宇摩郡（愛媛県最東部）についてもとり上げてみたい。郡という地域レベルで分析・検討するために、上記四郡をとり上げてみたい。

一　香川県からの労働力移動

【表1】によると、香川県の近代における北海道移住数は全国府県中一四位で、西日本では徳島県に次ぐ。香川県の次に愛媛県が位置する。また、同表で香川県から道府県への出稼ぎ数は八位である。香川県は県外への労働力移動が多い県である。香川県を「県外流出型」「流出型」としている西田美昭[7]、清水洋二[8]などの先行研究もある。【グラフ1】によると、香川県から北海道への移住数は、明治二十八年、明治四十年、大正七年をピークとする三つの山がある。【表2】によると、北海道移住数について、高松市、丸亀市を除く郡を見ると右にいくほど香川県の西に位置し、最も西の西讃の三豊郡が北海道移住が多いことがわかる。【表3】によると、他府県出寄留も西讃の三豊郡が多いことがわかる。出寄留とは、昭和二十年代以前には九十日以上本籍地を離れる場合には寄留届を出すことになっていたので、出寄留の多くが長期の出稼ぎと考えられる[9]。このように労働力移動は東讃よりも西讃からが多い傾向にある。

労働力移動の要因について述べてみたい。まず、移住についてである。北海道移住とその要因について、次の【史料1】は、香川・徳島との共通原因として述べられている。

表１　北海道・海外移住数と出稼ぎ数の道府県順

順位	北海道移住数順	海外移住数順	出稼ぎ数順
1	青森	広島	新潟
2	新潟	熊本	広島
3	秋田	山口	鹿児島
4	富山	福岡	島根
5	宮城	沖縄	茨城
6	石川	和歌山	熊本
7	岩手	岡山	石川
8	山形	福島	**香川**
9	福島	長崎	富山
10	福井	新潟	長野
11	**徳島**	滋賀	岡山
12	岐阜	鹿児島	岐阜
13	東京	北海道	大分
14	**香川**	静岡	青森
15	**愛媛**	福井	山梨
16	広島	兵庫	秋田
17	愛知	**愛媛**	兵庫
18	兵庫	愛知	三重
19	鳥取	三重	滋賀
20	滋賀	佐賀	**徳島**
21	高知	高知	**愛媛**
22	茨城	神奈川	千葉
23	長野	宮城	長崎
24	三重	鳥取	北海道
25	山梨	山梨	沖縄
26	岡山	長野	静岡
27	栃木	東京	岩手
28	奈良	大阪	和歌山
29	静岡	大分	山口
30	和歌山	富山	高知
31	福岡	**香川**	宮崎
32	神奈川	千葉	福井
33	大阪	岐阜	群馬
34	山口	島根	奈良
35	千葉	石川	山形
36	群馬	茨城	埼玉
37	京都	**徳島**	福島
38	埼玉	青森	福岡
39	熊本	山形	栃木
40	島根	群馬	愛知
41	佐賀	埼玉	佐賀
42	大分	京都	鳥取
43	鹿児島	栃木	京都
44	長崎	岩手	宮城
45	宮崎	奈良	神奈川
46	沖縄	秋田	大阪
47		宮崎	東京

●北海道移住、海外移住は平井松午「近代における移民の創出過程と多出地域の形成－北海道移民と海外移民との比較から－」(『歴史地理学』44－１No.207　2002年１月）のP.28の表３を転載し、道府県を多い順に並べ替えたものである。この表での北海道移住者は、明治25年～大正14年（1892年～1925年）の34年間の合計、海外移住者は明治18年～明治27年（1885年～1894年）及び明治31年～大正14年（1898年～1925年）の38年間の合計である。

●出稼ぎは『大正14年出稼者調査』（中央職業紹介事務局）による大正14年の出稼者数と『昭和十一年中に於ける出稼者に関する調査概要』（厚生省職業部）による昭和３、５、７、９、11年の出稼者数の合計を算出、同じく道府県順に並べ替えた。

【グラフ１】香川県の北海道移住人数

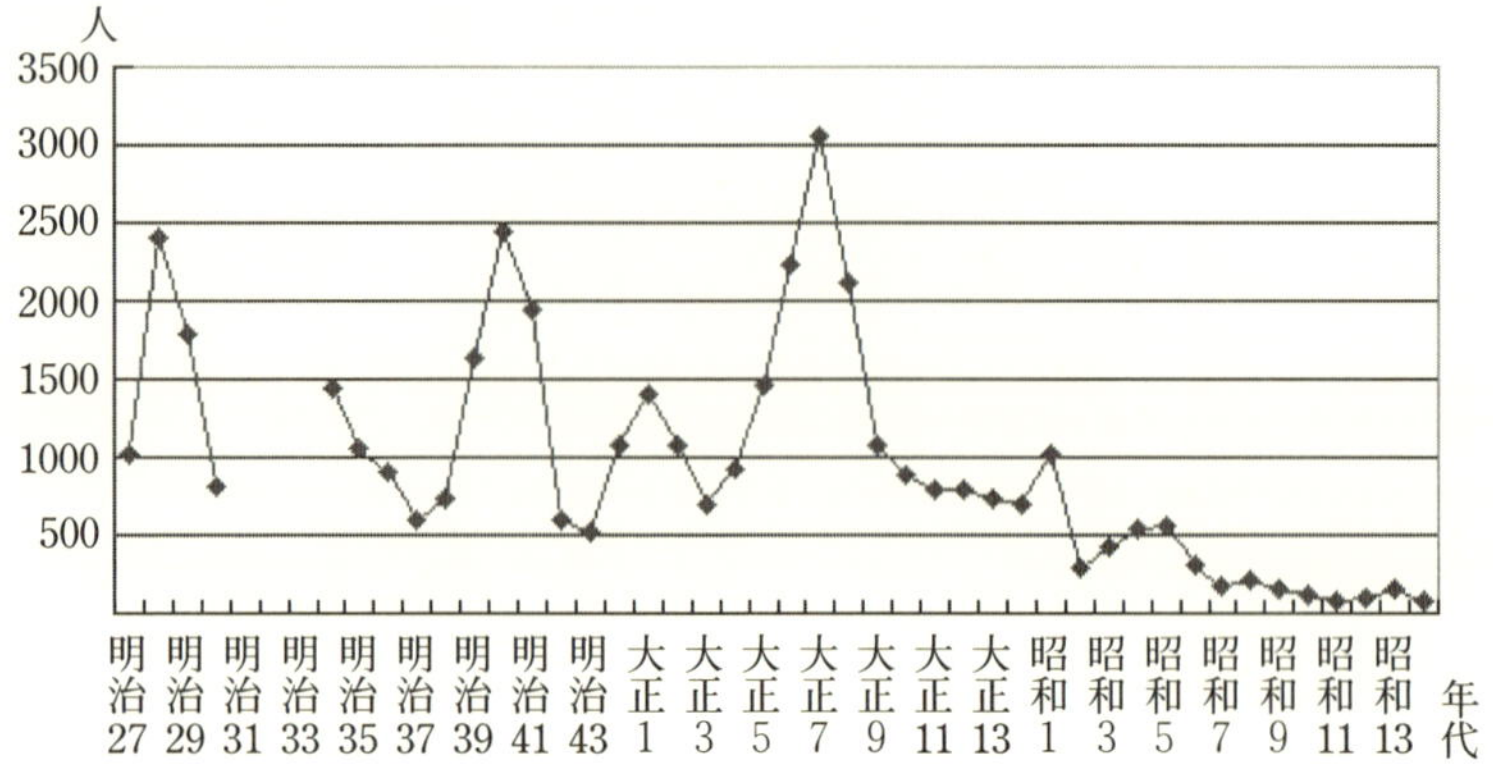

（『香川県統計書』より作成）

表２　香川県内郡市別北海道移住人数（明治期）

	高松市	丸亀市	大川郡	木田郡	小豆郡	香川郡	綾歌郡	仲多度郡	三豊郡	合計
明治27	0		36	125	0	151	217	51	444	1,024
明治28	7		68	122	0	346	408	236	1,212	2,399
明治29	0		137	123	0	294	396	284	564	1,798
明治30	0		18	94	0	363	148	46	147	816
明治31										
明治32										
明治33										
明治34										1,434
明治35										1,061
明治36										896
明治37										590
明治38	14	1	35	113	2	171	105	0	284	725
明治39	13	12	146	318	0	359	336	49	399	1,632
明治40	20	19	112	353	0	347	466	109	1,007	2,433
明治41	14	15	179	235	0	243	441	133	685	1,945
明治42	12	8	24	76	0	123	126	73	160	602
明治43	2	7	55	122	0	193	38	34	77	528
明治44	11	25	119	184	0	243	255	81	165	1,083
合計	86	87	670	1,401	2	1,679	1,767	479	2,777	8,948

（『香川県統計書』より作成。明治27年～30年は旧郡を新郡に合せた。
合計欄は数値が揃った明治38年～44年の合計）

表 3　香川県内郡市別の他府県出寄留人数（明治期）

	高松市	丸亀市	大川郡	木田郡	小豆郡	香川郡	綾歌郡	仲多度郡	三豊郡	合計
明治25	1,102		1,149	304	900	592	824	2,260	2,201	9,332
明治26	1,105		1,229	354	948	586	962	2,548	2,721	10,453
明治27	1,119		1,029	424	936	705	1,052	2,852	2,872	10,989
明治28	1,208		1,322	534	986	847	1,130	2,802	2,611	11,440
明治29	1,455		2,009	908	1,296	1,378	1,562	3,762	3,361	15,731
明治30	1,917		2,833	1,277	1,524	1,801	2,159	3,641	3,875	19,027
明治31										
明治32										
明治33										
明治34										
明治35										
明治36										
明治37										
明治38										
明治39										
明治40										
明治41										
明治42										
明治43	4,909	1,643	5,703	4,709	2,990	4,890	5,416	6,864	9,105	46,229
明治44	5,417	1,748	5,229	4,437	2,976	4,435	5,535	7,252	9,898	46,927
合計	18,232	3,391	20,503	12,947	12,556	15,234	18,640	31,981	36,644	170,128
明治42年人口	43,489	25,634	90,500	77,664	48,012	90,077	116,172	99,854	133,289	724,691
合計/42年人口	41.9	13.2	22.7	16.7	26.2	16.9	16.0	32.0	27.5	23.5

(『香川県統計書』より作成。丸亀市の合計は明治43と44年の2年間のみ)

【史料1】 移住の原因

徳島香川両県とも其移住の原因は時期により郡村によりて其趣を異にすべしと雖ども今全体の上に就て観察するときは左の数件を以て重要のものなりとす

第一　郷里に於ける生計の困難　両県とも農業地の割合には戸口稠密に過ぎ徳島県は農家一戸の耕作反別平均七反一歩香川県は農家一戸の耕作反別六反五歩に過ぎず且つ土地所有の不平均なるがため自作兼小作をなすもの又全く小作のみをなすもの少なからず、徳島県に於ては之を面積の上より観れば耕地百分中自作地五十八、小作地四十二、之を戸口の上より観れば農家百人中自作者四十、自作兼小作者三十八、其余の二十二は全く小作者なりとす、香川県の事情も亦略ほ之に似たり、斯くの如く小作者多数なるが上に各戸の配当反別僅少なるを以て如何に集約的の農業を営むも彼等は一家数人の口を糊すること容易ならず之に加ふるに一方には年々戸口の増殖するあり一方には年々生計の度の昂上するあり細農の困難甚だし、是に於て彼等は衣食住の満足を得んがため他に適当の地を求めざるべからず是れ其移住心を起す第一の原因なり

第二　本道との経済的関係　徳島県と北海道との間に経済上の連鎖をなすは刻煙草と鰊粕とす鰊粕は該県の重要産物たる藍の肥料として久しく貴重せられ年々多額の需要あり刻煙草は阿波粉と称し一種の特性を有するがため夙に本道人の嗜好に投し現に該県産煙草の七分は本道に輸送すると云ふ、又香川県と本道との経済上の連鎖は食塩と鰊粕にして鰊粕は肥料として多量の輸入あり但し近年大豆粕の需要増加したりと雖も未だ以て鰊粕の勢望を奪ふに足らず該品の同県に輸入せらるゝ数量は鰊粕の数量の五分の一に過ぎずと云ふ又同県の一大産物たる食塩は塩鮭其他の所用のため多く本道に輸入せられ其価格は重もに本道鮭漁の豊凶に依りて左右せらると云ふ、斯くの如く両県は北海道と久しく経済上の関係を有するか故に人民は自ら北海道に注目し之がため北海道移住の決心

を容易ならしめたる事情なしとせず是れ亦移住の一原因と見做すべきものなり
第三　既移住者の成蹟　両県の移住者は其成蹟概して良好にして郷里に於て寸地を有せざりしものも移住後数町歩の未開地を開墾して立派なる地主となり或は数年間小作して資本を得て土地を購入せるものあり、又全く土地を有せざるものと雖も其生計は郷里に於けるよりも裕かなり、又大地積の開墾者にありても興産社、蜂須賀侯爵、坂東勘五郎の如き率先者は其成績概ね佳良なりき而して此等成蹟の郷里に聞ゆるや郷里の人民は北海道の有望なるを知り自ら移住者を増し機を見て移住を企つるに至れり
第四　既移住者の誘導　既移住者は時々郷里の親戚知友等に通信し或は時に帰郷して面のあたり北海道の実況を報じ移住の利を説きて直接間接に移住を勧誘せり而して此勧誘は郷里人の最も深く信憑する所なれば其効力の顕著なる多言を竢たずして明らかなり
第五　本道大農場の小作人募集　興産社農場、蜂須賀農場、坂東農場を始め二県人の本道に百町歩以上の大地積を所有若くは大地積の貸付を得て開墾中のもの数十筆を下らず而して此等の農場にては小作人を其郷里より募移せるもの少なからず又該二県以外の人の農場に於ても二県より多少小作人を募りたるものなきにあらず
右の外県内に於ける戸口の年々増殖して生計の困難を増す事、北海道庁より移住案内其他種々の書籍を配布して移住心を惹起せしめし事も移住の原因と見るを得べく又年の豊凶其他経済上の変動も亦大に移住に関係あり

（『殖民公報』第一五号　明治三十六年七月）[10]

この史料では、北海道移住の要因について香川・徳島との共通要因として五点述べられている。第一に、郷里に於ける生計の困難である。農家一戸当りの耕地が狭く、香川県は六反五歩である。集約的な農業経営であり、また小作

者が多いことが挙げられている。第二に、本道つまり北海道との経済的関係である。徳島県から煙草、香川県から食塩が北海道へ、逆に両県へは鰊粕が送られてきている。「両県は北海道と久しく経済上の関係」とある。第三に既移住者の成蹟である。いわば成功者をみて移住しようとしたということである。第四に既移住者の誘導である。移住者が帰郷しての勧誘などである。第五に北海道の大農場からの小作人募集である。

次の【史料2】は、地域の有力者が自ら移住し、郷里の住民に対して北海道移住を勧誘している綾歌郡山内村（現高松市国分寺町）での例である。

【史料2】

四年前村内の旧家として村民の信用を得たる岡内栄三、瀬尾芳三郎等相踵て移住せし以来、其の誘導により移住するもの続出せり　（『殖民公報』第二四号　明治三十八年一月）

また、次の【史料3】は明治四十年の北海道移住数の増加理由が述べられている。すでに【グラフ1】でみたように、明治四十年は北海道移住の第二のピークであった。日露戦後の経済界の不況が要因である。

【史料3】　北海道移住成績

三十六年度より三十八年度に至る三年間殊に三十七年度の五百九十名の如きは全く日露開戦中陸軍動員の結果にして三十九年度より四十年度の移住数頓に増加せしは戦後経済界不況に陥りし余波を受けしもの丶如く昨年の千

九百四十五名の如きも尚経済界の緩和を得ざるより原因せしものと想定すべきか

（明治四十二年五月五日付け『香川新報』）

労働力移動の二点目、出稼ぎについてである。【史料1】で見たように、耕地面積が狭いので、集約化が進むことになる。施肥等による生産力の向上による集約化である。しかしそれも限度で、農家の支出のうち肥料の占める割合は高く、農家は副業による収入の補完をせざるを得なかった。近代香川県の代表的農家の副業は麦稈真田（麦わら）と叺（塩などを入れる藁の袋）である。収入の補完ともなる工場の数も少なく、大規模なものもない。香川県の労働市場が狭隘で未発達であることがいえる。(11) そこで香川県の農村の過剰労働人口を県外に、上記の北海道もあるが、特に阪神の工業地帯の労働市場に職を求めて出て行った。先述の【表3】の他府県出寄留の多くが阪神方面であると考えられる。阪神の労働市場は瀬戸内海を隔てているので、阪神の都市近郊農村のように通勤兼業を採ることができない。(12) そこでこの方面に出稼ぎというかたちで出ていくことになるのである。

二　西讃地域からの労働力移動

北海道移住数は三豊郡（明治三十一年までは旧郡の豊田郡と三野郡合わせて算出）は先述の【表2】で示したように一位である。他府県出寄留（長期の出稼ぎ）数も【表3】に示したように三豊郡は一位である。この労働力移動が多い要因として、【史料1】などから香川県の耕地面積は狭いことが挙げられる。明治三十六年の『香川県統計書』によると、耕作地を耕作人数で割った一人あたりの耕作面積をもとめると、郡では三豊郡が最も狭い。香川県が四・二反で

【グラフ2】香川県の小作地率

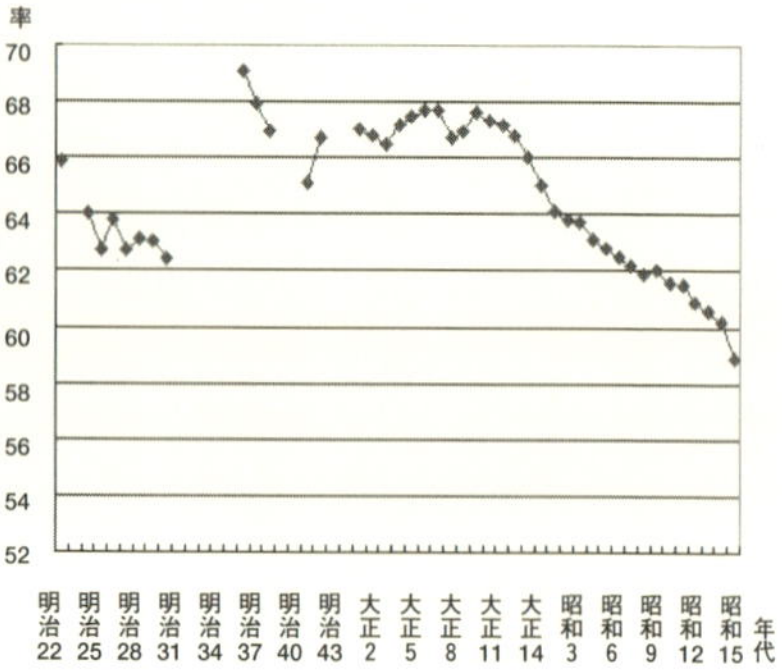

【グラフ3】大川郡・三豊郡の小作地率

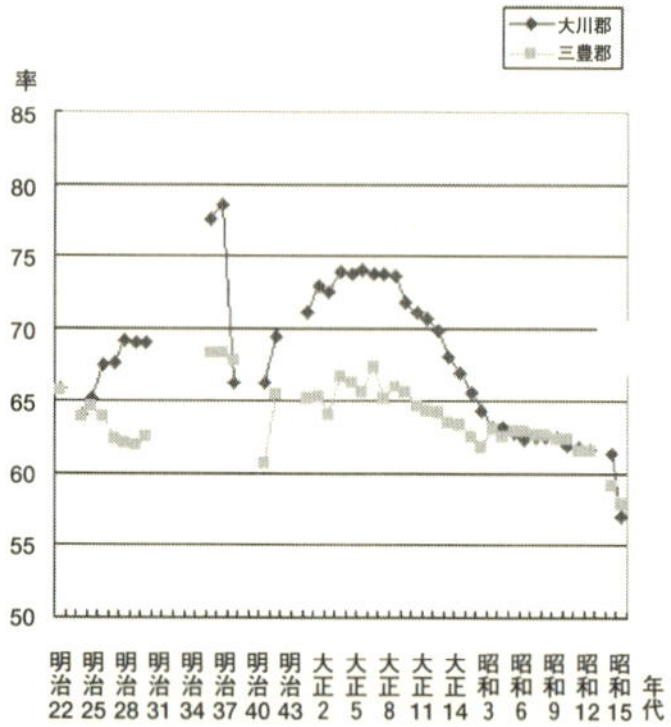

【グラフ4】香川県の綿作付面積

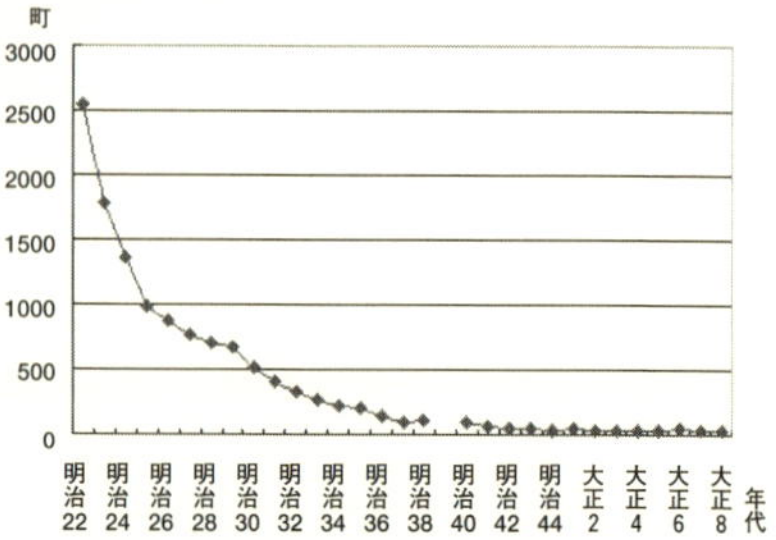

【グラフ5】香川県の綿収穫高

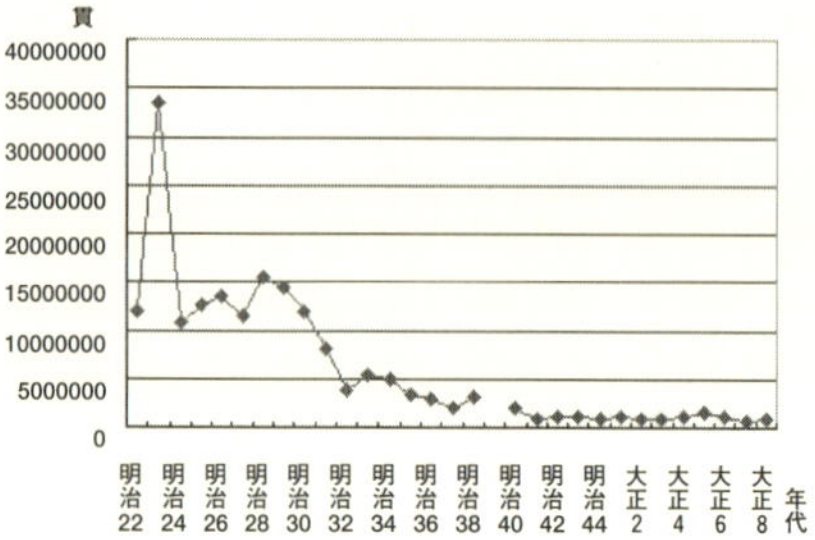

【グラフ6】香川県の甘蔗作付面積

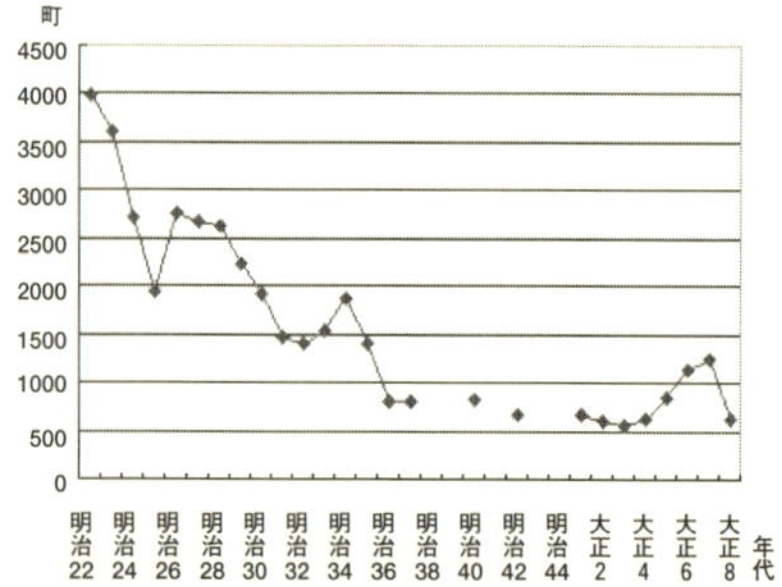

【グラフ7】香川県の甘蔗収穫高

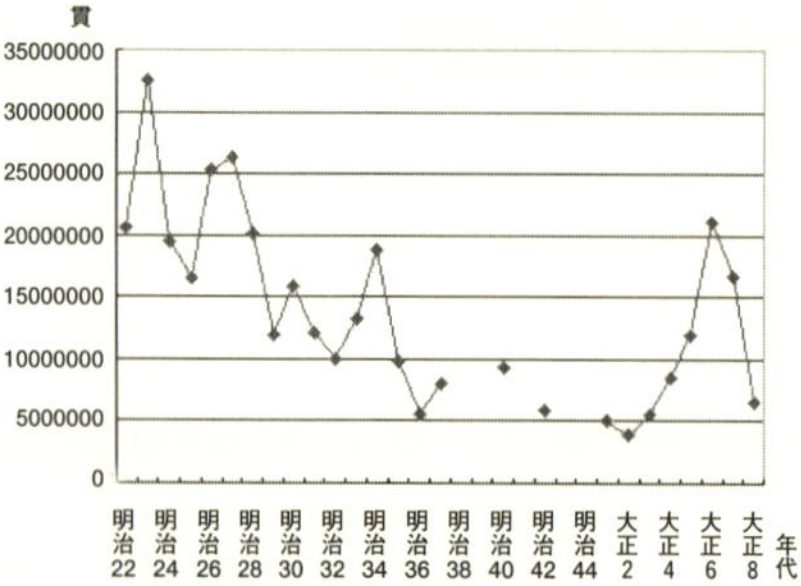

【グラフ10】徳島県板野郡の藍作付面積

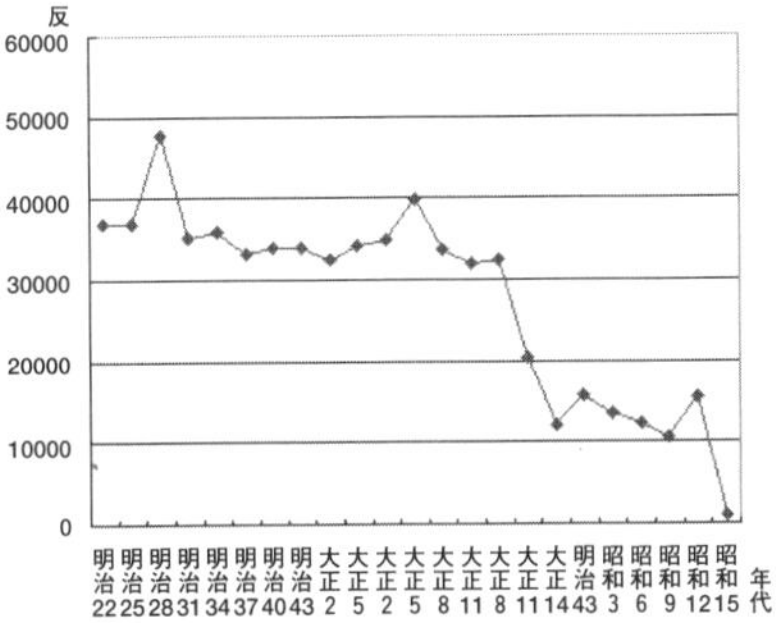

【グラフ８】大川郡・三豊郡の甘蔗作付面積

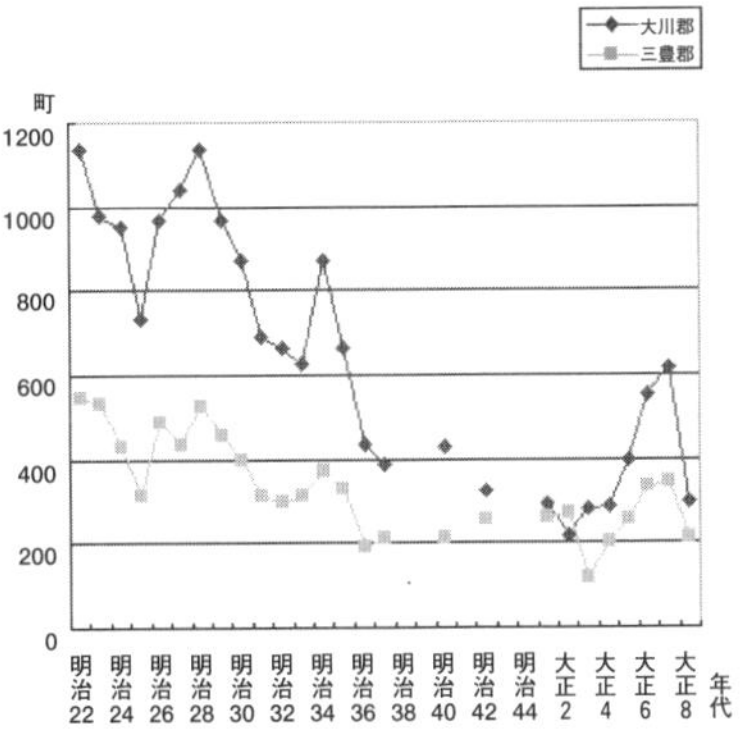

【グラフ11】徳島県板野郡の藍収穫高

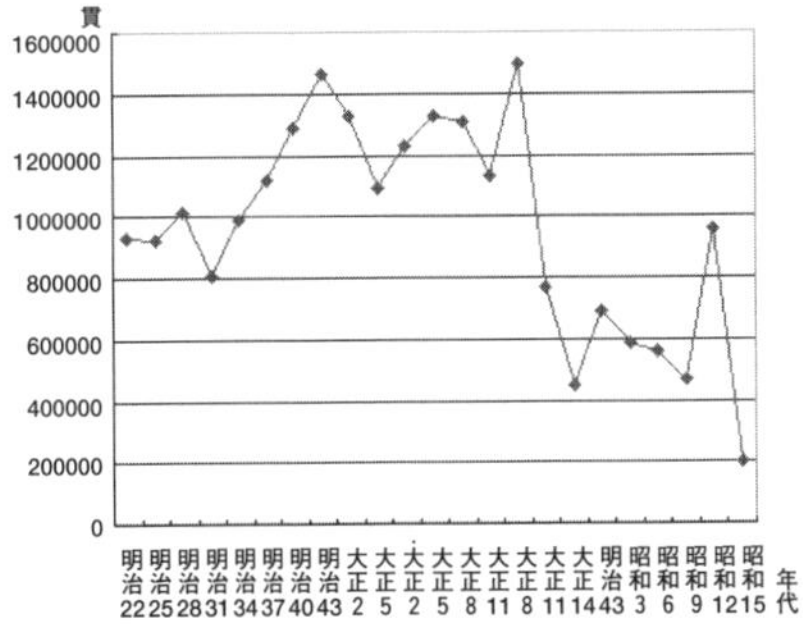

【グラフ９】大川郡・三豊郡の甘蔗収穫高

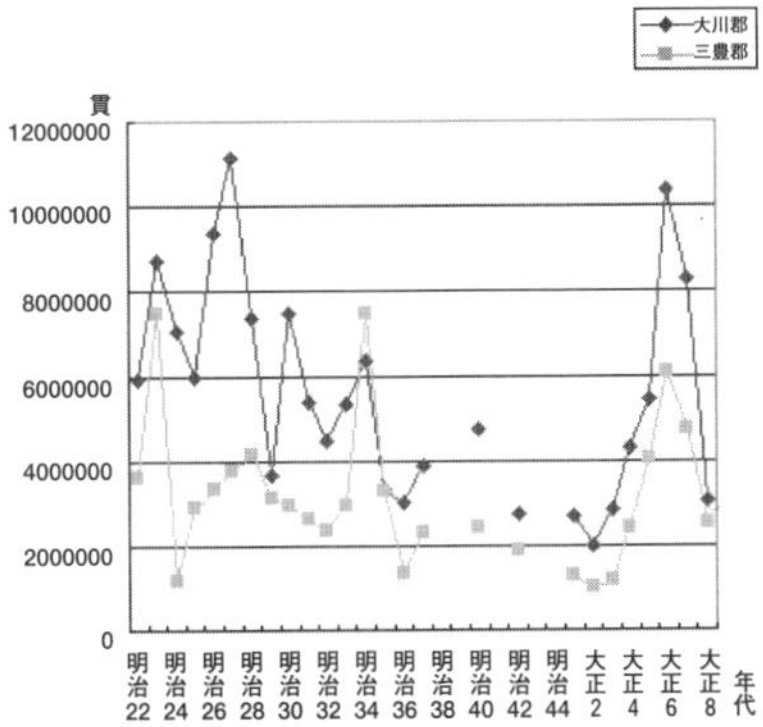

グラフ２～3『香川県統計書』及び「郡市別小作地率の史的分析」より作成
グラフ4～9　『香川県統計書』より作成。明治３１年までの旧郡は新郡に合せて計算。
グラフ１０～１１　『徳島県統計書』より作成

あるのに比して、三豊郡は三・二反である。【グラフ2】【グラフ3】は県と小作地率の高い大川郡、三豊郡の小作地率の変化であるが、同三十六年香川県の小作地率は六九・一％、三豊郡も六八．四％で最高率を示す。明治三十年代後半に小作地率が高いことがわかる。ちなみに香川県の小作地率は全国第一位である(13)。

商品作物の衰退を北海道移住に結び付けて考えた桑原真人(14)や中村英重(15)の香川県に関する先行研究を踏まえて、これを特徴のある地域に限って具体的にみていこう。

【グラフ4】～【グラフ9】で見ていくと、【グラフ4】【グラフ5】は香川県の綿の作付面積と収穫高である。綿の作付面積からみると、明治中期にはすでに急激に衰退しているのに対して、収穫高はやや緩慢である。【グラフ6】【グラフ7】は県の甘蔗の作付面積と収穫高である。明治二十年代においては、綿に比べて甘蔗の衰退は緩慢である。三十年代の後半に急速に衰退していく。【グラフ8】【グラフ9】は甘蔗がそれぞれ県下で一位、二位の大川郡と三豊郡の作付面積と収穫高である。郡レベルでみても同様である。なお、明治三十一年以前は豊田郡と三野郡の旧郡を併せて三豊郡としてグラフにしている。

次の【史料4】では明治後期のこの三豊郡における農村の移住者の実態を知ることができる。北海道側の史料である。これには、移住の動機として、農業経営の困難さが記されている。

【史料4】　御料移民の談話（移住の動機と感想）

帝室林野管理局屈斜路原野行香川県其の他移民三十八戸百五十人去る二十四日釧路到着。二十六日目的地に向かって出発せられたは既報せしが如くなるが、同一行の内夫婦者一組落伍せしが西幣舞曲大旅館投宿しあるを聡き、彼等が移民の動機感想等を尋ねるに香川県三豊郡辻村（著者註―現三豊市山本町）△△（著者註―氏名省略）（三四）同妻○○（著者註―氏名省略）（二六）にして、六畳の間に質朴なる△△は僅かに数日を経たる赤子を抱き愛児の顔に恍惚して居る。傍らに妻○○が産褥に横たわって居るが元気は旺盛であった。△△は徐ろに語って曰はく、私共は香川県に永年農□樵夫とを業として辛くも其日を送って居ったが、数年以前から農事改良と共に非常に矢釜しくなってきました。麦を蒔付ても二三寸位になれば虫が付いて居ると根掘りして焼捨て更に蒔付なければならない。稲の苗が一寸位となれば蛾を焼くとして、四十日位は毎夜田地で焚火をするし、其手の懸る事非常にて、以前一町歩を耕作せし者も改良と共に其半数位しか作が出来ない。其が焚木は年々の乱伐の為めに昇騰し一円に生木四十貫目と云ふ有様で農民の苦痛は一通りでありません。其上俵装の六ケ敷事は御話しにならない。俵の飾縄を拵へ俵に詰め終る迄には働き者で一俵に一人を要するに、検査を受けて迄には煎□附る様な天日八日間は乾さなければならない。其でも愈々上納となると不乾燥を名として五分切にされる。されば五十俵上納するとせば、三十俵は目桝をされる。百俵は到底浮む瀬はないのです。其で北海道は木は沢山あるし広大の地所を自由に開墾が出来ると聞いて新天地に光明を得んと懐かしい故郷を振り捨て出懸けた様な訳です。（後略）（明治四十四年四月二十八日付け『釧路新聞』）

三　東讃地域からの労働力移動

北海道移住数は大川郡（明治三十一年までは旧郡の大内郡と寒川郡合わせて算出）は先述の【表2】で示したように五位である。他府県出寄留（長期の出稼ぎ）数も【表3】に示したように大川郡は三位である。北海道よりもむしろ地理的に近い阪神を志向する地域であることがわかる。[16] 明治三十六年の『香川県統計書』によると、耕作地を耕作人数で割った一人当たりの耕作面積をもとめると、大川郡はわずか五・五反である。【グラフ2】【グラフ3】は県と小作地率の高い大川郡、三豊郡の小作地率の変化であるが、同三十六年香川県の小作地率は六九・一％、翌年の大川郡は七八・六％で最高率を示す。明治三十年代後半に小作地率が高いことがわかる。ちなみに先述のように、香川県の小作地率は全国第一位であった。[17]

次に商品作物の衰退を北海道移住に結び付けて考えた桑原真人[18]や中村英重[19]の香川県に関する先行研究を踏まえて、具体的にみていこう。

【史料5】

本郡ハ従来甘蔗作ノ多キモ、維新後藩政ノ保護ヲ解キシノミナラズ、外糖輸入ニ壓セラレタル原因シ甘蔗作人追々減ズルニ随ヒ雇人ノ必用ヲ減ジ、資金ナキ小民稼業俄ニ道ヲ失ヒ変動セシヨリ、日ヲ追テ負債ヲ増シ、（中略）為ニ日向ニ或ハ北海道へ移転セントスルモノ多分現出セリ

（『香川県農事調査』[20] 大内郡）

この【史料5】では、明治二十年代の実態が書かれている。台湾糖が入ってくることによって甘蔗が衰退していくことが記されている。甘蔗の衰退が原因で宮崎県や北海道への移住がみられるとある。【グラフ3】のように、小作地率が上昇することは小作になる者が多いことがわかるが、小作にとどまることすらできないで農村から流出して他所へ移住しようとする者たちの存在が見受けられる。

【グラフ8】【グラフ9】では大川郡の甘蔗の衰退は明治二十年代緩慢、三十年代、特に三十年代後半に急激に衰退し

ていることがわかる。

中村英重の先行研究[21]では、「大川郡の北海道移住が少ないのは、甘蔗が衰退していないためとしているが、その理由を製糖業との結びつきにある」としている。つまり、製糖業がしっかりしているので甘蔗が衰退していない。衰退していないので、その影響による北海道移住が少ない、としているが、【史料5】のように甘蔗の衰退がすでに明治二十年代の段階で、地域に対する影響を与えている。そして、宮崎、北海道への移住者を生み出している。しかし上記のように、むしろ東讃の大川郡は北海道移住よりも他府県出寄留の地理的に近く結びつきが強い阪神を志向する出稼ぎ地域であるといえる[22]。

四　東讃地域に隣接する徳島県板野郡の労働力移動

近代における徳島県の北海道移住数は全国府県中一一位、西日本では最も多いことはすでに【表1】をもとに述べたとおりである。徳島県内の郡で北海道移住数の明治三十七年～四十二年（うち三十九年欠）では、那賀郡（二五四〇人）一位、美馬郡（一一一五人）二位、板野郡（一〇五七人）は三位である[23]。徳島県の近代における他府県出寄留（長期の出稼ぎ）数は、全国道府県中二〇位であったが、もっとも多いのは板野郡である。明治三十一年と同四十二年を比べると、三四六一人から七二六二人で、二倍になる。人数、伸びともに他郡に比べて大きい。出稼ぎの最も多い郡といえる[24]。

労働力移動の要因は何か。小作地率が高く、明治三十三年の場合、板野郡は五五・五％で二位である。同年徳島県は四二・〇％であり、県下で板野郡は勝浦郡の五八・一％に次ぐ[25]。

また板野郡は藍を主とする商品作物地域であるが、その藍の生産が県下で最も盛んな地域である。明治三十一年では板野郡の藍は三四二二・三町歩、甘蔗二六三・八町歩、菜種二七一・八町歩、綿はない。板野郡の米の作付面積が四八六八・二町歩であるから、米の作付面積の約七〇％が藍の作付面積に相当する。ちなみに、徳島県全体の藍の作付面積は一万三〇〇七・六町歩であった(26)。

徳島県、特に板野郡でも藍の衰退がみられる。【グラフ10】【グラフ11】に見られるように、明治三十年代の後半、香川県の商品作物の甘蔗の急激な衰退の時期と重なる。徳島県の藍の衰退と北海道移住との関係の先述の桑原真人(27)や平井松午(28)の先行研究がある。ここでは特に特徴が顕著な板野郡について見てきた。

次の徳島県の明治三十年代の二史料【史料6】【史料7】より見ていこう。【史料7】は、三箇所に分かれ、枝番号①〜③を付している。

【史料6】　徳島県　各郡に於ける移住民の多少

徳島県に於ては従来北部の諸郡（名東、名西、麻植、板野、阿波、美馬、三好の七郡）より多く移住民を出せり是れ此地方は土地の割合に人口多く且藍の産地なるが藍は他の農作物に比し価格低廉なるにあらざれども多額の肥料と夥しき労力とを要するのみならず洋藍輸入の結果藍作の利益漸く減じ而して一方には生活の程度の漸く高まるありて生活困難なるによるなり、之に反して南部の諸郡（勝浦、那賀、海部の三郡）は北部に比すれば土地の割合に人口稠密ならず又藍の如きも殆んど之を耕作せず且其地多くは僻遠にして生計も亦質素なるより北部に比すれば移住者を出すこと少なきなり、但し南部に在りても那賀郡の如きは坂東勘五郎等の毎年小作人を募集するありて近年大に移住者を増し、又北部に在りても美馬、三好二郡の如きは葉煙草の主産地にして煙草の好況なるが為

め移住民を出すこと比較的に少なしとす是れ皆特別の現象に属するものなり（『殖民公報』第一五号　明治三十六年七月）

【史料7】

7―①

北海道農業移民ノ多数ナル香川、石川、福井、新潟、富山諸県及ビ全国平均数ヲ以テ之レヲ観察スルニ、其耕地ノ狭小ニシテ農業ノ最集約ナルハ殆ンド大同小異ニシテ、農民ハ概ネ貧窮ニ陥リ、小作農ハ以テ収支相償フコト能ハザル者トス。是レ決シテ一国農業組織ノ当ヲ得タル者ニ非ズ

7―②

生計ノ困難ト濕手掴粟的ノ冒険思想其熱ヲ高メタルモノニ起因ス。而シテ其理由ハ農業人口過剰ハ蓋シ其主因ニシテ、為ニ農業集約ノ最低限度ニ陥リ遂ニ生計困難ヲ感ジ…

7―③

以上ノ調査以テ結論スル時ハ左ノ如シ

（一）徳島県ノ位置ハ気候温暖ニシテ耕作物ニ適スルモ、全国殆ンド山地ニシテ其七分五厘ヲ占メ農耕地面積甚ダ寡少ニ失スル事

（二）國央ハ大古ヨリ之ヲ見、而シテ農業ヲ営ミシ結果、土壌ハ漸次其肥沃力ヲ失シ且ツ山林ハ漸次開伐セラレ、為ニ灌漑ノ利ニ乏シク旱害屡々来リ、水田ハ僅ニ南方一部分ニ止リ畑地ヲ以テ由一生産ニ供スル事

（三）耕地面積ニ比シ農民ノ数非常ノ過数ニシテ、為ニ一戸当反別ハ頗ブル僅数ニシテ、到底完全ナル農業ノ経

営ヲ見ルコトヲ得ザル事

（四）本県ノ農産物ハ藍、葉煙草ノ特産物其主要ヲ占メ、米麦ノ産額及ビ価格ハ他ノ各府県ニ比シテ著シカラザル事

（五）北海道農業移住民ハ各郡悉ク之ヲ見、小作農ヲ以テ主トナシ、其原因ハ生計ノ困難ニアル事

（六）小作人農業経営費比較的多額ニシテ収支相償ハズ。僅カニ間作物又タハ家内小工業及ビ労働ヲ以テ生活スル者タル事

（七）農業ニ関スル金融、組合、保険等ノ設ケ無ク、微弱ナル農事教育及農事試験所及農事会ノ設置ヲ見ル事

（八）曽テ土地整理法ヲ見ズ。小耕地ハ彼処此処ニ散在スル事

（九）牧畜業ヲナス者頗ブル少ナク、耕作ハ主トシテ人力ヲ以テ行フ事

（一〇）各農家ノ農業経済ハ極メテ不完全ニシテ、殆ント其思想ヲ欠ク事

（「北海道植民動機論」(29)）

【史料6】では、板野郡も含む徳島県北部の諸郡の北海道移住の要因が書かれている。土地の割合に人口が多いこと、集約的な農業経営であること、藍の産地で、輸入藍（インド藍）の影響で藍が衰退していること、生活は困難であることが挙げられている。徳島県南部では北海道の大農場の小作人募集が要因として挙げられている。【史料7】ではまさしく、タイトルからして北海道への移住の動機・要因が記されている。人口過剰の上、耕地が狭いこと。農業が集約的であること、農民は窮乏の状態で生活は困難であること、藍の産地であること、北海道への農業移住民は小作農が多いこと、小作農は農業以外の副業で生計をたてていることなどが記されている。

五　西讃地域に隣接する愛媛県宇摩郡の労働力移動

近代における愛媛県の北海道移住数は全国府県中一五位、香川県に次ぐことはすでに【表1】をもとに述べたとおりである。愛媛県内の郡で宇摩郡の北海道移住数が、『愛媛県統計書』によると、明治三十四年〜四十三年では、二七八一人で一位である。以下、新居郡（二三六四人）、周桑郡（一三九二人）であり、東予地域が多いことがわかる。(30)愛媛県の他府県出寄留（長期の出稼ぎ）数は、すでに【表1】でみたように、全国道府県中二一位であった。愛媛県内の郡では明治三十年代、四十年代のデータがなく、明治二十七年では、越智郡（一九八一人）一位、北宇和郡（一九〇三人）二位、宇摩郡（一一〇七人）三位である。(31)労働力移動の要因は何か。まず、小作地率が高く、明治四十一年の場合、宇摩郡は六〇・三％で二位である。同年愛媛県が四五・六％であり、これに比して高く、県下では宇摩郡は新居郡の七六・六％に次ぐ。(32)

宇摩郡は甘蔗の生産が県下で最も盛んな地域である。甘蔗の作付面積は明治三十七年では県全体で一五八・九町歩で、宇摩郡は九〇・四町歩で、県の約六〇％である。(33)

桑原真人(34)はこの地域における甘蔗の衰退と北海道移住とを結びつけている。しかし、明治三十七年の場合、宇摩郡の米の作付面積（二六五八・二町歩）に比して甘蔗の作付面積（九〇・四町歩）は狭い。また、甘蔗以外の商品作物はきわめて少ないこともいえる。綿が七・二町歩、藍が三〇・五町歩、菜種の記載はない。明治三十七年のこの限りにおいては、商品作物を労働力移動の一因に結びつけることはできない。明治三十七年より前の宇摩郡のデータを確認しえていない。それ以前では明治三十三年の愛媛県の甘蔗の作付面積が二九八・一町歩で、明治三十七年のように宇摩郡が約六〇％と考えると、明治三十三年は約一八〇町歩で明治三十七年の約二倍ではある。明治二十年代のデータがあればもっと多かったことが、確認されうるであろうが、ここでは今後の課題としておいておく。

そこで、他の要因に求めることはできないか。【史料8】【史料9】より見て行こう。

【史料8】 愛媛県

該県下より北海道に移住する者は従来東予地方即ち宇摩、新居、周桑、越智の四郡に限り中央及南予地方には殆んど移住を希図するものなし其原因は蓋し東予地方は小作者多きのみならず有利なる副業もなく生計困難なるが為め多数の移住者を出せども中央及南予地方は比較的財産の均一を保ち小作者少なく且有利なる副業あるが為め土地の面積に比し多数の人口を有するに拘はらず未だ移住の必要を認めざるなり、尤も従前の移住者は資力乏しき農民にして新開地に至り運命を開かんとするものなりしが数年前より右の外相当の資力ある農家も北海道の有望なるを聞きて移住するものあるに至れり、移住の動機は曩に移住せる親戚旧知等の勧誘によるものにて殊に昨三十七年は其前年に於ける麦の凶作なりしと時局のため前年末以来の不景気とにより多数の移住者ありたり即ち昨年上半期に於ける移住者は総計二百七十六戸、八百八名にして宇摩郡は川瀧、金田、松柏、中之庄、寒川、金砂、豊岡、津根、天満、蕪崎の諸村に於て合計六十五戸百八十人、新居郡は天玉津、神郷、船木、泉川、角野、飯岡、神拝、神戸、橘の諸村に於て百二十一戸三百八十六人、周桑郡は國安、庄内諸村に於て四十四戸百二十一人、越智郡は上朝倉、下朝倉、櫻井の諸村に於て四十六戸百二十一人なり、斯くの如く昨年は多数の移住者ありたるも其後戦局の発展と共に一時沈静せし地方の経済界は稍々回復したると共に米作は未曾有の豊穣を得て農民の生計に余裕を生じたれば本年の移住は昨年の如き盛況を見る能はざるべしと云ふ

（『殖民公報』第二四号　明治三十八年一月）

【史料9】　北海道移民出発

坂出町の楠見取扱店の移民百余名は昨日午后四時小蒸気船にて神戸に航し、同港に寄港し居れる佐土丸に転乗せしめ北海道に航する筈なり。又同町の渡邊回漕店取扱北海道移民輸送船第一共栄丸は徳島の移民若干を搭乗昨朝同地より回航せしが、先づ食塩を積込み次で移民を乗船せしむる筈なりしが、多分今朝抜錨三豊郡豊浜に回航同地にて同郡及び東予の移民を乗船せし上出帆することとなるべき予定にて、移民保護官として保安係の鈴木巡査坂出より乗込む筈なりし（明治三十九年三月二十日付け『香川新報』）

北海道移民出発

三豊綾歌両郡内より本年北海道に移住すべきもの約六百名あり。愛媛県東部よりの同移住者四五百名ある由にて、運送船は来る十日坂出に廻航渡邊回漕店の取扱ひにて十一日に乗船し、十二日には豊浜港に廻航乗船し、夫れより東予に廻航の予定なりと（明治四十年三月九日付け『香川新報』）

【史料8】では、宇摩郡を含む愛媛県の東部つまり東予地域について書かれている。小作が多いこと、副業が無いこと、生活が困難なことが述べられており、南予とは異なるとある。【史料9】では中讃の坂出の二つの回漕店が北海道移住にかかわっていることがわかる。徳島の移住民が若干、西讃の三豊郡の豊浜港で地元三豊郡の移住民と愛媛県東予地方の宇摩郡などの移住民をあわせて乗せていることがわかる。翌年の明治四十年の記事からも坂出、豊浜港、東予がでてくる。

おわりに

一　人口過剰のうえ耕地狭小、集約的で高生産力であるが反あたりの生産力が限度、小作地率の上昇と高小作地率、県内労働市場が狭隘かつ未発達で農家は副業で生計を補完しているなど農村社会の状況がある。

二　一の特色をもち、北海道移住、他府県出寄留（長期の出稼ぎ、主に阪神）ともに多いのは西讃地域（豊田郡、後の三豊郡）である。

三　一の特色をもち、北海道移住が少なく、他府県出寄留（長期の出稼ぎ、主に阪神）が多いのは東讃地域（大内郡、後の大川郡）である。

四　二と三の地域に共通することとして、商品作物とその衰退が労働力移動の一因である。

五　一と四の特色をもつのが香川県の東讃地域と隣接する徳島県板野郡。両地域の違いは、北海道移住が少ない東讃、多い板野郡。両地域とも他府県出寄留は多い。

六　一の特色をもち、香川県の西讃地域と隣接する愛媛県宇摩郡。両地域とも北海道移住が多く、他府県出寄留も多い。北海道移住のための両地域共通の港がある。

七　労働力移動の要因は複合的である。既移住者の誘導や既移住者の成績など個人や集団における要因については本論でも挙げたが、明治十九年における北海道の土地払い下げ規則を改定した明治三十年における北海道国有未開地処分法では、貸付面積を広げるなどの優遇措置をとる等、国の法や政策、また県や郡市町村の地方の役所のかかわりなど本論では述べなかったが、行政的な要因もある。また自然的な要因もある。徳島県では明治七年に吉野川の氾濫と水害が要因との中村英重の先行研究(35)などもある。逆に【史料7】7―③の（二）のように雨が降らない旱害による農業被害がある。愛媛県での気候の変動による凶作【史料8】の麦作の凶作の場合など、自然が農業に与える影響も考えられる。明治十七年の暴風高潮(36)、明治三十二年の大暴風雨は香川県同様に愛媛県の東予地方でも相当数被害があったことを確認している(37)。これが要因になっているかは今のところ確証されていなく、今後の課題である。さらに史料の収集と分析をしていきたい。

本論では、より四国の内なる郡単位の地域を詳しくみるだけでなく、県域をこえた隣県の地域との共通性をとらえようとした。香川、徳島、愛媛の一部に共通圏（エリア）があると考えられる。これら共通圏が四国の外に対しては、たとえば、西日本における北海道移住の多出地域と、阪神の近郊農村とは違う海を隔てた、阪神から見ると、地理的には「半周辺型」地域ともいうべき出稼ぎ多出地域として考えられる。

註

（1）桑原真人『近代北海道史研究序説』（北海道大学図書刊行会、一九八二年）一一六頁～一一九頁。
（2）中村英重「香川県と北海道移住」（『リベラルアーツ』第五号、札幌大学教養部教育研究、一九九一年）。
（3）細川滋「香川県人の北海道移住」（『香川県立文書館紀要』第二号、一九九八年）。
（4）『香川県史』第五巻・通史編・近代Ⅰ（香川県、一九八七年）。
（5）『新編丸亀市史3』（近代・現代編、丸亀市、一九九六年）。
（6）大藪輝雄「近畿型農業における農家滞留構造の一形態―香川農業の場合―」（『土地制度史学』第一五号、一九六二年）。
（7）西田美昭『昭和恐慌下の農村社会運動』（御茶の水書房、一九七八年）第二章、三九頁。
（8）清水洋二「戦前期における農村労働力の流出構造―寄留統計を中心として―」（『伝統的経済社会の歴史的展開』上巻

（日本篇）時潮社、一九八三年）二〇六頁。
（9）齋藤康彦『産業近代化と民衆の生活基盤』（近代史研究叢書10、岩田書院、二〇〇五年）寄留は就学・就職・出稼ぎなどが一般的としており（二四〇頁）、すべてが労働力移動ではないが、大方を占めている。
（10）『殖民公報』（北海道庁）。
（11）和田仁「戦前の香川県における労働者の状態」（『高松工業高等専門学校研究紀要』第一五号、一九七九年）。
（12）栗原百寿「香川農民運動史の構造的研究」（一九五五年、栗原百寿著作集第七巻『農民運動史（下）』校倉書房、一九八二年所収）。
（13）有元正雄・中山富広・木村久美子・西村晃「郡市別小作地率の史的分析」（『広島大学文学部紀要』第四四巻特輯号、一九八四年）。
（14）註（1）に同じ。
（15）註（2）に同じ。
（16）村上稔『東讃産業史』（東讃産業史料保存会、一九八三年）六八三頁・「相生村統計書」（東かがわ市歴史民俗資料館蔵）。
（17）註（13）に同じ。
（18）註（1）に同じ。
（19）註（2）に同じ。
（20）『香川県農事調査』（『明治中期産業運動資料』第一三巻、日本経済評論社、一九八〇年所収）。
（21）註（2）に同じ。
（22）註（16）に同じ。
（23）『徳島県統計書』（徳島県立文書館蔵）。
（24）註（23）に同じ。

(25) 註(13)に同じ。
(26) 註(23)に同じ。
(27) 註(1)に同じ。
(28) 平井松午「徳島県出身北海道移民の研究」(『人文地理』第三八巻第五号、一九八六年)ほか。
(29) 岩谷譲吉「北海道植民動機論」一八九九年「明治三十二年七月於札幌農学校農政学演習室」と記載あり(徳島県立文書館蔵)。
(30) 『愛媛県統計書』(愛媛県立図書館蔵)。
(31) 註(1)に同じ。一五三頁。
(32) 註(13)に同じ。
(33) 註(30)に同じ。
(34) 註(1)に同じ。一一七頁。
(35) 中村英重『北海道移住の軌跡―移住史への旅―』(高志書院、一九九八年)一二三頁。
(36) 註(20)に同じ。
(37) 「山内村史」(高松市国分寺町支所蔵)・昭和五十八年八月二十三日付け『四国新聞』。

徳島県における祭礼山車の展開
――文化交流史の視点から

高橋　晋一

一　はじめに

民俗学の分野における祭礼山車[1]の研究は、都市祭礼における山車の歴史的展開に関する研究を主軸として進められてきた。植木行宣『山・鉾・屋台の祭り』（白水社、二〇〇一年）は、全国各地に見られる「山車祭り」を、文献研究と現地調査の両面をふまえ歴史・民俗的視点から包括的にとらえた研究として重要なものである。一方、全国各地（都市）の神社祭礼における山車の歴史や形態をまとめた調査報告書の類も多く出版されている[2]。

しかし、これまでの山車に関する研究は主として「都市祭礼における風流」という視点から進められてきたため[3]、都市周辺地域まで含めたより広域におよぶ山車の空間的展開に関する検討は、近年『四国民俗』誌上で四国四県の山車の分布と特色を検討しようとする試みが見られる程度で[4]、いまだ不十分と言わざるを得ない。

本稿では、四国地方、なかでもこれまで筆者が集中的に調査を進めてきた徳島県の事例を中心として祭礼山車の種別とその分布状況を整理し、複数の「山車文化圏」の存在を指摘するとともに、その形成過程を文化交流史の視点から検討したい。

徳島県の山車に関する先行研究には、岡島隆夫『阿波の祭礼と神事（稿本）』、庄武憲子「徳島県の祭礼山車」があるが、いずれもデータの面で大きな問題を抱えている。岡島は神社本庁の「平成祭データ」をもとに県内全域の神社の所在地・祭神・祭礼・山車・境内社に関する情報を整理しているが、こと山車に関するデータについては問題がある。第一に、掲載データは現在祭りに出ている山車に限られている。たとえば、阿波市市場町ではかつて町内の二一ヵ所で山車が出ていたが、現在はほぼ全域で廃絶・休止しているため、岡島の著書には同地域の山車のデータが欠落し、山車の空白地帯のようになってしまっている。当然のことながら現在廃絶・休止した山車も含めなければ県内の山車の全体像が見えず、正確な議論を展開することはできない。第二に、データ自体に誤りが少なくない。これは「平成祭データ」作成に関わる調査の精度の問題と言えるが、山車の種別と呼称の区別がきちんとなされていない上、往々にして現地では実際に見られない／使われていない山車の種別・呼称が示されている。山車の台数を誤っていたり、実際に山車が出ているにもかかわらず記載漏れとなっているケースも見られる。本書のデータをそのまま引用して徳島県の山車に関する分析を行うことは避けるべきである。山車に関するデータに瑕疵がある点自体は岡島の責任ではなく、「平成祭データ」の資料そのものが持つバイアスの問題と言えるが、現在までのところ適当な類書がないだけに、安易に引用される危険性をはらんでいる。庄武論文は県内の山車に関するデータを主に岡島によっているため、誤りをそのまま引き継ぐ形になってしまっている。主に岡島に基づき作成された徳島県内の山車一覧表はデータに誤記・遺漏が多いため、基礎データとして使用に耐えない。

なお、県内の市町村史や民俗調査報告書の中にも山車に関する記述は散見され、かつての祭りの状況を知る上で参考になる部分はあるが、往々にして記述が簡略に過ぎ、また調査に厳密さを欠くため、形態・呼称などに関する誤記・遺漏が少なくない。

そこで筆者は、県内全域において現地調査（聞き取り調査、祭礼の観察調査、史料調査）を行い、あらためてそれぞれの地域の祭りに出る（出ていた）祭礼山車の種別、台数、呼称などを確認する作業を進めてきた(8)。本稿は、このようにファーストハンドで収集したデータを基に、既存の文献資料を補強材料としながら論を展開するものである。ちなみに筆者は、かつて県内六〇〇ヵ所あまりの神社の祭礼で総計八〇〇台以上の山車が出ていたことを確認しているが、山車本体の老朽化、山車の曳き手（かき手）や打ち子の不足により廃絶・休止しているところも多く、現在も山車が出ている祭りの数は二〇〇ヵ所あまりにまで減少している。

二　徳島県における祭礼山車の分類

山車は、その形態・呼称・機能など、さまざまな指標に基づいて分類することが可能である。植木行宣は、山車の本質・機能を基準として山車の類型化を試みている。植木は山車をまず「囃されるもの」と「囃すもの」に大きく分け、さらに前者をホコ系（鉾、笠鉾）、ヤマ系（作り山、人形山、飾り山、灯籠山）、後者を囃子系（芸屋台、囃子屋台、太鼓屋台）に分類している。ホコ系はシンボル的な「出し」が柱状の先端などを飾り、またそれを構成する縦型の作り物、ヤマ系は出し飾りが面的に広がる横型の作り物、囃子系は歌舞伎や所作事・踊り・音曲などの芸能が主体となるものであるという(9)。

植木の分類にしたがうと、現在徳島県内に見られる山車は、ホコ系に分類される一例（海部郡海陽町久保・八阪神社の山鉾）を除きすべて「囃すもの」（囃子系）に属し、さらにそのうち「囃子屋台」が県内の「囃子系」の山車の約九九パーセントを占めることになる（囃子系のうち、芸屋台は県内には見られず、太鼓屋台は一四例にとどまっている(10)）。

しかし、徳島県の祭礼山車の主流である「囃子屋台」にも、細かく見るとさらにいくつかの形態があり、それらを適切なサブタイプに分類する作業を行わなければ、徳島県の山車の歴史的・空間的展開に関する適切な検討を行うことはできない。議論の出発点として、本稿では徳島県の祭礼に登場する山車を、形態を基準として次のように分類しておきたい。

A　曳くタイプ
A―1　だんじり（だんじり）
A―2　船型だんじり（関船、船だんじり）
A―3　山鉾（大山・小山）
B　担ぐタイプ
B―1　屋台（屋台）
B―2　小型屋台（よいやしょ、あばれ、させー、勇台）
B―3　太鼓屋台（太鼓、太鼓台、かき太鼓、ちょうさ）

同じ形態の山車でも、地域によって呼び名が違うことがある。たとえば、船型をしただんじりを、県北では「船だんじり」、県南では「関船」と呼んでいる。しかし、山車の分類・検討を行う際には、同型の山車を総括した呼称（分析概念）を設定しておく必要がある。右記の分類の見出しに用いた「だんじり」「船型だんじり」「山鉾」「屋台」「小型屋台」「太鼓屋台」という呼称は、同型の山車の総称として筆者が措定したテクニカルタームである。一方、（　）内はそれぞれの形態の山車の現地での呼称（フォークターム）である。だんじり、屋台はテクニカルタームとフォークタームが一致しているが、その他の山車については、同じ形態に分類される山車が、地域によってさまざまな名前で呼ばれていることがわかる。

写真１　だんじり
（阿南市那賀川町中島・金刀比羅神社）

写真２　船型だんじり（関船）
（海部郡海陽町久保・八阪神社）

写真３　山鉾
（海部郡海陽町久保・八阪神社）

写真４　屋台
（吉野川市山川町川田・八幡神社）

徳島県内の山車は、「曳くタイプ」の山車と「担ぐタイプ」の山車に大きく分けることができる。曳くタイプの山車は、木製の屋形の下に四つの車輪が付いており、山車の前部に結びつけられた綱を三〇～四〇人あまりで曳いて運行するものである。屋形には五～一〇人の打ち子が乗り込み、鉦や太鼓でお囃子を入れる。こうした形態の山車を県下では一般に「だんじり」と呼んでいる（写真１）。とくに船を模して作った船型のだんじりは「関船」「船だんじり」などと呼ばれるが、ここでは両者を合わせて「船型だんじり」と総称しておきたい（写真２）。京都の祇園祭に典型的に見られるような、神の依代である「鉾」を頂部に付けただんじりは「山鉾」と総称される。こうしたタイプの山車は、県下では海部郡海陽町久保の八阪神社祭礼に見られるのみである（写真３）。八阪神社の山鉾は「大山」「小山」の二台からなり、現在は二台を連結

写真5　小型屋台（よいやしょ）
（美馬市穴吹町口山・白人神社）

写真6　太鼓屋台（太鼓台）
（海部郡美波町日和佐・八幡神社）

して曳いている。

一方、屋形の下に車輪が付いておらず、屋形の前後左右に長いかき棒を渡し、四〇~八〇人程度で担ぎ上げて運行するタイプの山車を、県下では一般に「屋台」と呼んでいる。屋形には打ち子五名（大太鼓一・小太鼓二・鉦二）が乗り込み、お囃子を入れる（写真4）。屋根はだんじり同様、宮形の造りとなっている。

地区によっては、「よいやしょ」「させー」「あばれ」「勇台」などと呼ばれる小型の屋台（写真5）が出るところがある。前後左右にかき棒を通し、二〇~三〇人程度で担ぐ小型で軽便な屋台で、明治以降流行したものとされる。[11] 屋根は屋台と同様宮形のものが多いが、より簡素な平屋根のものもある。打ち子は通例四人[12]で、座面中央に置かれた太鼓一を囲むように座り、リズムを合わせて叩く。

担ぐタイプの山車のうち、屋根の上に五~七枚の「布団飾り」を載せた特殊なタイプのもの（写真6）は、県南では「太鼓台」「太鼓」「かき太鼓」、県西では「ちょうさ」「太鼓台」などと呼ばれている。本稿ではこの種の山車を総称して「太鼓屋台」と呼んでおきたい。太鼓屋台は、屋台同様屋形の前後左右に長いかき棒を通し、四〇~八〇人程度でかく。座面の中央に太鼓（鋲太鼓）一つを据え、その周りに打ち子四人が座ってお囃子を入れる。

三　徳島県における山車の分布

次に、前章で示した六つのタイプの山車の分布状況を見ていきたい。

山車の種類別に見ると、徳島県ではだんじり、屋台（および小型屋台）の数が圧倒的に多く、確認できた範囲ではだんじり約三〇〇ヵ所、屋台約二五〇ヵ所、小型屋台約一〇〇ヵ所となっている。(13)それに対し、船型だんじり、山鉾、太鼓屋台の分布地点はそれぞれ二五ヵ所、一ヵ所、一四ヵ所と決して多くはない。小型屋台を屋台の簡便型ととらえ、広い意味で屋台に含めるとすると、徳島県を代表する山車のタイプはだんじりと屋台の二つということになる。

山車のタイプごとの分布状況を示したのが図1～6である。図を見るとわかるように、各タイプの山車は、それぞれ特徴的な分布の傾向を示している。

だんじりの分布は県南および県西（吉野川上流域）に集中しており、県北の吉野川流域の平野部＝吉野川中下流域にはほとんど見られない（図1）。一方、屋台は県北の吉野川中下流域に集中的に分布しており、県南、県西にはまったくみられない（図2）。小型屋台の分布域は屋台の分布域とほぼ重複している。すなわち吉野川中下流域に分布が密であり、県西、県南にはほとんどみられない（図3）。以上のような山車の分布をふまえると、徳島県の山車文化圏は、県南・県西の「だんじり文化圏」、県北の「屋台（および小型屋台）文化圏」に大きく分けることができると言える。

なお、吉野川最下流域の徳島市や板野郡松茂町・藍住町・北島町などは、おおまかに言えば（屋台が優勢という意味では）屋台文化圏に属するが、中にはだんじりを曳き出すところもあり、「屋台・だんじり混在地域」となっている。

同じ「だんじり」でも、その形態や鳴り物（打ち子）の構成には地域差がある。県西～県北の吉野川流域のだんじ

図１　徳島県におけるだんじりの分布

図２　徳島県における屋台の分布

図３　徳島県における小型屋台の分布

図４　徳島県における船型だんじりの分布

図５　徳島県における山鉾の分布

図６　徳島県における太鼓屋台の分布

りは大太鼓一・小太鼓二・鉦二という五人編成である。一方、県南のだんじりは大太鼓一・小太鼓二・鉦二〜三・大鼓二・小鼓二の計九〜一〇人編成である。こうした人数構成を反映して、吉野川流域のだんじりは座面が比較的狭く二層（二階建て）構造のものが多く、県南のだんじりは前後に長い一層（一階建て）構造のものが多い。このように同じだんじり文化圏でも、県西（および県北）と県南では様相がやや異なる。

「小型屋台」は、「大屋台」（通常の五人乗りの屋台）に対して「小屋台」という呼び方がされることもあるように、大型で多くのかき手を必要とする「屋台」の簡便型としての位置づけがなされている。その分布域からもわかるように、吉野川流域において、屋台のサブの山車として取り入れられ普及したものである。

ただし一つ注意しておきたいのは、鳴り物（打ち子）の構成、すなわち四人で中央に据えた太鼓一を叩くという点では、小型屋台は大太鼓一・小太鼓二・鉦二という構成の屋台よりは、むしろ太鼓屋台に似ているという点である。すなわち、小型屋台は山車本体の形態という点では屋台の影響を受け、鳴り物（打ち子）の構成という点では太鼓屋台の系譜を引いているのである。小型屋台の位置づけについては、太鼓屋台との関係、他県の類似の山車（和歌山県や高知県、愛媛県の「四つ太鼓」「よいやさ」など）[15]との比較も含め、今後さらなる検討が必要と考える。[16]ここでは、小型屋台の分布域が屋台のそれとほぼ重なることを確認しておくにとどめておく。

「船型だんじり」は県東の海岸地帯に点々と分布している（図4、船型だんじり文化圏）。阿南市以北の地域（鳴門市、板野郡松茂町、徳島市、小松島市、阿南市）では「船だんじり」、以南の地域（海部郡）では「関船」と呼ばれる。「船だんじり」には、通常のだんじりと同様打ち子数名が乗り込み、大太鼓・小太鼓・鉦でお囃子を入れるが、関船にはお囃子はない。御船歌を伝承している地域では船中に大太鼓一を積み込み、巡行中要所要所で大太鼓を叩き、それに合わせ「御船歌」を歌うのみである。漁村の気風を反映してか、とくに海部地方の船型だんじりの船体は長さ一〇メートル以上と大型で、装飾も華美である。船尾には長さ数メートルの笹竹や大漁旗をくくりつけ、提灯や色紙などで飾り立てる。

「山鉾」は、県南の海部郡海陽町久保（旧宍喰町）の八阪神社のみに伝えられている（図5）。県下でもきわめて特殊なタイプの山車である。

「太鼓屋台」は、県南海岸部の一部地域（海部郡美波町・牟岐町・海陽町）と県西山間部の一部地域（三好市池田町・山城町）に限って分布している（図6）。これら二つの飛び石的な太鼓屋台の分布域を「太鼓屋台文化圏」と呼んでおきたい。

なお、県内の山車の製造年や来歴に関する記録・史料はとぼしく（まれに神社に記録が残されていたり、山車本体に製造あるいは改修の年号が墨書されていることがある）、伝承についても「昔からある」としか伝わっていないところが多い。しかし、限られた記録・史料類や聞き取り調査でうかがえる範囲では、県内の山車は近世後期（一八～一九世紀）から明治期にかけて導入されたところが多いようである。

四　山車の分布から見えてくるもの

前章では、徳島県内における各タイプの山車の分布状況を確認した。その結果、県下には「だんじり文化圏」「屋台文化圏」「小型屋台文化圏」「太鼓屋台文化圏」「船型だんじり文化圏」「山鉾文化圏」の六つの山車文化圏が存在することが明らかになった（ただし小型屋台文化圏は屋台文化圏とほぼ一致）。こうした複数の山車文化圏が形成されるに至った背景には、近世～近代における徳島の地域間交流の歴史がある。本稿では以下、徳島県の山車をめぐる文化交流の歴史を、「内」(徳島県内)と「外」(徳島県外)の文化交流、および「内」(徳島県内)における文化交流という二つの側面から検討し、県内における山車文化圏の形成過程を明らかにしたい。

1 「内」と「外」の文化交流

(1) 「太鼓屋台文化圏」と伊予・讃岐文化/阪神圏文化の影響

担ぐタイプの山車のうち、屋根の上に数枚の布団飾りを付けたものが「太鼓屋台」である。徳島県内では、太鼓屋台は県南の海岸地域(海部郡美波町・牟岐町・海陽町)と、県西の山間地域(三好市池田町・山城町)という、それぞれまったく離れた二つの地域に限って分布している。このような特殊な分布域を形成した要因は何だろうか。

太鼓屋台は近世期に上方で生まれ、一八世紀後半から一九世紀前半にかけて海上交通の発達とともに西日本各地に伝播した。四国の中でも、香川県・愛媛県(とくに東予)の山車の主流は太鼓屋台である。[17]

筆者は県内一四ヵ所の太鼓屋台について調査を行ったが、県南(海部地方)の太鼓屋台の多くは近世期(一八～一九世紀)に阪神圏(大阪南部の堺など)から海を越えて移入したものであること、[18]県西山間部の太鼓屋台は近世末から明治期(一八～一九世紀)にかけて、愛媛県または香川県から県境を越えて移入(購入または中古品の払い下げ)したものであることが明らかになった。

海部地方の太鼓屋台の中でももっとも古い形を伝える美波町日和佐の八幡神社の太鼓台は、布団飾りの下の欄干に彫刻がある、いわゆる「大阪型」と呼ばれるタイプに属する。大阪の太鼓屋台は、同じ祭りに参加する他地域の太鼓屋台との対抗意識もあり、改造を重ね次第に華美なものに発展していった。そのため、歴史は古いものの、昔ながらの形をそのまま残した太鼓屋台を見ることは少なくなっている。それに対し、徳島県内の太鼓屋台は古いものをほとんど手を入れずに使い続けているため、結果として近世期の古い太鼓屋台の姿をよく残していると言える。

県西（三好地方）の太鼓屋台は、とくに隣接する愛媛県東部（東予）に淵源を持つものが多い。愛媛県の太鼓屋台は、七重の布団屋根で高欄に掛け布団を載せる「宇摩型」（四国中央市川之江町・三島町など）と、上幕・高欄幕を吊す「新居浜型」（新居浜市、西条市など）に分かれるが、[19]県西部の太鼓屋台はいずれも宇摩型に属する。

徳島県の中でも、県南海岸部は海を通じて阪神圏との、県西山間部は峠（街道）を通じて伊予（愛媛県）や讃岐（香川県）との社会・文化・経済的交流が密であった。こうした県境部の地域間交流の歴史が、外部の新しい文化＝太鼓屋台の伝播をもたらしたのである。このことは、徳島の民俗文化を「徳島」という限定された地域の枠の中だけでとらえるだけでは不十分で、外に開かれたもの、内部と外部の交流という動態的な視座からも捉える必要があることを示している。

（2）　宍喰祇園祭の「山鉾」と京都文化の影響

海部郡海陽町久保（旧宍喰町）の八阪神社で七月一六・一七日に行われる「祇園祭」では、県内で唯一、「大山」「小山」と呼ばれる山鉾が曳き出される。八阪神社は、京都の八坂神社、広島県福山市鞆町の沼名前神社とともに「日本三大祇園」の一つとされる。八阪神社は古くから京都とのつながりがあった。宝暦一〇年（一七六〇）の本殿改築に当たっては京都から一流の名匠を招いたといい、社宝の能面は春日登利の作と伝え、境内の狛犬は京都の法橋浄面の作とされる。[20]山鉾も、こうした京都との文化交流の歴史の中で導入されたものと考えられる。

大山・小山は大小一対の山鉾で、それぞれ土台から真柱が床と屋根の中央を貫いて高く立ち上がり、先端部に飾り物が付いている。大山の飾り物は桂男（玉を天秤で担ぐ男の木像）、小山の飾り物は木製の長刀である。桂男の台は現在は木製であるが、かつては割竹で骨組みを作った笠型であった。大山は笠鉾の巨大化したものであり、桂男は笠鉾の「出し」にほかならない[21]。なお、京都祇園祭にはかつて「かつら男ほく」なる山鉾が存在したが、宍喰祇園祭の大山の桂男は、今はなき「かつら男ほく」の姿を今に伝えるものとも考えられる[22]。小山は長刀を出しとする鉾で、その基本的な構造は京都祇園祭の長刀鉾と同一である。

大山・小山の巡行にともない、先槍の舞・八つ橋の舞・獅子舞の三番からなる「祇園囃子」(稚児舞)が奉納されるが、「八つ橋」(羯鼓舞)は長刀鉾の稚児の舞と同系統のものであり、羯鼓舞と獅子舞をともなう稚児舞は風流拍子物の系統を引くものと考えられる[23]。これらのことから、宍喰祇園祭が中世にすでに行われていたことは確かであり、八阪神社の大山・小山は、山鉾の祖型、中世祇園会の名残を伝える事例として、きわめて貴重なものと言うことができる。

なお、宍喰祇園祭では、大山・小山と呼ばれる山鉾のほか、だんじり三台、関船一台も曳き出されるが、巡行のルートやタイムスケジュールが大山・小山のそれとはまったく別であることを考え合わせると、宍喰祇園祭は、中世的な「鉾の祭り」の上に、近世的な「だんじり・関船の祭り」が重層化して成立したものと考えることができる[24]。

2 「内」における文化交流

(1) 「曳く山車」(だんじり)と「担ぐ山車」(屋台)

徳島県内の山車の分布状況からは、前節で述べた「内」と「外」の文化交流に加え、徳島県の「内」における文化交流、文化伝播の歴史の跡を見て取ることもできる。ここではまず、県下における「だんじり」(曳くタイプの山車)と「屋台」(担ぐタイプの山車)の分布域の違いに着目してみたい。

曳くタイプの山車と担ぐタイプの山車とでは、どちらがより古い形を伝えるものなのだろうか。大本敬久は、愛媛県の山車は祭礼を華美に見せようという意識の中から「曳くタイプ」の山車（だんじり）から「担ぐタイプ」の山車（太鼓台）へ変化したと考えられること、愛媛県において、祭礼の中で「曳いてみせる」文化は一九世紀（以前）的なものと言えることを指摘している。[25]『香川県の民俗芸能』によれば、香川県の山車は、太鼓屋台が普及する前の時代には曳くタイプの「だんじり」が多かったという。[26]木村忠弘は、兵庫県淡路島の山車について、一八世紀中頃からだんじりが大型化し豪華になっていったこと、その頃大阪泉州の祭りの影響で初めて「かきだんじり」が登場したこと、明治二〇年頃まで主に曳きだんじり・船だんじりであったが、明治四〇年以降急速に太鼓屋台に変わっていったことを指摘している。[27]このように近県の例を見ると、「見せる」祭礼という性格が強調される中、近世末以降「曳くタイプの山車」から「担ぐタイプの山車」への変化が見られたことがうかがえる。

それでは徳島県の場合はどうだろうか。県南・県西の「だんじり文化圏」には、曳くタイプの山車（だんじり）しか存在しない。かつて「屋台」（担ぐタイプの山車）が存在した痕跡もない。これらの地域は、担ぐタイプの山車への展開が見られなかったという点で、山車文化の基層（古層）を伝える地域と言うことができる。県南のだんじりは、県西・県北のだんじり（五人乗り）と異なり、九～一〇人乗りの大きなものであるということも、同地域の山車が「曳くタイプ」から「担ぐタイプ」に変化しなかった大きな要因の一つといえよう（山車が大きくて担げない）。

次に、県北（吉野川中下流域）の「屋台文化圏」に目を移してみよう。同地域は、徳島市などの最下流域を除き、現在はほぼ屋台（担ぐタイプの山車）一色であるが、その中で以下のような事例が見られることは注目される。

阿波市土成町水田の日吉神明神社の山車は昔は車屋台（だんじり）であったが、後に担ぐようになり、明治以後その軽便なものとしてよいやしょが登場した。[28]明治以降、「よいやしょ」（小型屋台）が普及する以前の鳴門の山車はだんじりばかりであった[29]。阿波市の山車はほぼ「屋台」一色であるが、阿波町勝命では近世後期に造られた、輪の付いた「曳き屋台」を出している。だんじりにかき棒を付けたような形であり、だんじりから屋台への移行期の山車の形態を示すものとも考えられる[30]。

以上のような例から、かつては県北でも各地に曳くタイプのだんじりが分布していたことがわかる。吉野川最下流域（徳島市、板野郡松茂町・北島町・藍住町など）は全体的に屋台優勢の地域であるが、ところどころだんじりの分布も見られる。これは、屋台に移行する以前の古い形の山車の姿（だんじり）がそのまま残っているものと考えることができる。

屋台に比べ、小型屋台の出現は比較的新しいようである。岡島隆夫によれば、「ふつうの屋台は屋根が大きくて重く大勢のかき手がいるが、その軽便なもの（よいやしょ）が明治のころより流行した[31]」という。岩村武勇は、「高島で初めてよいやしょをこっしゃえたんは（中略）わしが二一の時（明治一一年）金を集めて、あくる年こっしゃえた。ほれからじゅんじゅんによいやしょがでけた[32]」と述べている。筆者の調査（山車本体に記された墨書や聞き取りで確認）でも、多くの小型屋台は明治～昭和にかけて造られたものであることが判明した。

このように、吉野川中下流域における山車の形態は、近世後期以降、大きくは「曳くタイプの山車」から「担ぐタイプの山車」へと変化していったものと思われる。もちろん、山車の導入が遅れた地域では、だんじりから屋台へという変化が見られず（だんじりを曳いていた時期がなく）、当初から屋台が取り入れられたところもあったと考えられる。

県北（吉野川流域）のだんじりはもともと大太鼓一・小太鼓二・鉦二の五人乗りであったことも、屋台（五人乗りで鳴り物の構成もまったく同じ）への移行をスムーズにした要因の一つと考えられる。やや乱暴な言い方をすれば、県北（吉野川流域）の五人乗りの屋台は、五人乗りのだんじりにかき棒を付けて担ぎ上げることによってできた姿とも言える。

それでは、このような山車の形態の変化は流域のどのあたりから進んでいったのだろうか。全国的に見て、山車の出る祭りは近世都市の所産と言うことができる。[33] 都市祭礼は近世以降、風流を絶えず取り入れながら、「見せる」祭りとして発展してきた。[34] 文化年間（一八〇四〜一八）にまとめられた『阿波国風俗問状答　市中歳節記』によれば、近世の徳島城下では、寺町春日明神、福島四所大明神、寺町春日大明神、富田八幡宮など多くの神社祭礼で、練り物（神輿渡御の行列）に工夫を凝らした「見せる祭り」が展開していたことがわかる。[35]

山車に関して言えば、たとえば春日大明神の祭礼には、楽台（四人舁き）、神楽車楽、音楽屋台、神子台、出し台、作り物が出ていた。[36] 明治期以前には担ぐタイプの小型屋台も三台見られた。[37] このように近世徳島城下の祭礼では、「見せる要素」が強調される中で多様な山車が曳き出されていた。おそらく「担ぐタイプの山車」もまず徳島城下に登場し、それが周辺地域に次第に伝播していったものと思われる。吉野川流域の平野部は、近世期、藍の生産と交易で繁栄を見た。徳島城下で開花した華やかな祭礼文化（山車を担ぐ文化）が、経済的に発展していた県北地域に次第に伝播、普及していったとものと推察される。

（2）　県東海岸地域の「船型だんじり」

県内の船型だんじり（船だんじり・関船）の多くは、江戸時代の徳島藩の関船（御座船）を模して造った、朱塗りの豪壮な船である。関船はもとは阿波水軍の軍船であったが、平和な世の中になると参勤交代にともなう渡海の際に徳島藩主（蜂須賀公）が乗る御座船として使用された。藩主は現在の徳島市福島一丁目の福島橋東詰付近から川御座船に乗り込み、沖合で海御座船に乗り換え、百艘あまりの大船団を整え、海路大坂に向かった。出船の際には藩主の門出を祝い、「御船歌」が朗唱された。徳島城下の祭礼（四所神社、国瑞彦神社、春日神社、住吉神社など）に登場した船型だんじりは、こうした徳島藩主の「海の参勤交代」の歴史を反映した象徴と言える。[38]

このように、いわば藩主の権威を称揚する象徴として城下の祭礼に導入された船型だんじりは、一八世紀以降、次第に県東海岸の漁村地域の祭礼にも取り入れられるようになった。しかしそこでは参勤交代の御座船という本来の政治的な性格は薄れ、華美な装飾の船だんじりは、もっぱら豊漁を祈る海の文化の象徴として位置づけられることとなった。

なお、船型だんじりを有する地域のほとんどは近世期「加子浦」であったことにも注目する必要がある。加子浦とは、海路を行く参勤交代の諸大名の船の加子役（船をこぐ者）を務める労役を課せられた浦（阿波・淡路の六八浦）のことを言う。各浦から招集された加子は、徳島から藩主の御座船が参勤交代に出航する際「御船歌」を歌った。こうした参勤交代にともなう加子の文化がその出身地の浦々（漁村）に伝えられ、藩主の文化（御座船）は漁村の文化に読み替えられ、豊漁を祈る船型だんじり、御船歌として地域に定着したのである。[39]ここには中心（城下）から周辺（漁村）への文化の伝播と、その意味の変容過程を見て取ることができる。

五　おわりに

本稿では、徳島県の各地に分布する祭礼山車の形態とその分布を手がかりとして、その展開過程を明らかにしようと試みてきた。山車の形態とその分布域（文化圏）には、徳島県の地域内／外の文化交流の歴史が刻まれていることを示した。

徳島県の山車の主流は「だんじり」（曳くタイプの山車）と「屋台」（担ぐタイプの山車）であるが、前者は県西・県南、後者は県北と、明確な分布域の違いが認められる。歴史的には曳くタイプのだんじりの方がより古い形で、県内ほぼ全域に分布していたと考えられるが、近世末以降、とくに都市部で祭礼の「見せる」性格が強まる中、担ぐタイプの「屋台」が発生し、城下から吉野川流域の平野部へと伝播していったものと思われる。「小型屋台」は屋台の簡便型として明治時代以降普及したもので、その分布域は屋台文化圏とほぼ重なっている。「船型だんじり」は県東部海岸地帯に分布しているが、原型は徳島藩の参勤交代に使われた「御座船」であり、徳島城下では藩主の権力の象徴として祭礼に曳き出されたが、周辺の漁村地域では、朱塗りの御座船の形はそのままで、海の文化の象徴として意味を変えて受容されていった。

このような「内」なる地域間交流に基づいた山車の地域的展開が見られる一方で、外部地域との文化交流を通じて新しい形態の山車の伝播も見られた。県南海岸部と県西山間部に分布する「太鼓屋台」は、近世後期以降の、海／山を通した阪神圏、伊予・讃岐文化圏との文化交流の歴史を物語るものである。また、県南の海陽町久保（宍喰）の「山鉾」は中世における京都との文化交流の所産と考えられる。こうした徳島県内／外の文化交流の歴史的なダイナミズムの上に、現在見られるような徳島県の山車文化圏が形成されていったのである。

本稿では、徳島県内における祭礼山車の展開過程の大枠を把握することに努めたが、今後はさらに現地調査と記録・史料類の収集・解読作業を積み重ね、県内における山車の時間・空間的な展開の位相を精緻に検証していく作業を進めなければならない。また、「建造物」「乗り物」としての山車、すなわち山車のハード面のみならず、鳴り物や打ち子の構成、衣装、お囃子といった山車のソフト面にも目配りをして検討を進める必要があるが、これらについては今後の課題としたい。

注

（1）「山車」とは、祭礼にあたり種々の飾り物による風流をこらし、曳いたり担いだりして練る屋台の総称である（伊東久之「山車」福田アジオ他編『日本民俗大辞典（下）』吉川弘文館、二〇〇〇年、四二一〜四二二頁）。

（2）名古屋市教育委員会編『名古屋市山車調査報告書』一〜八、同委員会、一九九四〜二〇〇〇年、兵庫県教育委員会編『播磨の祭礼―屋台とダンジリ』同委員会、二〇〇五年、佐原市教育委員会編『佐原山車祭調査報告書』同委員会、二〇〇一年など。

（3）植木行宣・田井竜一編『都市の祭礼―山・鉾・屋台と囃子』岩田書院、二〇〇五年、国立歴史民俗博物館編『国立歴史民俗博物館研究報告』一二四（特集＝都市の地域特性の形成と展開過程）同博物館、二〇〇五年など。

（4）『四国民俗』三五号（特集・四国の祭礼山車）掲載の各論文。大本敬久「愛媛県の祭礼山車」（三一〜二五頁）、水野一典「香川県の祭礼山車」（二六〜三八頁）、庄武憲子「徳島県の祭礼山車」（三九〜六八頁）、梅野光興・中村淳子「高知県の祭礼山車」（六九〜八〇頁）。

（5）岡島隆夫編『阿波の祭礼と神事（稿本）』岡島隆夫、一九九七年、および庄武前掲論文。

（6）高橋晋一「旧阿波郡の祭りと芸能（一）―旧市場町篇」『徳島地域文化研究』五、二〇〇七年a、一四〇頁。

（7）庄武前掲論文、四八〜六六頁。

（8）高橋晋一「吉野川流域における祭礼の地域構造―山車の形態と分布を手がかりとして」中嶋信編『GISを援用した吉野川流域の地域構造分析』（平成一三〜一六年度科学研究費補助金研究成果報告書）二〇〇五年、徳島大学、一五〜四五頁、高橋晋一「祭礼の地域的展開―徳島県海部郡由岐町の事例より（三）」『徳島地域文化研究』四、二〇〇六年、三七〜四九頁、高橋晋一「海部地方の祭礼山車」『徳島地域文化研究』五、二〇〇七年b、七九〜八八頁、高橋晋一「三好市『旧東祖谷山村』の神社祭礼」『阿波学会紀要』五三、徳島県立図書館、二〇〇七c、一七三〜一七八頁、高橋晋一「旧阿波郡の祭りと芸能（二）―旧阿波町篇」『徳島地域文化研究』六、二〇〇八年a、七五〜一一三頁など。

（9）植木行宣『山・鉾・屋台の祭り―風流の開花』白水社、二〇〇一年、三〇九～三一一頁。

（10）ただし、近世後期の徳島城下ではヤマ系の山車も曳き出されていたようである。『阿波国風俗問状答　市中歳節記』（文化年間編）に以下のような記述がある（傍線筆者）。「寺町春日大明神の祭礼は（九月・高橋注）十五日より十七日迄也。（中略）十七日、邌物《ねりもの》。（中略）出し台・作り物、町々より出す。」（林鼓浪他『阿波の年中行事と習俗の研究』五読会、一九六九年、一〇五頁）。なお富田八幡など、城下の他の神社祭礼でも出し台や作り物が出されていた。

（11）岡島隆夫「ヨイヤショ」湯浅良幸・岡島隆夫編『阿波の民俗一　年中行事』徳島市立図書館、一九八六年、二一六頁。

（12）徳島市、鳴門市などの都市部では、祭りに賑わいを添えるため、さらに小型で機動力に富んだ一人乗り、二人乗りのよいやしょも造られた。

（13）一つの神社の祭りで複数の種類の山車が出る祭りも少なくない。たとえば吉野川中下流域の神社祭礼では、屋台と小型屋台（よいやしょ）が合わせて出ることが多い。県南海岸地域の祭礼では、だんじり・太鼓屋台・船型だんじりのうち二、三種類の山車が出る地区が少なくない。

（14）吉野川中下流域に見られる「屋台」の鳴り物は大太鼓一・小太鼓二・鉦二の五人編成で、県西や吉野川下流域の「だんじり」と同じである。「担ぐ」「曳く」という違いはあるものの、鳴り物（打ち子）の編成という点で吉野川流域の文化としての共通性を持っていると言える。鳴り物の構成という観点から見ると、徳島県の山車は、県北（吉野川流域全域）の「大太鼓・小太鼓・鉦」（五人編成）文化圏と、県南の「大太鼓・小太鼓・鉦・大鼓・小鼓」（九～一〇人編成）文化圏に二分されることになる。

（15）大本前掲論文、一三頁、梅野・中村前掲論文、七二～七六頁。

（16）明治中期の徳島市寺町・春日神社祭礼の様子を描いた「春日神社祭礼絵巻」には、神輿渡御の行列の後尾に、四台の担ぐタイプの山車が描かれている。うち先頭の一台は布団屋根、続く三台は平屋根となっている。屋根を除き、山車のかたちはほぼ同型である。打ち子はいずれも四人で、中央に据えた太鼓一を叩いている（須藤茂樹「徳島県大滝山・春日神社の祭礼をめぐって」『神道宗教』一六〇、一九九五年、七八頁）。この絵巻から見る限りでは、近世後期に阪神圏から伝わった太鼓屋台が小型化し、さらに屋根が簡素な平屋根、もしくは屋台・だんじりと同様の宮形に変化したものが、吉野川流域の小型屋台の原型と言えそうである。小型屋台のルーツは太鼓屋台であり、その簡略型が城下から周辺地域に伝播していった可能性が高い。このことについては、今後さらに事例研究を積み重ねる中で検証したい。なお、少なくとも大正年間以降、徳島市内では布団屋根の山車の存在は確認できない。

(17) 大本前掲論文、五頁、水野前掲論文、二六頁。

(18) 美波町志和岐の吉野神社の「かき太鼓」は、大正時代末～昭和初期頃に日和佐から古い太鼓屋台を譲り受けたものであるという（筆者聞き取りによる）。これは地域内における「二次的伝播」の例と言えよう。

(19) 大本前掲論文、一二頁。

(20) 中島源『宍喰風土記』平和印刷所、一九六九年、六三～六六頁。

(21) 植木前掲書、三二六頁。

(22) 植木前掲書、七七頁、三二六頁。

(23) 植木前掲書、六六～六八頁。

(24) 高橋晋一「宍喰町八阪神社の祇園祭」『徳島地域文化研究』一、二〇〇三年、一五四～一五五頁。

(25) 大本前掲論文、九頁。

(26) 瀬戸内海歴史民俗資料館編『香川県の民俗芸能』同資料館、一九九八年。

(27) 木村忠弘『だんじりが百倍楽しめる本』木村忠弘、一九九八年、六六～六八頁。

(28) 徳島県文化振興財団民俗文化財集編集委員会編『土成の民俗』同財団、二〇〇一年、九二頁。

(29) 岩村武勇『昔の高島』岩村武勇、一九五三年、七九頁。

(30) 高橋前掲論文（二〇〇八年a）、八七頁。

(31) 岡島前掲論文（一九八六年）、二一六頁。
(32) 岩村前掲書、八二頁。
(33) 植木前掲書、三一六頁。
(34) 柳田國男「日本の祭」『定本柳田國男集一〇』筑摩書房、一九六二年、松平誠『祭りの文化―都市が作る生活文化のかたち』有斐閣、一九八三年。
(35) 林前掲書、一〇一～一〇五頁。
(36) 林前掲書、一〇五頁。
(37) 須藤前掲論文、七八頁。
(38) 徳島市福島二丁目・四所神社の船だんじりは、はじめ宝暦年間（一七五一～六三年）に造られたとされる。
(39) 御船歌もかつては県東海岸地域の多くの漁村に口伝えで受け継がれてきたものと思われるが、唱法が難しいこともあり、現在も伝承されているのは海部郡美波町西由岐・八幡神社祭礼、阿南市那賀川町北中島・春日神社祭礼の二ヵ所のみである。

Ⅲ　外から見た四国

四国遍路と西国巡礼
―その類似性と異質性―

頼富　本宏

一　はじめに

現在では、広・狭の両義から用いられる「巡礼」と「遍路」という語であるが、いずれも巨視的観点からは、『「聖地」・「霊場」を訪れる「旅」』と要約することができる。

典型的な聖域空間である「聖地」と、霊験ある宗教的聖域を意味する「霊場」を訪れる旅は、日常の世界とは質的に異なる非日常の時間と空間を体験できる一種の修行法、あるいは信仰を深める行としてスタートした。後述するように、四国遍路の萌芽期においては、四国の海辺や山林で修行するのはすべて行者であり、一般人・俗人は皆無であった。ただし、プロである行者も南都等の戒壇院で正式に得度・出家した比丘僧というよりは、むしろその前段階である沙弥僧、もしくは公的に出家したとみなされない私度僧レヴェルの者も少なくなかった。

西国巡礼の成立は、四国遍路のそれよりも少し早い。平安時代の後半に差し掛かると、観音信仰を持つ仏教僧だけではなく、都の天皇・上皇・女院を始めとする皇族や高位の貴族たちが参加するようになり、修行という本来の主目的に加えて、都周辺あるいは適当な距離にある霊場を参詣して、俗の一種の延長行為である「旅」・「遊山」を味わいたいという傾向が増大してくる。

この西国観音巡礼（三十三所）の確立とほぼ時期を同じくして、やはり高貴の人びとの遠隔地参詣として大流行したのが、いわゆる「熊野参詣」、「熊野参り」であり、しかもいずれの参詣でも事実上、先達の役割を果たしたのが、天台宗寺門派（園城寺、聖護院）の密教高僧たちであったことは決して偶然ではない。こうした点については、西国巡礼の歴史を検討する章で再度詳しく取り上げたい。

二　四国遍路と西国巡礼の相対的異質点

長い歴史の中で何段階かの発展過程を遂げて、現在の形態を築き上げた四国遍路と西国巡礼を、最初から外見で捉えて短絡的に比較を行うことは、少なくとも歴史学の立場からは、決して適切ではないだろう。

しかし、それらの制約や欠点を考慮に入れても、現状の宗教文化を築き上げている四国遍路と西国巡礼の対比において、実際にいくつかの対比点・相違点が大きく浮び上がってくる。そして、それが両者の宗教的意義と歴史的成立過程と不可分の関係にあることもまた事実である。そこで、まずいくつかの視点・観点から両者の対比を図表化しておきたい。もちろん、両者の根底には、共通する宗教的特徴が横たわっていることも見逃してはならない。

霊場名	巡礼の類型	参拝すべき堂	札所数
西国巡礼	本尊巡礼	観音堂 （本堂のことが多い）	三十三所
四国遍路	祖師巡礼	本堂 大師堂	八十八か所

まず、宗教学の分野で、巡礼のタイプと関連付けてしばしば論じられるのが、特定の諸尊・諸神を対象として、集中してしかも順序立てて参拝する諸尊巡礼（もしくは本尊巡礼）と、ある宗教の開祖、あるいは宗祖となった高僧がいわば神格化（仏格化）されて、その祖師にゆかりの聖跡や建立した寺院を巡る祖師巡礼の二つの類型である。

このうち、概括的に述べると、西国巡礼が観音を本尊として、いわゆる観音霊場の古寺を巡拝する本尊巡礼であり、四国遍路の場合には、必ず一か寺で二つの堂を参拝するという「二度のお勤め」の特殊性があるとはいえ、結論としては、弘法大師を追慕するという祖師巡礼のタイプが主であることは一応承認してよかろう。

ところが、現実はより複雑であり、いずれの巡礼も原則を超えた副次的な要素を具えている。まず、西国観音巡礼の場合は、古くから現代まで観音堂が本堂となっているケースが多く、長谷寺や清水寺など大規模な寺院であっても、一つの堂に対する参拝、すなわち「一度のお勤め」で済む。

しかし、西国巡礼の諸寺は歴史の古い大寺が多く、中には、創建と中興と再中興など信仰のピークが二～三度にまたがる例も珍しくない。そうすると、醍醐寺や園城寺、興福寺などのように、平安時代のある時期から個々の観音信仰（醍醐寺は如意輪観音と准胝観音、園城寺は如意輪観音、興福寺南円堂は不空羂索観音）が盛んになり、当初の金堂本尊よりも、それらの観音信仰を中心とする観音堂が拠点となり、結果的に三十三所霊場として集成されることとなる。

四国遍路の場合には、確かに現状から見ると各札所には、本堂の他に大師堂があり、いわゆる「二度のお勤め」が必ず行われている。また、歴史を論じる章でももう少し詳細に取り上げるが、当初は個別の辺地修行地が、いわば「点」の霊場として先にそれぞれ成立し、その「聖地」・「修行地」に有縁の仏（原則として本尊）を祀る簡単な堂や庵が建立されるようになった。

それが、平安時代末期から鎌倉時代になると、普遍的な弘法大師信仰が確立して、歴史的な祖師追慕の心情から、次第に「聖なるもの」そのものに純質化され、いわゆる「大師一尊化」（もしくは「遍照一尊化」）が完成されることとなる。それを制度的に保証するために、「大師堂」が本堂とは別に建立されたのだが、白木利幸氏の研究によれば、江戸時代の中頃になっても独立した大師堂を持った札所寺院は八十八か所全体の半数にも満たなかったとする。大師堂がすべての札所に完備されるのは、むしろ近代初頭の神仏分離政策や西欧文明の急激な流入が一段落して、再び古来の日本文化が見直され始められる二十世紀前半になってからと考えられる。

したがって、現状の四国遍路を祖師巡礼の代表とすることは決して間違いではないが、最初からそうであったのではなく、むしろ制度化、教義化（オーソライズ）が出来上がってくる頃になって特徴付けられる発想であろう。

次に、重要な対比ポイントとされるとともに、そこに共通点も読み取ろうとされるのが、制度的に完成した結果としての札所の数である。すでに巷間に周知されているように、西国観音巡礼の札所は三十三所で、この数は観音菩薩の三十三応化身（もしくは応現身）の数に由来するといわれている。しかし、その説明原理は、初期の文献史料にはあまり登場せず、後述のように西国観音霊場も最初から「三十三応化身」という一つの大原則のみに基づいて成立し、展開したのではなさそうである。

一方の四国遍路の八十八か所の成立についても、相当期間の創成段階があった。そして中世後期、もしくは近世初期の頃に、まず「八十八か所」の概念が完成し、江戸時代中頃までには現今の機構制度（内容と順序）が出来上がっている。

詳しい内容は、両者の成立過程で改めて要約するが、両者とも「三十三」と「八十八」の複数霊場が完成して以降に、別の数的制度が再入した形跡はない。そこで、札所数の相違については、とくに「八十八」に関して、機構・制度が完成して以後、遡って教義付けや思想的意味付けが必要とされたと考えることも可能であるが、宗教的には、いずれも重数（同じ数字が並ぶ、いわゆるぞろ目）であることに注目する見解がある。

確かに、ぞろ目の数を採用する宗教文化には、西国三十三所観音巡礼、四国八十八か所遍路のほか、十一面観音、五十五善知識（『華厳経』「入法界品」）、六十六部廻国、熊野九十九王子など多くの例があり、それぞれの数に対しての宗教的意味付けも必ず試みられている。それゆえ、筆者もぞろ目数の必要性に一定の評価をするが、成立史としては、とくに四国八十八か所の数的成立について熊野九十九王子の影響を想起させる説に興味を持つ。この解釈の史的背景は、機会があれば改めて取り上げたい。

三　西国観音巡礼の原型の成立

西国巡礼にせよ、四国遍路にせよ、その内容と仕組みが現今のものに近い形で完成される時期、すなわち中世後期から近世初期の頃になると、その機構と制度がある聖人や功徳あるほとけによってどのように有り難く成立したかを、主に参拝・参詣の善男善女に対して分かり易く、かつインパクトある霊験譚として教化する必要が生じてくる。

西国巡礼の場合、中核（ハブ）としての役割を果たした長谷寺や中山寺など、各寺それぞれの系統の縁起物語によってその内容にも相当の開きがあるが、中でも代表的な一例である『中山寺来由記』には、西国巡礼のはじまり（由緒）を次のように説いている。

ある時、大和長谷寺の徳道上人が急死し、冥府で閻魔大王から「蘇生して三十三所観音霊場の功徳を世に弘めるように」との指示を受けた。この世に戻って尽力したが、未だ機縁が十分に熟していなかったので、その宝印（しるし）を中山寺の石棺の中に納めて将来を期した。時が過ぎて、平安時代中頃、若くして出家・退位に追い込まれた花山法皇が仏縁に恵まれてこれを復活させ、性空上人や仏眼上人たちと三十三所巡礼を始めたといわれている。

歴史学の立場から綿密に検討すると、最初の機縁者というべき徳道上人（六五五～七三五）も中興の祖とされる花山法皇も、歴史資料の面から判断して、すでに三十三所整っていた観音霊場とその巡礼を始めたとは考えにくい。

むしろ、先掲の縁起を参考にして、奈良時代末期から平安時代初期の観音信仰の状況を推測すると、すでに玄昉、鑑真、実忠などによって経典とともに流行し始めた変化観音を中心とする古密教的な観音信仰は、現当（現在と未来）二世の利益・安楽を祈願するという発想が時代の要求と合致したため、奈良の町中の大寺だけではなく、自然の威力に満たされた山林・山中の観音霊場を生み出して行ったのであろう。

専門家によってしばしば指摘されるように、長谷寺、壺阪寺（南法華寺）、粉河寺などの南大和・北紀伊の観音信仰圏と、石山寺や清水寺などの山城・近江の観音信仰圏、ならびに中山寺、葛井寺などの摂津・河内の観音信仰圏は、古代地理学・歴史学にいう「五畿」の観音文化圏として、比較的古くから複数の霊場をめぐる習慣が興ってきたものと考えて大過なかろう。

また、本論では、院政期の末に成立したとされる『梁塵秘抄』に注目する。

(1)　聖の住所は何処何処ぞ、大峯葛城、石の鎚、箕面よ、播磨の書写の山、南は熊野の那智新宮

(2)　四方《よも》の霊験所は、伊豆の走湯《はしりゆ》、信濃の戸隠、駿河の富士の山、伯耆の大山、丹後の成相《なりあい》とか、土佐の室戸の門、讃岐の志度の道場とこそ聞け

両者の主語は、第一句が「聖の住所」、第二句が「四方の霊験所」となっており、いずれも「観音霊場」そのもののみを指すものではない。しかし、第一首の聖、すなわち山林行者たちの集う聖地のうち、箕面は摂津北部の修験の山であり、寺としては千手観音を祀る勝尾寺《かつのおじ》がある。播磨の書写の山（書写山）は、天台系（とくに山門系）修験の中

心地であり、摩尼殿では如意輪観音が祀られている。

第二句の「霊験所」を列挙すると、実質的には伊豆、戸隠、富士、大山などの山岳修験を挙げるなか、丹後の成相は、日本海側の重要な観音霊場である。また、讃岐の志度の道場とは、十一面観音を祀る有名な志度寺であり、結果としては西国巡礼よりも四国遍路の一翼を形成しているものの、奈良時代から十一面観音の霊験譚が知られている。

このような歴史状況から考えると、今から述べる西国三十三所観音巡礼を築き上げた第二のグループは、第一グループを形成する比較的古い大寺よりも、むしろ平安時代になって地方の霊山とその霊験を鼓吹する聖たちのような遊化の放浪僧たちによって守られた中規模の山岳寺院が質料因となっていたと考えたい。

四　西国三十三所の形成過程

西国観音霊場は、先章で触れたように、現在の近畿圏にある何種類かの有力な観音信仰の諸寺が中核となり、それに聖・修験者の拠点となる地方の中規模の観音信仰の寺が融合して、三十三応化身の数にちなみ、集成されたものと考える。これは、対比される四国遍路の八十八か所の確立が、早くとも近世初期まで下るのに対し、西国三十三所の成立が先立つこと五百年以上という事実を示すとされる。

西国三十三所の観音霊場の内容と順序の確立を論じる場合、いずれも台密（とくに寺門系）の高僧の記録をまとめた『寺門高僧記』に収載される二種の「三十三所巡礼記」がある。

このうち、時代的に先行するのは、天台座主四十四世、園城寺三十一世、平等院大僧正　行尊《ぎょうそん》（一〇五五～一一三五）の巡礼記である。そこでは、三十三所観音霊場の順番号と寺名（本尊・所在を含む）と願主が記されているが、便

宜上、順番と寺名のみを列挙しておく。（本尊名は省略）

一番　長谷寺
二番　龍蓋寺（岡寺）
三番　南法華寺
四番　粉河寺
五番　金剛宝寺（紀三井寺）
六番　如意輪堂（那智）
七番　槙尾寺
八番　剛琳寺（葛井寺）
九番　総持寺
十番　勝尾寺
十一番　仲山寺（中山寺）
十二番　清水寺
十三番　法華寺
十四番　如意輪堂（書写山）
十五番　成相寺
十六番　松尾寺
十七番　竹生嶋（宝厳寺）
十八番　谷汲寺（華厳寺）
十九番　観音正寺
二十番　長命寺
二十一番　如意輪堂（園城寺）
二十二番　石山寺
二十三番　正法寺
二十四番　准胝堂（醍醐山）
二十五番　観音寺
二十六番　六波羅蜜（寺）
二十七番　清水寺
二十八番　六角堂
二十九番　行願寺
三十番　善峰寺
三十一番　菩提寺（穴太寺）
三十二番　南円堂（興福寺）
三十三番　千手堂（御室戸寺）

内容は、現行の西国三十三所と同じであるが、順序は異なる。大和の長谷寺が一番となり、那智の如意輪堂を打ち終えた後に、元の大辺路を戻り、摂津を経て、播磨を打つ。その後は丹後を経て、近江を回り、京都の各寺を打った後、最後は聖護院修験の拠点である宇治の御室戸寺（現・三室戸寺）で結願となっている。

この記録は、いわゆる「西国」観音巡礼の史料では最古であり、しかも順序が現行のものとは大幅に異なっているため、真偽を問う見解もあったが、他に長谷寺から出発する史料もあるために、現在では、十二世紀前半にはすでに三十三所観音霊場が出来上がっていたものと考えられる。原史料には、「西国」の字はない。

行尊の数十年後に、天台座主五十世、園城寺三十六世として活躍した覚忠《かくちゅう》（一一一八～一一七七）は、白河上皇出家の戒師ともなった実力僧であるが、応保元年（一一六一）正月から七十五日掛けて三十三所巡礼を行っている。その記述は、行尊のものよりさらに詳しくなっているが、本論での必要性を鑑みて、順番と寺名のみを掲げておきたい。

一番　那智山
二番　金剛宝寺
三番　粉河寺
四番　南法華寺（壺坂寺）
五番　龍蓋寺（岡寺）
六番　長谷寺
七番　南円堂（興福寺）
八番　施福寺（槙尾寺）
九番　剛琳寺（藤井寺）
十番　総持寺
十一番　勝尾寺
十二番　仲山寺
十三番　清水寺
十四番　法華寺
十五番　書写山（円教寺）
十六番　成相寺
十七番　松尾寺
十八番　竹生嶋

十九番　谷汲（華厳寺）
二十番　観音正寺
二十一番　長命寺
二十二番　三井寺如意輪堂
二十三番　石山寺
二十四番　岩間寺
二十五番　上醍醐
二十六番　東山観音寺
二十七番　六波羅蜜寺
二十八番　清水寺
二十九番　六角堂
三十番　行願寺
三十一番　善峰寺
三十二番　菩提寺（穴憂寺）
三十三番　御室戸山

この巡礼記における三十三所も、結果的には、現行のものとほぼ同内容である。一番が現行の那智山となっており、紀三井寺から後は、大和・河内を打って、摂津の仲山寺を済ませ、その後に播州から丹後へと向かうのは、現行のルートに近い。ただし、施福寺と葛井寺を大和の寺々の後に置いている。近江・美濃を回ってから京都の各寺を打ち、行尊の記録と同様、宇治の御室戸山で打ち納めとなっている。院政期に確立した熊野参詣を意識した上でのコースであって、御室戸山を結願とするのは、やはり京都に拠点を置いて設定されたコースであるからであろう。

なお、室町時代に編纂された辞書の一種である『撮壌集』では、南北朝時代の中宮恂子《じゅんし》内親王の御産に際する『御産御祈目録』中に、「三十三所観音御誦経」として、実際には三十二か寺の観音霊場を挙げている。そこでは、順番については触れておらず、内容も前述のものとは十か寺異なっている。

したがって、現行の西国三十三所観音霊場とは一部内容が相違した「三十三所観音」が併存していた可能性も否定できない。また、行尊の歩んだ長谷寺を一番とする観音巡礼と数十年後の記録にある那智山を一番とする観音巡礼を、直線的な歴史的発展と単純に考えることには慎重を要するかも知れないが、この同じ享徳三年（一四五四）成立の『撮壌集』の中に、「三十三所巡礼」として、

三十三所巡礼

紀州那智山　紀三井寺　粉河寺　和泉槙尾寺　河内藤井寺　大和坪坂寺　同岡寺　同長谷寺　同興福寺　山城御室戸　同醍醐　岩間寺　江州石山寺　同三井寺　山城今熊野　同清水寺　同六波羅蜜寺　同六角堂　同革堂　善峰寺　丹波穴太寺　摂州総持寺　同勝尾寺　同中山寺　播州清水　同法華寺　同書写寺　同丹後鳴合寺　若狭松尾寺　江州竹生島　同長命寺　同観音寺　濃州谷汲寺

と記されている。したがって、行尊・覚忠に代表される園城寺・聖護院系修験道が主導権を持った現行の三十三所観音巡礼は、明応八年（一四九九）の禅僧の著作である『天陰語録』に、「南紀の那智にはじまり、東濃の谷汲に終わる」とあるように、十五世紀には現在の体制が出来上がっていたものと思われる。

五　四国遍路の原初形態

四国遍路の現場では、先達に導かれて八十八か所を参拝するにあたって、必ずと言って良いほど四国遍路の成立と意義についての二種の話がなされることが多い。

一つは、いわゆる（右）衛門三郎の発心譚であり、もう一つは四国の四つの国を仏道の四段階に充てる説である。前者はとくに人口に膾炙した話であるので、概略だけを記すと以下のようである。

伊予の国の豪族・衛門三郎は、冷酷無慈悲な人物であり、弘法大師の教えにも耳を傾けず、暴力まで振るう有様で

あった。その時、大師の持っていた鉢が八つに砕け、仏罰によって八人の子供を次々と失うことになる。初めて罪の意識に目覚めた衛門三郎は、大師に巡り会って贖罪するために、四国八十八の寺院を巡礼し、後を追い掛けた。追いつくことができずに、とうとう阿波の山奥にある第十二番焼山寺の麓で行き倒れたが、幸い臨終の間際に大師が現れて罪を許され、後に伊予の国主である河野家の子として生まれ変わったという。その子の手に「衛門三郎再来」と書かれた石が握られていた故事に因んで、松山の第五十一番石手寺の名前が付けられたと伝えられる。

歴史学の観点からは、十四〜十五世紀頃にある程度内容として完成していた四国霊場の諸寺を集成するため、そして古刹・石手寺の縁起を確立するために、一遍上人の行歴などのイメージも念頭に置いて成立した物語だと考えられる。すなわち、単に四国遍路の発生時に生じた話ではなく、現況の骨格が形成されてきた頃の四国遍路に宗教的権威を付加する作業の一種と位置付けることができる。

もう一方の、阿波・土佐・伊予・讃岐の四つの国をそれぞれ発心・修行・菩提・涅槃の四段階の道場に充てる解釈については、合理主義的な考えが普及している現在、いわば知識人に最も好まれている説である。この発心・修行・菩提・涅槃の四転説をそれを水葬・火葬の際に用いる棺所の四門に配する習慣は、十五〜十六世紀頃の史料に認められるが、四国遍路の「四国」に実際に結び付けられたのは、早くとも近世末期、あるいは近代になってからのことかも知れない。

むしろ、近年の遍路史研究では、平安時代末の『梁塵秘抄』に見られる

我等が修行をせしやうは
忍辱袈裟をば肩に掛け
また笈を負ひ

衣はいつとなくしほたれて
四国の辺路をぞ常に踏む

という今様歌に、後世の一般の遍路というよりも、むしろ原始修験を思わせる修験者の海辺修行が四国の辺路修行の原初形態として取り上げられていることを重視する。

さらに詳細な表現は、『今昔物語集』巻三十一に見ることができる。

今は昔、仏の道を行ける僧、三人伴なひて、四国の辺地と云ふは、伊予・讃岐・阿波・土佐の海辺を廻るなり。其の僧供、其を廻《まわ》り　ける……（中略）

これらの古代末期の資料をもって、主に四国、さらには全国の海浜の修行地（点の遍路）に関心を払う説は、五来重氏などによって提唱された。

辺地・辺土・辺路などと種々に説かれる修行地で行場を命がけで廻る難行をしながら修行する、いわば山林斗藪や海浜修行を一種の「海の修験」として、人間の身体を痛めつけることによって、逆に心の解放をうたう。そして、その宗教的権威の対象を古来の海上他界、とりわけ黄泉の国の信仰に求める同氏の行場起源説に、方向としては筆者も賛成する。

ただし、仏教の流行以前の成立であるとされる黄泉の国の思想の方が古く、その後かなり遅れて観音信仰と関係する補陀洛信仰が、さらに相当遅れて古密教の要素が濃い虚空蔵菩薩求聞持法が加重されたと明確に分けようとする考えには直ちに賛同しがたい。

確かに、熊野信仰と不可分の関連を持つ「辺路」、「辺路修行」を狭いニュアンスで捉えると、「海」が最初の出発点と考えることも可能ではあるが、筆者は奈良期後半に自然智宗系の山林修行が大流行したことや、空海と歴史的に結び付けられる虚空蔵菩薩求聞持法がすでに道慈の帰朝（養老二年〈七一八〉）によって伝えられていたことから、必ずしも海辺だけに留まらず、山林・山頂などの「辺地」も含んでいたものと考えている。

いずれにしても、空海が修行した場も含め、自然の中に自らを溶け込ませ、一体となる修行・行法が人びと（多くは僧）の共感を得て、四国遍路の中で中核的な意味合いを持つ行場を中心に「聖地」が形成され始めたのであろう。

六　四国遍路の形成過程

ところで、平安時代の後半に差し掛かると、弘法大師の賜号を得た空海の意義が歴史性を超えて、より重要な求心的役割を果たすようになってくる。その画期的な出来事といわれるのが、貞観二十一年（九二一）、観賢僧正の上奏による弘法大師号の下賜とその報告のための勅賜袈裟を携えた高野山登山である。ただ、四国、とくに讃岐国と人間空海が強く結び付くには、あと百五十年ほどの時間が必要であった。
後者の袈裟持参の件は、『今昔物語集』などに見られる大師入定信仰として中世初期に強力に普及していくが、平安末期頃の成立とされる『高野大師御広伝』でも、比較的早く讃岐出身である空海による万濃池修築の話が登場しており、「讃岐の人・弘法大師」の評判と信仰が人びとの間に広まっていった。
歴史的な資料に限定しても、延久四年（一〇七二）正月二十六日の「善通寺所司等解」（東寺百合文書）において、
件の者（善通寺）は（中略）、大師聖霊誕生の砌なり
とされており、元来、佐伯氏の私寺であった善通寺を大師の誕生所とするというイメージが興ってきたことをうかがわせる。

また、平安末の有名な歌人・西行法師の『山家集』でも、

大師のおはしましける御辺（善通寺）の山に、庵結びて住みけるに、月いと明かくて、海の方曇り無く見えれば、

曇りなき山にて海の月見れば、島ぞ水の絶え間なりける

として、明確に善通寺あたりに「大師のおはしましける」という存在感が実感を伴っていたようである。

鎌倉時代の初め、高野山の学僧・道範（一一七八〜一二五二）は、覚鑁末徒と高野山衆との紛争で起こった大伝法院の焼き討ちの責任を取らされて、七年間讃岐国へ流された。その時の記録である『南海流浪記』（建長元年、一二四九）によると、讃岐では郷照寺、善通寺、曼荼羅寺、出釈迦寺、弥谷寺、白峰寺の各寺院を訪れている。

これらの諸寺は、すべて現在の札所番付に登場しているが、ここに抜けている観音寺や本山寺などの古寺には訪れていない。したがって、この時代に後述の「八十八か所」をはじめ固定的な寺院群が形成されていたとは考えられないが、四国遍路の諸寺の中でも、讃岐の古寺を中心として中世の初めには、いくつかの散発的な大師霊場が芽生えていた可能性は否定できない。

四国遍路の個々の寺院（堂舎・庵を含む）の成立と全体の順路の形成を考えるにあたって、あと二点注目しておく必要のある問題点がある。

第一は、すでに西国観音巡礼の形成と密接な関連を持つことを指摘しておいた熊野信仰、とくに熊野参詣である。西国三十三所観音巡礼の順路が、次第に那智を第一番とするコースに定着すること、および白河・鳥羽帝などの天皇・上皇の先達として天台宗寺門派の高僧が役をつかさどったことなどは、西国巡礼と熊野参詣が共通した精神的・歴史的風土の中でともに発展していったと考えて大過なかろう。

一方、四国遍路の「点」の核となる諸寺が徐々に成立する場合、熊野参詣のルートと共通する部分は、地理上に見

ても有り得ないことである。しかし、伊予・土佐などの直接的に大師追慕・大師信仰と接点を持たない諸寺の中には、南紀の本宮・新宮・那智の三社を勧請し、それぞれの本地仏（阿弥陀・薬師・千手観音）を祀る神仏習合の信仰が、平安時代後期から鎌倉時代前期にかけて大流行した。また、広義の熊野信仰の中でも、別種の起源を持つ那智・浜の宮の補陀洛渡海の信仰も、文献記述に見る起源は平安前期に遡るという説もあるが、現実としては平安末期の源平の水軍戦を実質決定付けた熊野水軍の動静や活躍とも無関係ではないだろう。

第二に、神仏習合である熊野信仰が、世に言う「弘法大師一尊化」とは多少異なった役割と機能を果たした一因となる人物として、伊予出身の一遍上人智真（一二三九〜一二八九）を挙げることができる。一遍は、伊予の豪族・河野氏の一族に生まれたが、親族の相続争いに巻き込まれて幼くして仏門に入り、念仏の教えと実践に励んだ。十二世紀中頃には、すでに四国に大挙して移入されていた神仏習合信仰の熊野信仰にも魅了されていたようである。

歴史的にも、伊予北部の八坂寺、石手寺、菅生《すごう》（岩屋）寺などでは、熊野験者の拠点として発展しつつあった。一遍の示寂後、すぐに制作されたという『一遍聖絵』には、南紀の本宮で神と出会った場面や大三嶋神社、善光寺など各地での神・仏への参拝の姿が生き生きと表現されているが、一遍自身の宗教的実践がのちに念仏聖、さらには時衆聖として体制化された可能性が少なくない。

先章で、四国遍路の解説・説明の定番として取り上げられる、現在の松山平野を成立の舞台とする衛門三郎の発心譚が弘法大師一尊化の仕上げとして、名目上の遍路権威化を築いていったのではないかという説を述べたが、いわゆる八十八か所札所の質料因としては、阿弥陀・薬師・千手の熊野三神の本地仏を本尊とする霊場が計四十七か寺と、全体の半数を超していることは決して偶然ではない。

また、明治初期の神仏分離・廃仏毀釈を経て実態の把握が難しくなったが、近世の史料では、札所寺院内の境内に熊野社を祀る寺院は優に過半数を超えていることが確認されるとともに、一遍上人の説話にも明確に表れているように、衛門三郎説話の歴史的背景にも熊野信仰が重要な意味を持っていたと考える。

そして、江戸時代の前半期に至って、四国遍路の最後の権威化として弘法大師という庶民の信仰の対象者を用いることによって仕上げがなされ、あわせて本論のもう一つの主要テーマである「ツーリズムの整備」が行われることとなるのである。

七　現行の四国八十八か所の確立

現行の四国遍路の確立について、最初の重要な転機となるのが、いわゆる八十八か所札所の形成である。つい最近までの歴史的研究、もしくは考古学研究では制度的、言葉を換えればハード的な一面として「八十八か所」の成立を示す資料として、高知県土佐郡本川村の地蔵堂に納められている鰐口（神仏習合の仏具）に刻入されている銘文「村所八十八ヵ所文明三天　」の文章をあげて、「八十八か所」の成立を室町時代の文明年間（一四六九～一四八六）に遡らせていた。もしくは、すでに幾度か取り上げた松山市の石手寺に伝わる衛門三郎伝説を示す資料である石手寺刻板をもって、「八十八か所」の上限を十五世紀後半、あるいは十六世紀後半に遡及すると短絡的に考えられてきた。

このうち、高知の鰐口の銘文につては、近年、愛媛大学の内田九州男氏が詳しく検討を行っている。その成果によれば、従来「八十八か所」と「文明三」と読まれていた部分の文字がそのようには読めず、文明三年頃に「村四国」というべき地方の八十八か所が成立していたとは考えられないとする。

また、「石手寺」という寺名についても、従前の安養寺が単に衛門三郎伝説によって石手寺という名前に変わったわけではない。大三島神社の史料などによって、鎌倉時代にすでに「石手寺」の寺名が登場しており、しかも安養寺の寺名と並行して使用されていたことも証明されている。それ故に、衛門三郎の説話の成立と八十八か所の成立、さらには石手寺の成立が、直ちに因果的に結び付くものではない。

現行の四国八十八か所遍路は、四国遍路中興の祖とされる宥弁真念（?〜一六九一）の三部作の最初とされる『四国辺路道指南』（貞享四年、一六八七）が出版された頃には、八十八か所の内容とその番付が成立したといわれるが、それに先行する文献資料においては、用語として「八十八か所」という表現を用いなくても、結果的に現行の札所の諸寺とその順序を示した例が相当数認められる。

まず、文献資料に見られる最古例としては、寛永十五年（一六三八）八月から十一月にかけての大覚寺宮空性法親王の四国巡行である。空性法親王（一五七三〜一六五〇）は、後陽成天皇の弟にあたり、のちに大覚寺門跡となった。六十五歳の時に四国霊場を巡り、その際に同行した与州大宝寺の僧・賢明が記したのが、『空性法親王四国霊場巡行記』である。

内容は、七五調を基調とした美文で、叙情的な旅行記の形態をなしているが、伊予の大宝寺（賢明の寺）を皮切りに、右回りに札所の諸寺を番付通りに打ち終わっていることが分かる。また、遍照院、十夜ヶ橋などのいわゆる番外札所も参拝しており、「八十八か所」の用語や具体的な札所番付は認められないものの、現行の四国八十八か所霊場（とくに主流派）の体制が、十七世紀の前半期中端にはほとんど出来上がっていたと考えられる。

その傾向を学識ある真言僧の遍路行によってより整備したのが、智山の学僧・澄禅（一六一三〜八〇）が、承応二年（一六五三）に行った百日間の四国辺路とその間の日記たる『四国辺路日記』である。そこでは、本拠地である京都からいったん高野山を回って四国遍路の情報を得た澄禅が、阿波に入って井戸寺から、土佐・伊予・讃岐をめぐり、最後に再び阿波の北部の札所を打ち終わるまでを、学僧の眼から詳しく記録している。

そこには、「八十八か所」の用語も、また真念の『四国辺路道指南』で初めて本格的に配置される阿波の霊山寺を第一番とする現行の札所番付も詳しくは登場していないが、『空性法親王四国霊場巡行記』の場合と同様、いわゆる番外札所もほぼ出来上がっており、また四国遍路大衆化の三大要素の内の「善根宿」（宿泊）、「遍路案内」（情報）などはかなりの部分が形成されつつあったことは確かである。

さらに、『四国辺路日記』の巻末には、「世間流布ノ日記」からの引用として、

札所八十八ヶ所　道四百八十八里　河四百八十八瀬　坂四百八十八坂

と挙げられており、四国遍路の主流派の文献に初めて「札所八十八ヶ所」という記述が登場する。他の「四百八十八」は、一種の語呂合わせであろう。

本論でも、折に触れて八十八か所の初見や言及の端緒を模索してきたが、十七世紀末の真念の『四国辺路道指南』、寂本の『四国偏礼霊場記』、そして再び真念の『四国偏礼功徳記』などの主流派（多数派）の遍路文献において、現行の八十八か所札所が大衆に公認されたのである。とくに、真念が激しく敵対視した「世間流布ノ日記」の中に、先に触れた「札所八十八ヶ所」が既成の権威として登場してくる。

そして、すでにかなりの歴史学者・文学者の言及にもあるように、寛永八年（一六三一）頃の作とされる『せっきょうかるかや（高野の巻）』には、

そのかずは八十八所とこそ聞こえけれ
さてこそ四国遍路は八十八ヵ所とは申すなり

という有名なくだりがある。したがって、「八十八か所」の歴史的成立は、むしろ異系統の弘法大師伝の変わり種で

ある『せっきょうかるかや（高野の巻）』の資料が先に世に出て、それが澄禅や真念などが江戸時代中期に四国遍路を体系化する際に、言及したものではなかろうか。

なお、このようなハード面の制度の上に、四国遍路の四重円壇（マンダラ）説などの教学的、かつ思想的オーソライズの努力を加えて、ハード・ソフト両面を完備した現行の四国遍路、つまり誰でも参拝できる宗教文化が出来上がってくるのである。

八　再び四国遍路と西国巡礼の共通点と相違点

本論では、わが国の仏教巡礼の二大体系というべき四国遍路と西国巡礼について、最初に宗教学的視点から両者の現状を取り巻く宗教文化を確認した。続けて、西国巡礼と四国遍路おのおの原初形態の成立、両者の形成過程、ならびに最終形態の完成の三点に対して、主に歴史的立場から要約してきた。それらの諸点に関する共通点と相違点を、再度簡単にまとめておこう。

まず、「点」としての聖地が個別に成立した点については、のちに四国遍路の重要な霊場となる場所には、辺地修行の行場や求聞持法などの山林修行の修行地が聖地化され、小堂や庵などが建立されたケースが多い。死霊や祖先霊の宿る聖地とされた讃岐の弥谷寺《いやだにじ》もその特殊例と考えてよかろう。

それに対して、四国遍路に比して原初形態の起源はもう少し時代的に遡るとされる西国巡礼は、いわゆる里山的な場所に点在する観音信仰の霊験地をのちに巡礼道で繋いだものである。行場としての要素よりも、むしろ現世と来世の二世の利益・安楽を功徳に掲げる観音霊場が質料因となっていた。

したがって、平安時代後半には、観音菩薩の三十三応化身が基盤となる「三十三」の聖数が成立しており、その後、中世後期から坂東や秩父などの他のグループの観音霊場が確立するようになっても、その「三十三」という聖数の概念は揺らぐことはなかった。もっとも、のちに「百観音」に集成するために、秩父のみ三十四観音とされた。

他方、四国に点在する数種類の聖地・行場から集成し始めた四国札所は、平安時代から鎌倉時代にかけて神仏習合の熊野信仰や大師普遍化による弘法大師信仰などの統一的な要素を含みながら、その内容を多様化・多層化していった。しかし、実際に「八十八か所」という用語が定着するのは、少なくとも十七世紀になってからのことである。

次に、四国遍路の用語としての歴史的変遷の中で、辺路という語が西国などの巡礼と同義に用いられた時期があることに注意を喚起した。それは、時代的には中世後期から江戸前期にかけてであり、関東からの多数の西国巡礼者の中には、姫路の飾磨や備前の下津井から船で足を伸ばし、金毘羅権現や四国北部の名刹（善通寺や屋島寺など）も参拝する者の数が増えてきた。

四国遍路よりも先に庶民化が進んでいた西国巡礼は、世に言う近代ツーリズムの三要素である交通・宿泊・情報を先に機構的に整備することに成功した。そのノウハウの大部分が、時間を少し隔てた四国遍路へともたらされたのである。御詠歌の流行、案内記・絵地図などの集中的な刊行と整備は、本論でも少し触れた真念の頃には、かなりの部分が完成していたと言える。このような（準）近代化の流れは、やはり旅・観光のような世俗的な要素を色濃く持った西国巡礼のハード面の充実が、先に成し遂げられたと考えられる。

九　おわりに

最後に今大会の共通テーマである「四国の内と外」について、いささか脱線めいた捉え方であるが、一つの感想を述べておきたい。なお、本来ならばこのテーマを論じる場合、何をもって四国の「内」と「外」を区切る境界とするのか、また内と外の内容と特徴を四国遍路と西国巡礼の両面から詳細に検討しなくてはならないが、それらの手順は省略して、今回はいささか粗略な方法を用いる。すなわち、八十八か所の霊場・札所が、すべて四国という地理的空間の中に収まっている四国遍路を「内」的要素の代表として、逆に地理的にすべてが四国の外にある西国巡礼を「外」的要素を持つ宗教文化の表出と捉えたい。

具体的な特徴の第一点は、広大な面積を有するとはいえ、四国は明らかに一つの島国であり、その中に八十八か所の札所霊場を内包した一つの閉じられた聖地文化圏であることである。対する西国巡礼は、古代の近畿圏を中心として集成されたものであるが、最西端の第二十七番書写山円教寺と最東端の第三十三番谷汲山華厳寺は、海や川などの自然境界によって遮断されておらず、いわゆる閉じた聖域空間というには不十分さを残している。

この自然的・空間的特色は、四国とそこで行われる遍路の場合には、ある思想と宗教文化を醸成しやすい環境を生み出す。つまりその内部は、他から結界された異空間と聖性を付加される傾向が強い。

四国が「死国」のイメージを持つという俗説は、近年に流行した怪奇小説の影響に過ぎないと切って捨てる考えもあるが、歴代の文献を遡れば、四国が「あの世」性の特色を強く持った聖地という解釈は、古くから伝わっていることが分かる。

本論でも、四国遍路の思想的オーソライズの方法として取り上げた発心・修行・菩提・涅槃の四国四転説が、近代・現代の人びとにも非常に説得力を持って受容されたのは決して偶然ではなく、その聖性の完結性が古今問わずに理解されやすい状態にあるからと言える。

一方、四国の外にある西国巡礼は、その自然的分散配置に加えて、聖性の根源となる本尊の観音菩薩というほとけの特質があの世性よりも現世の様々な願いを叶えることにあったので、むしろ世俗の楽しみや娯楽をもカバーできる癒し系の要素が強かった。西国巡礼の原型が成立する頃に、すでに現世利益を求める気楽な参詣と近世以降に大いに発展する物見遊山の要素が非常に大きな意味を持つことは明白である。

四国の内と外という視点から両者の類似点と相違点を再考したとき、もう一点、交通という問題を忘れてはならないだろう。本論では、「点の辺路」から「線の遍路」という展開と、江戸中期のツーリズムの三要素を取り上げた際にわずかに言及したのにとどまったが、四国内部での札所から札所への移動という微視点な遍路道整備だけではなく、近世から近代にかけては、上方（大阪・京都）、紀州（和歌山）、備前（岡山）、安芸（広島）、豊後（大分、宮崎）などからの海上交通により四国入りが重要な意味を持った。

四国遍路の多様化に大きな役割を果たした熊野信仰の大幅な進出や、江戸時代からの金毘羅信仰による西国巡礼の拡大化も、それらを促進させたのは、いわずと知れた四国が誇る海上交通の強力なエネルギーであった。確かに島国である四国は閉じられた空間であるとともに、西国巡礼ではあまり見られない海上交通のメリットを利用して、周辺の地域にも大きな影響を与えていったのである。

（講演という性格と紙数を考慮して、註記は省略させていただいた）

古代山城屋嶋城について

山元　敏裕

一　はじめに

屋嶋城は天智天皇二年（六六三）の白村江の戦いでの敗戦を受け、当時の大和朝廷が唐・新羅侵攻懸念から対馬・北部九州〜瀬戸内海沿岸に対外防備用に整備された古代山城の一つであり（図1）、『日本書紀』天智天皇六年（六六七）十一月の条に、金田城（長崎県対馬市）・高安城（大阪府八尾市・奈良県生駒郡平群町）とともに『築二倭國高安城、讃吉國山田郡屋嶋城、對馬國金田城一』築城の記事がある。屋嶋城については、『日本書紀』の記述により築城の契機・年代が明確であるものの、これまで城の存在を示す遺構が不明確であったために研究者に十分な認識がなされないままであった。

本稿では、近年の城壁石垣の発見やその後の城門確認調査などによって明確となった屋嶋城跡の構造を紹介するとともに、四国島内を中心に瀬戸内海沿岸部で確認されている古代山城との比較検討を行うことによって相違点を明確にするとともに、その要因が何によるものであるのか想定を行いたい。

図1　古代山城分布図

二　屋嶋城跡の立地

屋嶋城跡が存在する屋島は香川県の中央部、高松市の北東部に位置し、図2に示すように現在は高松平野から半島状に瀬戸内海へ突き出た様相を呈しているが、近世に沖積作用と干拓によって陸続きとなるまでは、その名が示すとおり島であった。この屋島の地形を形作る地質は大きく三つに分かれる。台地の基盤が花崗岩、その上部の中腹から山上近くが凝灰岩、さらにその上を安山岩が覆っている状況である。この安山岩が周囲の岩石よりも硬かったために浸食から取り残されて山上部が台地となったもので、地形上は「メサ」といわれている。山上部近くに断崖が連続するというこれらの地形が屋嶋城を造る上で大きく影響しているものと考えられる。屋島の標高は最高点が二九三メートルで、山頂全域が二八〇メートル前後とほぼ平坦な地形を呈するが、中央部が狭いやせ尾根でつながり北嶺と南嶺に分かれる。

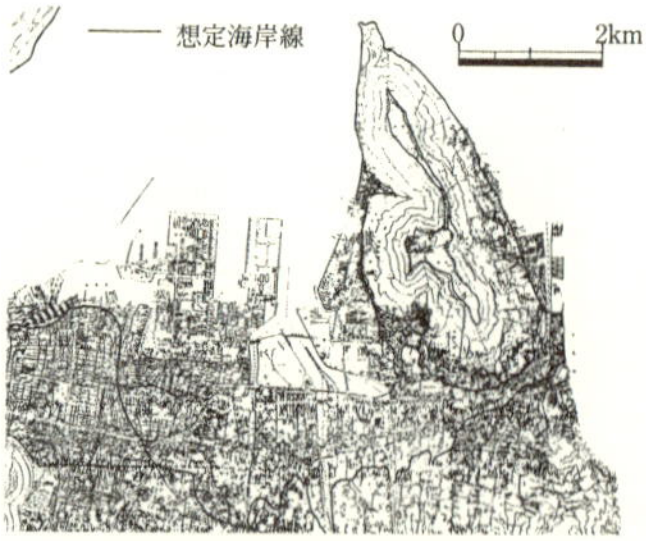

図2　屋島周辺旧地形図

三　屋嶋城跡におけるこれまでの状況

讃岐には古代山城が二つある。最近まで、讃岐の古代山城といえばもう一つの古代山城である坂出市城山城の方が有名であった。二重の外郭線城壁をもち、城門・水門を備え、城の各所には、門の礎石である唐居敷が運搬途中で放置されたような状態で置かれている。これに対し屋嶋城跡は、つい最近までその存在を示す唯一の遺構が北嶺と南嶺を分ける谷奥の標高一〇〇メートル付近を中心に認められる全長約九〇メートルの浦生石塁のみであった[1]。この遺構は、谷を遮断しているが山上へは伸びずに完結する。このような遺構のあり方が、他の古代山城のように山上を巡る外郭線（城壁）とは異なることから、多くの研究者が屋嶋城跡は実態の不明な古代山城と考えていた。

その後、屋嶋城跡に関する遺構については、昭和六〇年（一九八五）に奈良女子大学（当時）の村田修三が南嶺の北・南斜面において発見した外郭線の報告を行い[2]、平成一〇年（一九九八）一月には地元研究者の平岡岩夫が南嶺南西斜面において石垣を中心とする外郭線を発見した[3]。

しかし、いずれの遺構も古代のものとする確証が得られない状況であったことから、遺構の詳細を確認するため、高松市教育委員会では平成十一年度（一九九九）から平岡岩夫が発見した屋嶋城跡の遺構と考えられる南嶺南西斜面外郭線の調査を続けた。この中で、平成一四年（二〇〇二）二月に後述の城門遺構を確認し、『日本書紀』に記述のある屋嶋城の存在を確固たるものとした。その後の調査により古代山城屋嶋城の構造が次第にわかり始めている[4]。

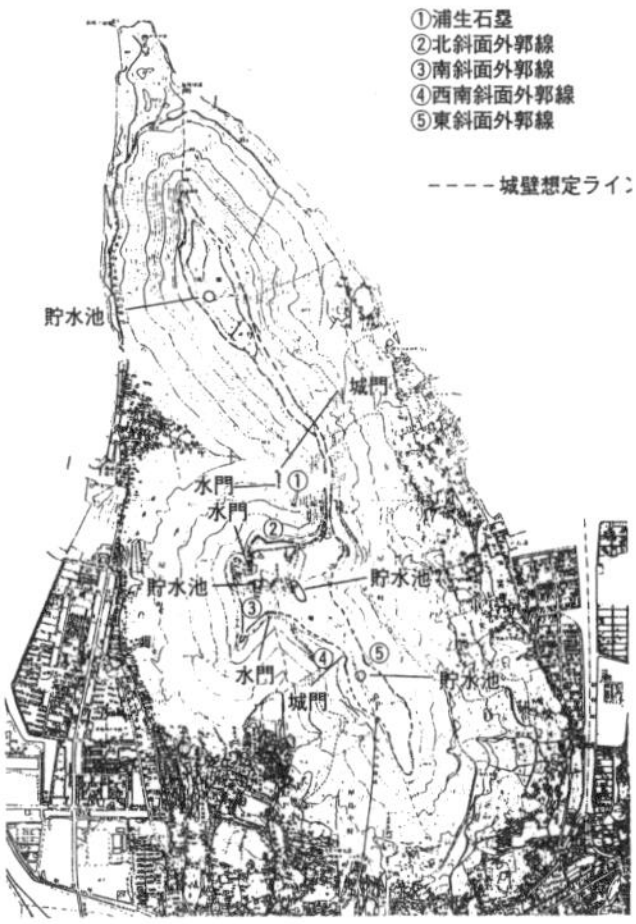

図３　屋嶋城跡遺構位置図

四　屋嶋城跡の詳細について

屋嶋城跡については、中核施設が想定される南嶺山上では早くから仏教施設が整備されるとともに明治の終わり頃からは、高松市街地や源平屋島古戦場跡を一望できる観光地として開発されており、十分な確認調査が行えない状況にある。一方、外郭線城壁は、防御施設として南嶺山上の縁辺部に造られたことから、早くに開発が及んだ南嶺西側斜面以外は良好に残存している。

1　外郭線城壁

屋嶋城跡の外郭線城壁は、図3に示すとおり南嶺山上部において断続的に存在しており、構造には以下の特徴をあげることができる。

① 山上部の想定される外郭線は、人工的な城壁が認められる南嶺のみでは全周約四キロメートル、断崖が連続する北嶺を含めると約七キロメートルの規模をもち、大野城跡（福岡県太宰府市他）・基肄城跡（佐賀県基山町）などとともに、国内では大きな部類に属する。

② これまで不明であった城壁構造は、分布調査や確認調査によって、その多くが屋島の地形の特徴である山上近くにある断崖を自然の要害として巧みに利用し、谷部や断崖が途切れた防御上において弱い部分を補うように山頂部から続く緩斜面から急斜面に地形が変化する部分に土塁や石垣により城壁を築いていることが判明した。

③ 屋嶋城跡の城壁構造には、図4で示すとおり夾築（両壁式であるが、背面側の壁は低い）と内托（内壁式で上部は通路状の平坦面が連続）の二種類が存在し、城壁に付属する施設（城門）が存在する南西斜面外郭線・浦生石塁については前者が採用され、それ以外の北斜面外郭線・南斜面外郭線・東斜面外郭線は後者が採用されているなどの違いが認められる。

④ 城門周辺部の城壁構造は最も残りの良い部分で高さ約六メートルの石垣、その背後には細かく積上げられた盛

図4　屋嶋城跡城壁構造図

土の存在が確認されている。この城壁の裏側には背面列石も存在する。この背面列石は、地形が緩い谷状の窪みとなる部分では数段の石積みとなっており、地形に合わせて背面の状況を変化させていることがうかがえる。これは、城内から流下した雨水によって城壁が崩れないための対策であると考えられる。

⑤　これまで不明であった山上部の外郭線城壁の構造状況が明確となるに伴い、他の古代山城と同様な外郭線構造を持っていることに加えて、今後の確認調査により詳細な時期決定を経なければならないが、従来から確認されていた浦生に所在する石塁と併せると、二重の防御構造をもつ古代山城であるといえる。

2　城門（図5）

国内最大級の規模を持つ城門は図3④の城壁は全て石垣で造られた南西斜面外郭線の北端近くで確認した。確認した城門構造には以下の特徴が挙げられる。

①　城門は谷奥に位置し、更に周囲の城壁よりも城門を突出させるなど、敵の侵入に備えて両側の城壁から横矢掛けが行える防御上有利な占地をとる。

②　幅五・四メートル、奥行一〇メートルの国内の古代山城で確認された城門では大野城大宰府口城門に次ぐ最大

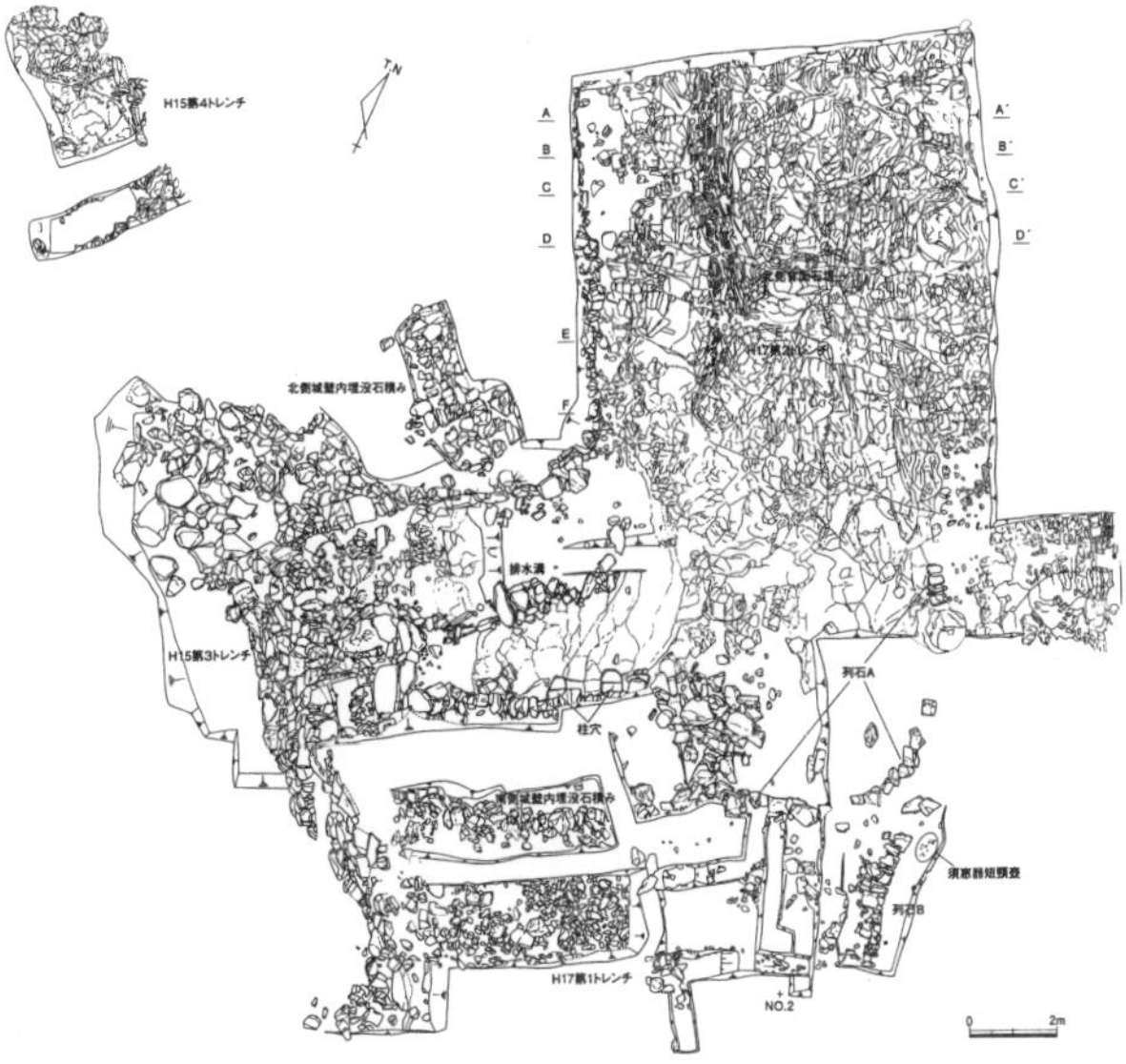

図5　屋嶋城跡城門遺構図

級の規模をもつ（図5）。

③　明確なものとしては国内で初めての「懸門（けんもん）」構造を確認した（写真1）。「懸門」構造とは城門入口に段差を設けるもので、平常時は梯子を使用し出入りするが、戦闘などの緊急時はこれを取り外し、敵の侵入を困難にすることにある。確認した石垣は現存で高さ一・二メートルの規模で垂直に近い状態で積み上げられているが、城内側へ倒れた上部の石垣を本来の状態に戻すと約二メートルの高さに復元できる。

写真1　城門「懸門」構造（城外から）

写真2　城門（城外から）

写真3　暗渠排水溝

④　城門を含めて、図6に示すとおり城門への登山道（想定侵入路）や城門内部の通路を背後の岩盤を遮断塀として利用することにより屈曲させるとともに、城門の背部の岩盤上部の列石の存在から小規模な城壁を造り二重の城壁（朝鮮半島では甕城という）を構築し、防御する側に有利な構造を採っている。

⑤　急斜面に造られているという地理的な制約のため、城門床面が他の古代山城とは異なり、少なくとも四段の階段になる特異な構造をもち（金田城跡南門の床面も階段である）[5]、床面下部には写真3の暗渠となる排水溝（鬼ノ城

北門[6]についで国内で二例目の確認）を備えるなど、城内から城門へ流入してくる雨水の排水対策も行っていることが判明している。

⑥　柱穴は南側壁に接する奥側岩盤上で二箇所を確認している他、折り返した北側壁の同じ位置に注穴と考えられる円形状に石囲いをした部分を一箇所確認している等、未確認の一箇所においても同様の柱穴が想定され、少なくとも四ケ所に柱穴の存在が考えられる。南側壁で確認した柱穴の平面形状は隅丸方形で、山側を二〇～三〇センチメートル削り、底面は平坦にしている。柱穴の確認により上屋の存在を実証することができたが、どのような規模・構造になるか現段階では不明である。

⑦　城門入口から二・五メートル内側で城門に直交する安山岩板石の敷石列を確認している。城門内において、排水溝の蓋石以外には板石は認められないことから、この敷石列は前述の注穴の確認から想定される門の城外側の上屋の軒先がこの辺りに位置するために軒先から流下する雨によって床面が傷まないように敷かれた可能性も考えられる。そのような想定が可能であれば、上屋の規模は、現在確認されている注穴数から想定される規模よりさらに大きくなる。

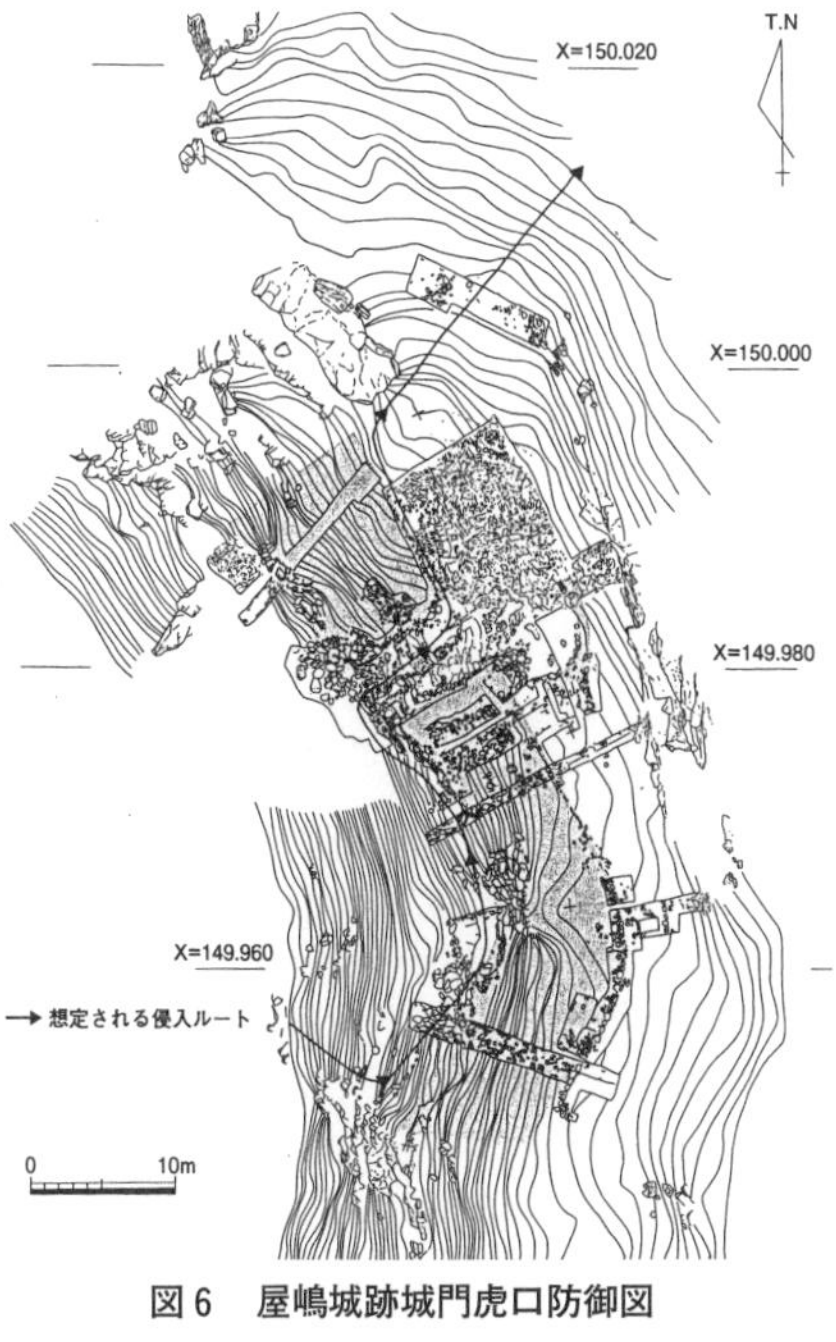

図6　屋嶋城跡城門虎口防御図

3　水　門

現在、屋島寺山門西側の谷部図3③（南水門）と屋島水族館北側の谷部図3②（北水門）の二箇所で確認している。敵が侵入しやすい谷部の防御と城内に溜まる水を排出する目的を兼ねることから通水部を中心に水の影響を受ける範囲は石積みで造られ、水の影響を受けないその両側は土塁（内托土段）で造られている。確認調査を実施した南水門通水部の状況からは（写真4・5）、長年の歳月を経た結果、石垣の崩落等が著しく、築城当初の状況を良好には残していないが、通水部にあたる部分の石垣の裏側は奥行き二メートルの範囲で岩盤が加工され、石垣と岩盤の間には十センチメートル前後の安山岩の栗石が充填されていることが判明した。通水部分には暗渠状の板石組などの構造物は存在しなかったことから、屋嶋城跡の水門は他の古代山城で確認されている石垣の一部に水を排出するための水口をもつ構造ではなく、石垣の間から水を排出する構造であったものと考えられる。古代山城が占地する谷部には水門が構築されるのが一般的であるが、遺構が認められる南嶺には四箇所の谷部が存在するが、城壁が構築されているのは前述の二箇所のみで、谷部の石材の散乱が著しく確認ができない一箇所を除き、現状では防御上において背面側にあたる東側の谷部には、人工的な構造物は認められない。

写真4　南水門通水部前面石垣

写真5　南水門通水部背面状況

4　城内施設

①　兵舎・倉庫

屋嶋城跡でも確認されるべき遺構であると考えられるが、前述のとおり屋島山上の平坦地、特に南嶺山上部は寺院や観光地として早くから人の手が加わり、確認することが困難な状況にある。他の古代山城では、敵に備えて駐留する軍隊のための兵舎跡や食料を保管するための倉庫跡が確認されている。屋嶋城跡では、屋島寺宝物館建設工事に伴う確認調査において、SX〇三とよばれる竪穴状遺構からは、少量ながら図7―1・2に示すとおり屋嶋城の存続時期に該当する遺物も出土しており(7)、現在の屋島寺を中心とする部分に屋嶋城跡に関係する城内施設の主要遺構が存在していた可能性が極めて高いと考えられる。

②　貯水池（図3）

一時期ではあるにせよ多くの兵隊が駐留することから、飲料水等の水の確保が必要である。かつては屋島山上の各所に溜池が存在していたが、現在、その多くが埋め立てられ残っていない。屋島寺の東側にある瑠璃宝池（通称血池）やその南側に現在も残る溜池などは、現在は駐車場となっている中間部分において実施した確認調査から池底と考えられる最下層から古代に遡る遺物も出土しており、現在も残る一連の池は、古代山城の貯水池であった可能性が高いと考えられる。

5　浦生石塁（図8）

北嶺と南嶺を分ける谷奥の標高一〇〇メートル前後の谷部を封鎖（遮断）するように造られた石塁で、全長は九〇メートル、石塁の底辺幅九メートル、天幅四メー

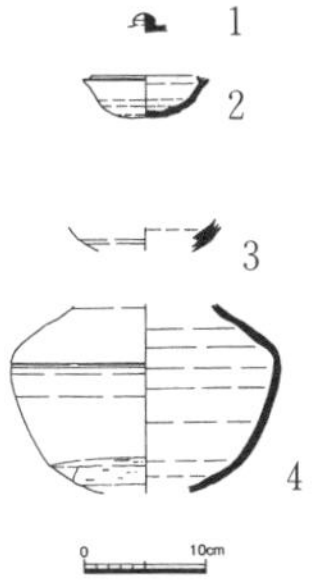

図7　屋嶋城跡出土遺物

る。[10]

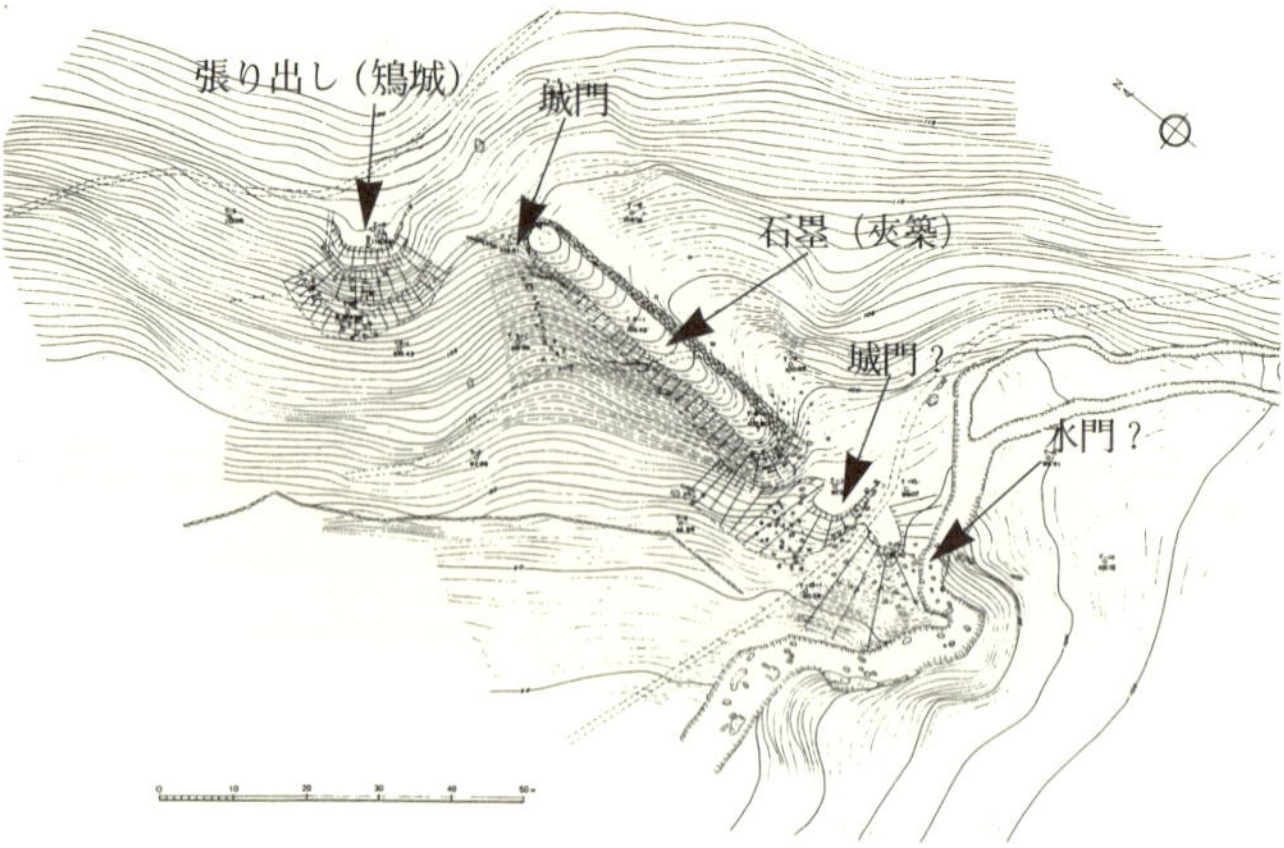

図８　浦生石塁遺構図

トル、高さ四メートルの規模をもつ夾築構造の大石塁である。北端近くの取り付き部には城門、その北側には雉城と考えられ台状の張り出しが存在し、城門へ侵入する敵に対して横矢掛けが行える配置になっている。現在は、上部からの土砂・雨水によって埋没または消失しているが、谷部には水が絶えず流入する場所であることから水門も想定される。長らく古代山城を示す唯一の遺構であったが、城壁が連続しないことから一般には不完全な古代山城との認識を持たれていたが、山上部の外郭線が明確となるに伴い、山上の遺構と併せて二重の防御線を構築しているとの認識ができるようになった。

浦生石塁のように山上部の外郭線とは別に交通路などの遮断を目的として外城を設ける例は、近隣では総社市鬼ノ城の麓（池ノ下地区）でもみられる[8]他、大宰府羅城[9]の一部として考えられている基肄城の麓にある関谷土塁やとおれぎ土塁と呼ばれる小水城なども位置関係から同様の遮断施設と考えられ、これまで確認されている古代山城と麓で確認されている小水城などの遺構の性格について再検討する研究会も実施されてい

五　四国島内の古代山城の諸例

前章では、現在判明している屋嶋城跡の各遺構の詳細について述べた。ここでは四国島内における他の古代山城について分析を行い、屋嶋城跡との違いを抽出することとしたい。

四国島内には屋嶋城跡以外に二つの古代山城が存在する。一つは同じ讃岐にあり、古代山城としては早くから認知されていた城山城と伊予にある永能山城である。これらの二つの古代山城は、占地、城壁構造、城壁付属施設等に違いが認められる。

1　城山城（図9・10）

城山城は坂出市の東南に位置し、備讃瀬戸を望む標高四六二メートルの独立丘陵に立地し、丘陵東裾には国府域や白鳳寺院である開宝寺跡が国府域に近接して所在している。

平成八年（一九九六）には古代山城研究会が城門や門礎石である唐居敷の実測図を公表するとともに城山城に関する分析を行っている[11]。平成一〇年度（一九九八）からは坂出市教育委員会による外郭線城壁の図化

図9　城山城遺構図

1　城門　　2　水門

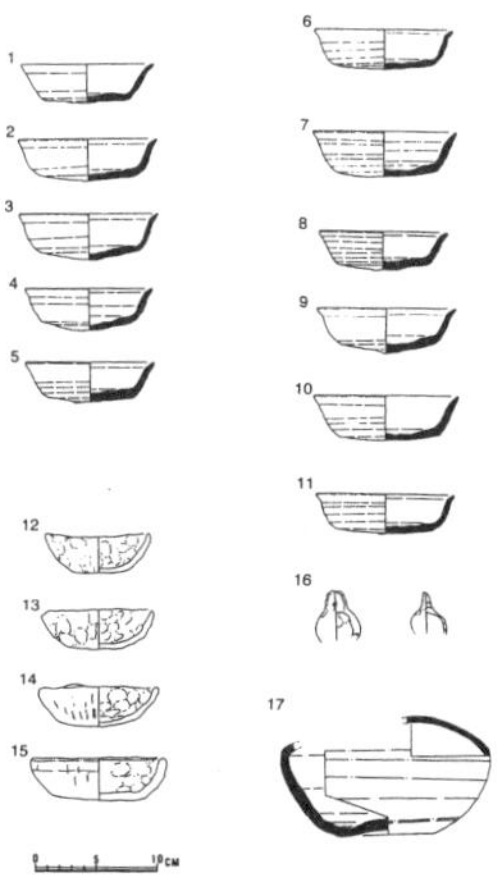

図10　城山城出土遺物

作業を中心に確認調査が行われている(12)。

城に関係する遺構は山頂付近を中心に認められ、内郭の周囲は約三・五キロメートルにわたって防御正面である北西側は石塁を主体に背面側である部分は土塁で造られた城壁である。城壁の大半は内托構造であるが、城門付近は夾築構造となる。付属施設として城門と水門を備える。外郭は内郭の北西（海岸）側の山腹を中心に、土塁が約四・二キロメートルにわたって囲繞するが、内郭に認められた城門・水門は未確認であり、大きな谷部付近では、外郭線の城壁が不明瞭となる。城郭構造は前述のとおり内郭・外郭の複郭構造をとっている。城内の各所には、城門の唐居敷である「コ」ノ字形門礎石が認められ、確認された位置からは城門が想定できない場所であることから、何らかの理由により移動途中で廃棄されたものと考えられる。

出土遺物は、図10に示す須恵器杯を中心とする土器が城の南西側の坂本バエと呼ばれている緩斜面からまとまって出土したと伝えられている。土器の特徴から七世紀後半頃の時期が考えられている。

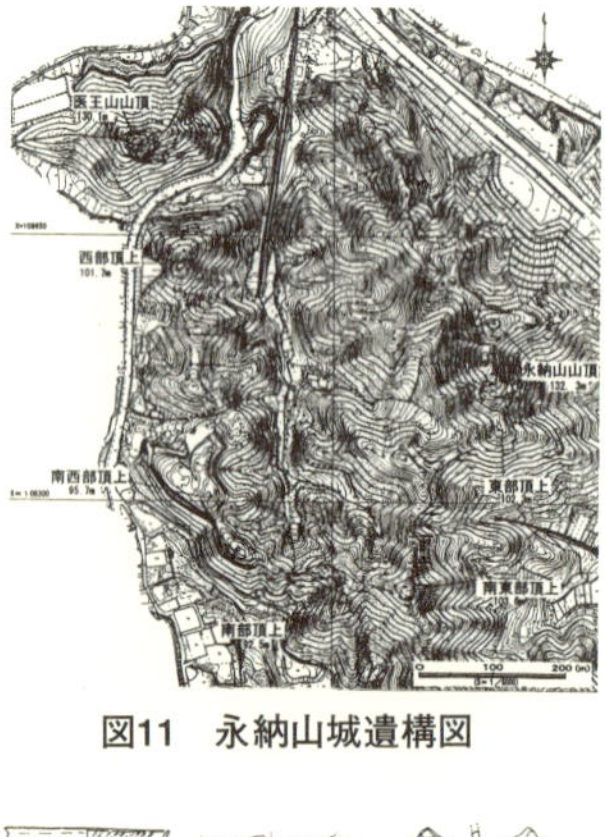

図11　永納山城遺構図

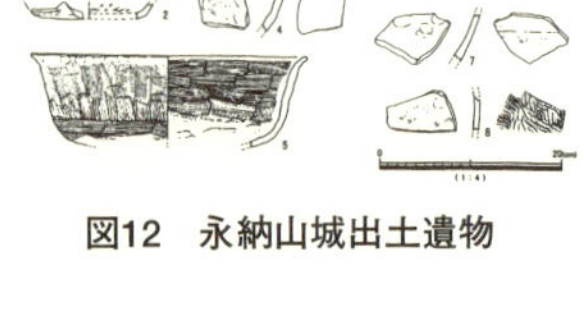

図12　永納山城出土遺物

2　永納山城（図11・12）

燧灘西端の高縄半島の東側、今治平野と道前平野を分けるように西から東に伸びた丘陵地帯の中の永納山に位置する。平成十四年度（二〇〇二）から西条市（旧東予市）教育委員会による継続した確認調査が行われており(13)、城の特徴を示す多くの基礎資料を成果としてあげている。城に関係する遺構は、丘陵中央部に存在する大きな谷を取り込み、標高三五メートルの山裾から標高一二〇メートルの山頂近くまでを取り込んだ前面に列石をもつ夾築土塁を中心とする城壁であるが、城域の北西部分では城壁前面が石垣となる部分も認められ、周囲二・五キロメートルを囲繞する。城壁標高の最低点付近に城門・水門を備えていたと想定されるが、想定部分にはJR予讃線が通過しており、現在、確認ができない状況にある。

永納山城は、城の占地が山裾から山頂にかけて囲繞する特徴をもち、この占地は九州の神籠石系山城に似た状況を示し、瀬戸内海周辺部に所在する古代山城の中ではやや異なっている。ただし、九州の神籠石系古代山城の城壁前面裾に切石の列石を配置するのに対して永納山城は列石に割石を使用するなどの地域差も見られる。

出土遺物は、図12に示す土師器を中心とする土器が城の南西部にあたるH一四—2トレンチの土塁崩落土中から出土しており、その中の土師器杯が八世紀第2四半期の年代が与えられている。報告者は永納山城の存続時期の下限を示すものと考えられている。

六　屋嶋城の存続期間

前章では、四国島内に所在する古代山城について簡単ではあるが分析を行った。四章で詳細を述べた屋嶋城跡の各遺構の調査成果と四国島内での古代山城の調査成果をもとに屋嶋城の存続期間について考えてみることにする。白村江の戦いの敗戦を受け、築城された屋嶋城であるが、以下の状況から、瀬戸内海周辺部に所在する他の古代山城とは異なり、長期間は存続していなかった可能性が高いと考えられる。

1　『日本書紀』天智天皇一〇年末尾の記述

築城の記事から四年後には同じ『日本書紀』の天智天皇一〇年（六七一）の末尾には、「是年、讃岐国山田郡人家、有二鶏子四足者一」という記述がみられる。讃岐国山田郡で時の政権に対して不満を持つものが乱を起こしたものと想定される（多足の動物は五行思想では奸臣や乱を意味する）。屋嶋城の築城に対して山田郡の豪族や民衆の多くが土木工事等の重労働に駆り出され、相当疲弊していた可能性がある。(14) 一方、大陸では、唐と新羅との勢力が拮抗し海を渡ってまで日本へ侵攻する余裕は両国にはなかったと考えられている。そのような大陸側の情勢がうまく伝わらず、長期間の戦闘体制維持が上記のような暴動へ向かったものと考えられる。その後、天武元年（六七二）の壬申の乱で近江朝の防衛体制が崩壊し、政権を握った天武朝は新羅と修好をはかる政策（朝鮮半島不介入）をとっていく中で、他の古代山城の多くが後に成立する国府との結びつきをもつのに対して、国府から遠距離であること、讃岐国で二つの城の短期間の築城とその後の維持管理は大きな負担であったことから、屋嶋城は早々に廃城になったと考えられる。

2　城門構造の変化「懸門」から「平門」へ

屋嶋城跡城門構造の大きな特徴である城門前面の「懸門」構造が他の古代山城の城門前面では、後の修復によると考えられる階段になる例（金田城南門）、スロープになる例（鬼ノ城西門）などがみられ、「懸門」構造から「平門」構造への変化がみられる。戦いが繰り返された朝鮮半島では、圧倒的に「懸門」構造が多く、一方、日本では「平門」構造が多い。これらの構造変化は戦いのための施設としての機能が失われていることを示しているのではないかと考えられる。修復されたと考えられる古代山城から出土する遺物の年代は七世紀第3四半期のものもみられるが、それよりも後出する七世紀第4四半期から八世紀第1四半期頃のものが多く出土しており、屋嶋城跡から出土する土器にはそのような傾向はみられない。

3　「コ」ノ字形門礎石の有無

瀬戸内海沿岸部に所在する古代山城（石城山城・鬼ノ城・播磨城山城・讃岐城山城）には「コノ字形門礎石」と呼ばれる方形の刳り方をもつ門礎石がみられる（図13）。このうち鬼ノ城を除く三城には軸摺り穴と呼ばれる門扉を支える穴が穿たれておらず、最終的に門部分に設置された鬼ノ城のみに存在する。他の三城では、移動途中で放棄された状況を示す。これは軸摺り穴が門礎石を門に設置されてから初めて行われる作業であることを示しており、他の三城は未完成であったことを示し、他の三城と鬼ノ城には、存続期間に差がみられる。最近の発掘調査において、屋嶋城と構造的に多くの共通点をみいだせる鬼ノ城に門礎石が存在し、屋嶋城城門には存在しないこと、瀬戸内海沿岸に所在する古代山城のうち城の占地が他の古代山城と大きく異なる永納山城にも同様に存在しないことは、これらの古代山城の間には築城や存続期間に差があることを示している。

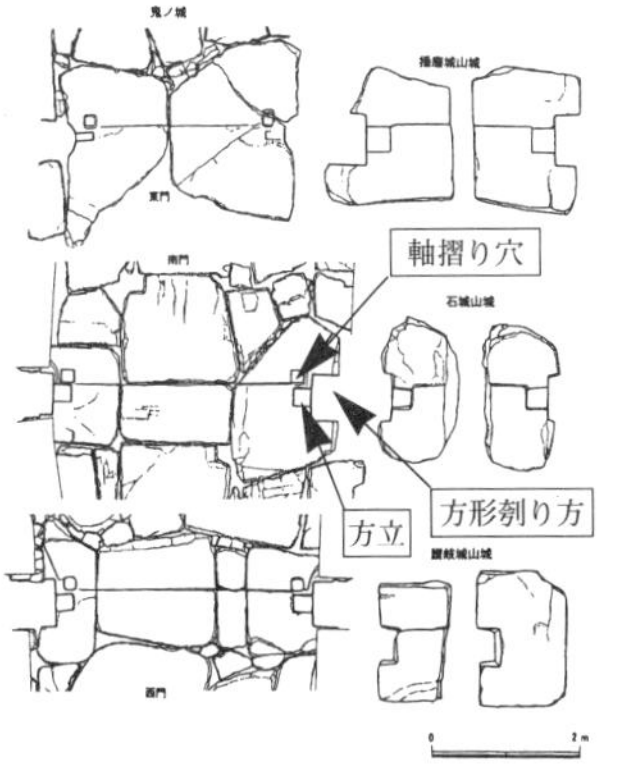

図13　瀬戸内沿岸の各古代山城で確認された「コ」ノ字形門礎石

六　おわりに

1　古代山城屋嶋城の重要性について

長い間、その存在を含め城の構造等が不明であった屋嶋城跡であるが、近年の確認調査によって、その実体が次第に明確になりつつある。その調査成果からは、築城から短期間のうちに廃城となったことが、各遺構の構造や出土遺物から判明している。その成果は天智天皇六年（六六七）に築城された当時の状況を示しているものであり、日本における古代山城の原型を残している数少ない古代山城であるといえる。城門一つをとってみても、その成果は屋嶋城跡の構造解明にとどまらず、他の古代山城の構造を考える上で重要である。屋嶋城跡の確認調査成果から見えてくる状況は、現在、九州および瀬戸内海周辺部に残る古代山城の各遺構の状況が築城当時のものではなく、修築を重ねた最終段階であることを認識した上で検討すべきであることを示している。

2　屋嶋城跡の調査成果から見た四国島内における古代山城について

最後に屋嶋城跡の調査成果から見た四国島内における古代山城について述べ、おわりとしたい。四国は瀬戸内海南岸における防御線ルートにあたり、対岸には山陽道に近接して設置された瀬戸内海北岸における防御線ルート、さらには最前線の北部九州・対馬に所在する古代山城が存在する。四国内の古代山城をとってみても、各古代山城の占地や城壁構造に違いがみられ、この違いは四国外の古代山城から出土する遺物などの比較検討から築城時期や存続時期の差として認められる。このような状況から考えられることは、現在、瀬戸内海周辺部にみられる古代山城の分布状況が白村江の敗戦を受け、近江朝によって整備された七世紀第3四半期の古代山城の分布を単純に示しているとは思えず、近年の調査成果からは、また違った分布状況が見えてくる可能性が高いと考えられる。四国島内に限ってみても存在する古代山城の三城が同時に並存していた可能性は極めて少ないと言える。特に城の占地や城壁構造に大きな違いが認められる永納山城が構築され機能するのは、城壁土塁の崩落土中より出土した土器から導き出される八世紀第2四半期に近い時期が想定されるのに対して屋嶋城跡はその段階まで下る遺物は出土しておらず、城としての機能を停止しているものと考えられる。白村江の戦いの敗戦を受け対外防備のために造られた古代山城であるが、当時の中央政権にとって古代山城を構築するということは、労働力や軍事力を掌握し、地方支配を進めていく上での大きな政策手段であったと考えられる。唐と新羅の朝鮮半島における覇権争いが続く中で、対外防備に備えつつも、古代山城がもつ防御機能を最大限利用する形で次第に対内防備の施設として利用され、出土遺物などから八世紀第1四半期頃に地方支配が確立する中でその役割を終えるものと考えられる。

注

(1) 関野　貞「天智天皇の屋島城」『史学雑誌』第二八編第六号　史学会　一九一九年
岡田唯吉「屋島」『史蹟名勝天然記念物調査報告』第一　香川県　一九二二年
藤井雄三『屋島城跡』高松市教育委員会　一九八一年

(2) 村田修三「研究室旅行こぼれ話—屋島城—」『寧楽史苑』第三〇号　奈良女子大学史学会　一九八五年

(3) 平岡岩夫「屋嶋城跡の新発見の石塁について」『溝漊』第七号　古代山城研究会　一九九八年

(4) 山元敏裕編『史跡天然記念物屋島Ⅰ』高松市教育委員会　二〇〇三年
山元敏裕『屋嶋城跡Ⅱ』高松市教育委員会　二〇〇八年

(5) 田中淳也「金田城跡南門の調査成果について」『溝漊』第十三号　古代山城研究会　二〇〇七年

(6) 村上幸雄・松尾洋平『古代山城　鬼ノ城』岡山県総社市教育委員会　二〇〇五年

(7) 川畑　聰「第四章　まとめ」『屋島寺』高松市教育委員会　二〇〇七年
報告者は竪穴状遺構ＳＸ〇三から出土した土器について大阪府陶邑編年ＴＫ二一七併行の七世紀第２四半期を想定し、屋嶋城とは若干の時期差を想定しているが、最近の須恵器編年研究ではＴＫ二一七と併行する飛鳥Ⅱを暦年代では七世紀中葉すぎから六七〇年頃までとする編年観が示されており、屋島寺の調査で出土した須恵器杯ＨやＧ蓋つまみは正に屋嶋城が機能した時期と合うものであると考えられる。

白石太一郎「第三章　須恵器の暦年代」『年代のものさし―陶邑の須恵器―』大阪府立近つ飛鳥博物館二〇〇六年

（8）注（6）文献に同じ

（9）阿部義平「日本列島における都城形成―大宰府羅城の復元を中心に―」『国立歴史民俗博物館研究報告』第三六集　一九九一年

（10）「大宰府羅城と宮地岳山城―羅城シンポジウム―」『溝乄』第一三号　古代山城研究会　二〇〇七年

（11）向井一雄・工藤茂博・今井和彦「讃岐城山城跡の研究」『溝乄』第六号　古代山城研究会　一九九六年

（12）今井和彦「第二章　史跡城山発掘調査」『坂出市内遺跡発掘調査報告書　平成一〇年度国庫補助事業報告書』一九九九年

（13）渡邊芳貴『永納山城跡・平成一四年度～一六年度調査報告書―』西条市教育委員会　二〇〇五年

（14）大山真充「変動の七世紀」『さぬき国分寺町誌』国分寺町　二〇〇五年

慶長の役における「四国衆」

津野　倫明

はじめに

地方史研究協議会第五八回大会の共通論題は「四国―その内と外と―」であり、本稿の課題はこの論題にかかわる事例の提示とその意義の検討である。具体的には慶長の役における四国諸大名の動向を考察してゆくが、秀吉の戦略構想においては四国諸大名がいかなる観点にもとづいてどのように認識されていたのか、また四国諸大名が実態としてはどのような軍事行動をとっていたのか、これらを解明することで前記の課題にせまってみたい。

ここで、本稿における考察の研究史的意義にも言及しておきたい。朝鮮出兵に関する研究は戦前から優れた研究が蓄積されてきたもの(1)の、慶長の役については諸大名の基本的動向の解明がいまだ課題として残されている(2)。よって、同役における四国諸大名の動向を考察する本稿は朝鮮出兵研究を進展・深化させてゆくためにも必要と考えられる。

一　秀吉の戦略と「四国衆」

文禄五年（一五九六）九月に日明間の講和交渉が決裂したため秀吉は年内に小西ら九州の大名を、翌年には「四国・中国之衆」を派遣する方針を表明し、[3]翌年にあたる慶長二年（一五九七）二月には次のような朱印状をもって本格的な戦略を渡海諸将に布告した。

史料1[4]

一　先手動之義、加藤主計頭（清正）・小西摂津守（行長）、以鬮取之上、可為二日替、但非番者二番目ニ可相備事、（一条）

一　六番　羽柴土佐侍従（長宗我部元親）
　　　　藤堂佐渡守（高虎）
　　　　池田伊予守（秀雄）
　　　　加藤左馬助（嘉明）
　　　　来島出雲守（通総）
　　　　中川修理大夫（秀成）
　　　　菅平右衛門尉（達長）（五条）

一　七番　蜂須賀阿波守（家政）
　　　　生駒讃岐守（一正）
　　　　脇坂中務少輔（安治）（六条）

一　先手動等之義、各以相談之上、多分ニ付、可随其候、ぬけかけニ一人二人として申やふり候者、可為曲事事、（一五条）

一　赤国（全羅道）不残悉一篇ニ成敗申付、青国（忠清道）其外之儀者、可成程可相動事、（一七条）

一　船手之動入候時者、藤堂佐渡守（高虎）・加藤左馬助（嘉明）・脇坂中務少輔（安治）両三人申次第、四国衆・菅平右衛門（達長）并諸手之警

固船共可相動事、（一八条）
一　右動相済上を以、仕置之城々所柄之義、各見及、多分ニ付而城主を定、則普請等之儀、為帰朝之衆令割苻、丈夫ニ可申付事、（一九条）
慶長弐年二月廿一日　〇（秀吉朱印）
生駒讃岐守《（一正）》とのへ

まず、ここに示された秀吉の戦略の要点を確認しておきたい。A―先手の軍事行動は諸将の多数決で決定する（一五条）。B―先手はまず全羅道を制圧し、忠清道などそのほかに関しては状況次第で侵攻してゆく（一七条）。C―B終了後に「仕置之城」の城地を選定し、諸将の多数決で城主を決定し、普請などは帰国予定の諸将が担当する（一九条）。こうした秀吉の戦略にしたがって渡海諸将は行動してゆくことになるわけで、この二月に発された軍令（以下二月令と略）は慶長の役においてきわめて重要な位置をしめている。

また、右の朱印状では省略部分も含めて先手の「一番」～「八番」の部隊編成も提示された。本稿でその動向を考察する四国諸大名にかかわる部隊の場合は、六番隊に土佐の長宗我部、伊予の藤堂・池田・加藤・来島、豊後の中川、淡路の菅が編成されており、七番隊には阿波の蜂須賀、讃岐の生駒、淡路の脇坂が編成されている（表1）(5)。四国諸大名を国別に整理してみると、六番隊には土佐・伊予、七番隊には阿波・讃岐の諸大名が属しており、とくに前者に伊予の四大名がいずれも属している点からすると、秀吉は「国」を意識して部隊編成をしたと考えられる。また、議論を先取りすることになるが、後者の蜂須賀・生駒の両軍が行動をともにしている事実が確認され、秀吉は四国諸大名のうちでもこの両氏を一つのユニットとみなしていたと考えられる。以下ではこれらの点、すなわち①秀吉が「国」を意識して部隊編成したこと、②蜂須賀・生駒の両氏をユニットとみなしていたこと、これらに留意しつつ、考察を

表1　二月令の部隊編成

所属隊	領国	大　名	軍役人数
六番	土佐	長宗我部	3000
	伊予	藤堂	2800
	伊予	池田	2800
	伊予	加藤	2400
	伊予	来島	600
	豊後	中川	1500
	淡路	菅	200
七番	阿波	蜂須賀	7200
	讃岐	生駒	2700
	淡路	脇坂	1200

表2　文禄の役開始時の部隊編成

所属隊	領国	大　名	軍役人数
五番	土佐	長宗我部	3000
	伊予	福島	4800
	伊予	戸田	3900
	伊予	来島	700
	阿波	蜂須賀	7200
	讃岐	生駒	5500

すすめてゆくことにしたい。

ところで、文禄の役において秀吉は九州・四国・中国の諸大名を「地域的な軍団に編成した(6)」と指摘されている。実際、同役当初の部隊編成では、四国諸大名がいずれも五番隊に編成されていた（表2）(7)。ここに四国諸大名を一括して把握する志向が看取されるものの、これに対して二月令では四国諸大名と豊後・淡路の諸大名が混在する編成となっている。一括把握の志向は消滅あるいは後退したかにも思われるが、そうではない。それは一八条に「四国衆」なる呼称があり、秀吉はこの呼称を慶長の役終盤においても使用しているからである。では、秀吉は四国諸大名をいかなる観点で一括把握していたのであろうか。

一八条によれば、「四国衆」は淡路の菅勢とともに必要に応じて「船手」に編成されることになっており(8)、ここに「四国衆」共通の性格を看取すべきであろう。同条で水軍の召集権も付与されている藤堂高虎・加藤嘉明の場合は後述のごとくほぼ水軍として活動しており、「四国衆」個々の差異は否定できないものの、水軍としての性格を帯びていたところに「四国衆」の共通性を認めてよかろう。小田原の役にそなえて発給された天正一七年（一五八九）の一二月五日付秀吉朱印状においても、長宗我部・来島・蜂須賀・生駒・福島・戸田の諸勢すなわち当時の四国諸大名すべてが「船手人数」にあがっている。(9) 秀吉はかねてより四国諸大名を水軍としての軍事力を期待しうる大名とみなしており、かかる観点にもとづいて二月令でも「四国衆」なる集団として一括把握していたのである。

実際、慶長の役の緒戦である慶長二年七月一五日の巨済島の海戦（以下、適宜付図参照）に高虎・嘉明のほか蜂須賀家政・長宗我部元親・来島通総も参加しており、(10) これら「四国衆」の水軍としての軍事行動が知られる。なお、この海戦での戦功をめぐり、秀吉から水軍の召集権を付与されていた高虎と嘉明との間には確執が生じ、そのことが以後の両者の動向に影響をおよぼしたと考えられるので、先の①②と同様に留意しておきたい。

二　実際の部隊編成と全羅道・忠清道侵攻

七月下旬頃、渡海諸将は毛利秀元の釜山到着をうけて合議し、部隊を「二手」に分けて全羅道に侵攻する方針を決定し、秀吉もそれを「可然候」と認めた。(11) 諸将は二月令のBにしたがって全羅道侵攻に向かうわけであるが、それに際してやはり二月令のAにしたがって部隊編成を合議のうえ決定したのである。中野等氏が指摘するように諸将には「戦略的な決定権はほとんど与えられていない」(12) ものの、ただ、この合議が示すように部隊編成については現地の裁量おそらくは多数決による決定に委ねられていたのである。(13) そのため、二月令で秀吉が示した部隊編成と実際の部隊編成との差異が生じるのである。この合議では「二手」すなわち右軍・左軍が編成され、これらとは別に水軍も編成され、「四国衆」に関しては長宗我部・池田の両勢が毛利秀元らの右軍に、蜂須賀・生駒の両勢が宇喜多秀家らの左軍に、そして藤堂・加藤・来島の諸勢は水軍に、それぞれ属すことになった。(14)「四国衆」は六番隊・七番隊といった編成とはまったく異なる部隊編成で軍事行動をとることになったのである。七番隊であった蜂須賀・生駒の両勢はともに左軍に属しているものの、脇坂勢が水軍に属しているように七番隊も解体されているが、ここでは前述の②との関係で、蜂須賀・生駒の両勢がともに左軍に属していた点に注目しておきたい。

　これら三軍は釜山あるいはその周辺から全羅道に向けて進軍してゆく[15]。右軍は慶尚道を北上し、八月一四～一六日の黄石山の戦いを経て全羅道に侵入して全州にいたる。左軍は慶尚道南部を河東まで西進して同地で八月一〇日頃までにやはり西進してきた水軍と合流し、ともに全羅道に侵入したのち八月一三～一五日に南原城を攻略して全州にいたる。ここで、来島通総が南原城攻略や巨済島の海戦に参加していたことを示す史料を掲げたい。

史料2[16]

八月十六日注進状加披見候、赤国内南原城大明人楯籠処、去十三日取巻、同十五日令落居付而、其方手前首数四百六十一討捕、即鼻到来候、粉骨至候、最前番舟切捕、度々手柄無比類候、弥先手動之儀、各申談、丈夫可申付事肝要候、猶増田右衛門尉（長盛）・徳善院（前田玄以）・石田治部少輔（三成）・長束大蔵大輔（正家）可申候也、

九月十三日　〇（秀吉朱印）

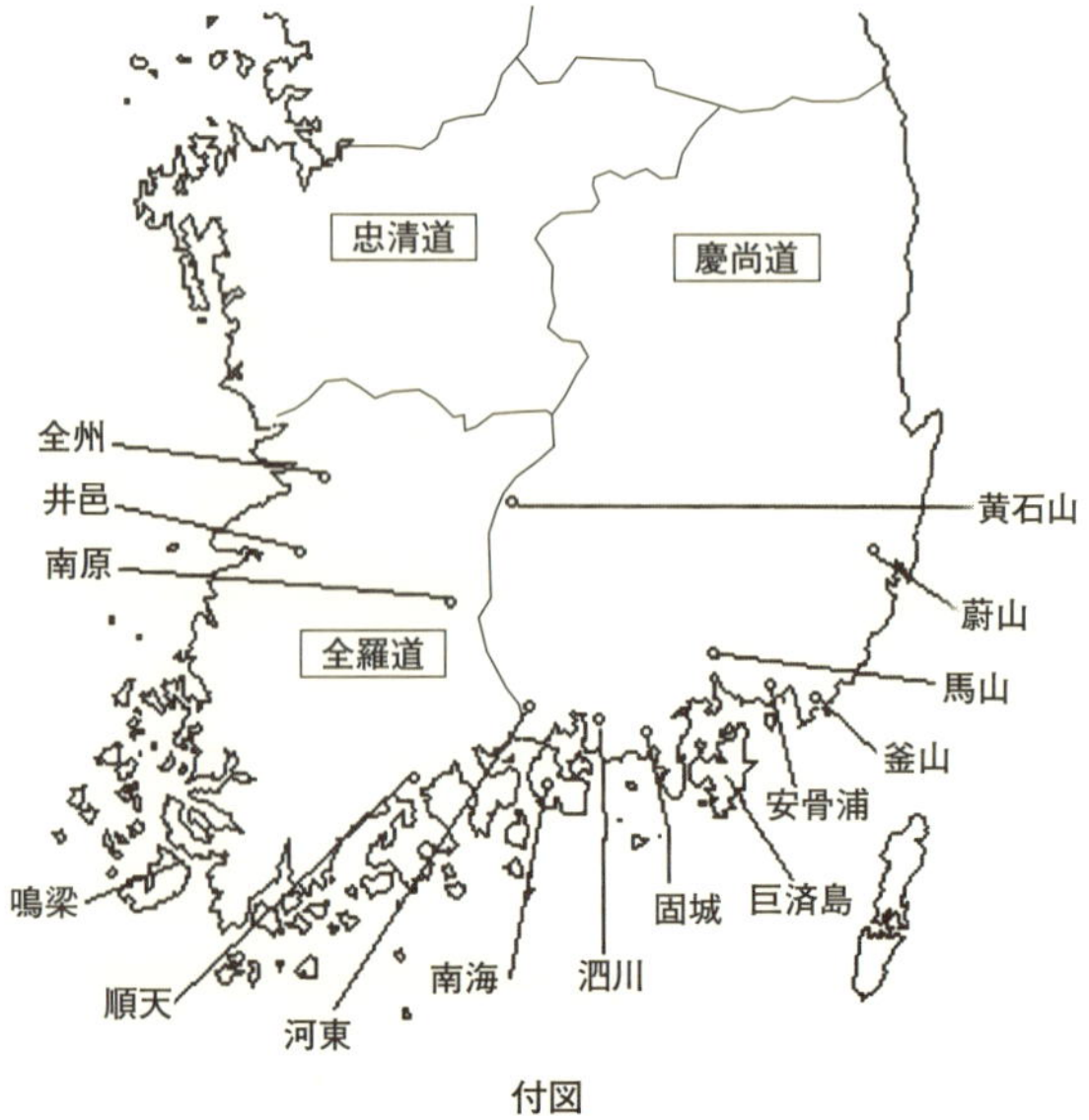

付図

来島出雲守（通総）とのへ

これは南原城攻略の報に接して秀吉が発給した朱印状であり、前半部分から「首数四百六十一」を討ち取った来島勢の戦功が知られる。同日付朱印状が高虎と嘉明にも発給されており、首数がそれぞれ「弐百六十九」「五十五」となっているほかは同内容である。[17] これらにより攻略に参加した「四国衆」のうち来島・藤堂・加藤の諸勢の奮戦ぶりが具体的に知られるわけだが、ここで史料2の後半部分の「最前番舟切捕」なる記述に注目したい。嘉明宛朱印状にはまったく同じ記述があり、高虎宛朱印状にも「最前番船伐捕」なる記述がある。加藤・藤堂の両勢が南原城攻略以前に番船（朝鮮の軍船）を討ち取る戦功をあげた戦闘は巨済島の海戦にほかならない。よって、史料2の「最前番舟切捕」なる記述は巨済島の海戦に関するものであり、来島勢もこの海戦に参加したと考えて大過あるまい。

さて、前述のごとく三軍は全州に集結する。ここで八月二六日に先手の諸将が一堂に会して開かれたのが全州会議である。この会議の参加者と決定を直接示すのが八月二六日付諸将連署状写[18]で、日本国内の秀吉に決定を上申する内容となっている。なお、連署者のうち「四国衆」は長宗我部元親（同盛親も）・藤堂高虎・池田秀雄・加藤嘉明・蜂須賀家政・生駒一正であり、来島通総だけがみられないものの、これは書写に際する書き落としと推測しておきたい。

諸将は全州会議で多数決により、次のような決定をした。

1　忠清道侵攻にあたり部隊を再編成する（当初の部隊編成と区別して〈　〉を付す）。

〈左軍〉小西行長・島津義弘・蜂須賀家政・生駒一正・宇喜多秀家

〈中軍〉黒田長政・毛利秀元

〈右軍〉加藤清正・鍋島直茂・長宗我部元親・池田秀雄・中川秀成・毛利吉成・日向衆

水軍　当初のとおり（「四国衆」は藤堂高虎・加藤嘉明・来島通総）。

2　忠清道侵攻後、〈右軍〉加藤・〈中軍〉黒田の両勢に〈中軍〉毛利勢のうち二〇〇〇〇人を加えた計三五〇〇〇人は慶尚道に直接戻り、加藤清正・黒田長政の「城所」に移動して普請にあたる。また、慶尚道への「ミち筋」を侵攻してゆく。普請については、慶尚道に駐留している小早川・浅野の両勢も加わる。

3　忠清道侵攻後、加藤勢を除く〈右軍〉や〈中軍〉毛利勢の一部、そして〈左軍〉の計七八七〇〇人は全羅道に戻り、「海陸共ニ撫切」にしてゆく。

4　水軍の七〇〇〇余人は忠清道に侵攻せず、全羅道沿岸を侵攻してゆく。

5　全羅道侵攻が終了次第、「仕置城」の普請にとりかかる。

これらは二月令のA・B・Cをふまえた決定であり、諸将には「戦略的な決定権はほとんど与えられていない」ものの、部隊編成については裁量に任されていたことが再確認される。ここで、「四国衆」の所属部隊と以後の侵攻計画を整理しておきたい。〈左軍〉に属す蜂須賀・生駒の両勢および〈右軍〉に属す長宗我部・池田の両勢はまず忠清道に侵攻し、ついで全羅道に侵攻し、しかるのちに「仕置城」普請にあたる。一方、水軍に属す藤堂・加藤・来島の諸勢は全羅道沿岸に侵攻したのち「仕置城」普請にあたる。かかる計画の実施状況を示すのが、後述の井邑会議に際して作成された「高麗陣諸将郡割並ニ陣立人数書出案」(19)である。とくにその後半が忠清道侵攻と水軍の全羅道侵攻に関する部分で、大名の名が記載され、その下に担当地域が記載されている。「四国衆」に関する記載を摘記すると次のようになる。

〈左軍〉蜂須賀家政・生駒一正――扶余・臨陂
〈右軍〉長宗我部元親――珍山
　池田秀雄――地名の記載なし

水軍　「船手衆」（大名名の記載なし）—咸平・務安・珍島・興陽

蜂須賀・生駒の両勢はともに忠清道の扶余・全羅道の臨陂を、長宗我部勢は全羅道最北部の珍山を、それぞれ侵攻したと判断される。池田秀雄に関しては地名の記載がなく侵攻地域は不明であるが、直後に中川秀成の名が記されており（地名の記載なし）、後述の全羅道侵攻の状況からみて秀成と同行していたと推測される。また、水軍は大名名の記載がなく、さらに井邑会議に参加していないので、記載された全羅道沿岸部の地域への侵攻については慎重に判断する必要があるものの、珍島周辺に侵攻したのは確かである。

史料3[20]

九月十八日之書状、被加披見候、番船少々赤国之内水栄浦ニ有之処、即時追散之由、被聞召届候、就其来島出雲（通総）事、手負相果候旨、不便ニ被思召候、息右衛門（康親）一事可罷越旨候間、則被遣候、猶増田右衛門尉（長盛）・石田治部少輔（三成）・長束大蔵太輔（正家）、可申候也、

十月十五日　〇（秀吉朱印）

毛利民部太輔（友重）とのへ
脇坂中務少輔（安治）とのへ
加藤左馬助（嘉明）とのへ
菅平右衛門尉（達長）とのへ
藤堂佐渡守（高虎）とのへ

これは九月一六日の鳴梁の海戦における来島通総戦死の報に接して秀吉が発給した朱印状である。鳴梁は右水営と珍島の間の海峡であり、宛所にも着目すると来島勢だけでなく加藤・藤堂の両勢もやはり珍島周辺に侵攻していたこ

とが判明する。よって、「四国衆」のうちで水軍に編成された諸勢は珍島など全羅道沿岸部を侵攻したとみてよかろう。

本章における考察の結果、七月下旬頃の部隊編成、八月下旬の部隊再編成、これらのいずれにおいても「四国衆」が一括しては編成されていないことが明らかとなった。この編成・再編成は二月令のA・B・Cを遵守する諸将の合議によるものであるが、しかし六番隊・七番隊といった秀吉による編成や「四国衆」を一括把握する秀吉の志向は反映されていない。少なくとも、この時期までは四国諸大名の「四国衆」なる集団としての軍事行動は観察されない。一方で、七番隊に編成されていた蜂須賀・生駒の場合は、ともに当初は左軍に属し、再編成でもともに〈左軍〉に属し、さらに忠清道侵攻に際してはいわば一つの組を構成していた。これらは偶然ではなく、②すなわち秀吉が蜂須賀・生駒の両氏をユニットとみなしていたことが反映された結果と考えるべきであろう。

三　全羅道侵攻と「仕置城」普請

全州会議の決定3では、加藤勢を除く〈右軍〉や〈中軍〉毛利勢の一部、そして〈左軍〉の計七八七〇〇人は忠清道侵攻後に全羅道に戻ることになっていた。これにしたがって全羅道に戻ってきた諸将は井邑の家政の陣で九月一六日に会議を開く。この井邑会議の参加者と決定を直接示すのが九月一六日付諸将連署状写(21)で、秀吉に決定と戦況を上申する内容となっている。「四国衆」では、〈右軍〉の長宗我部元親（同盛親も）・池田秀雄、〈左軍〉の蜂須賀家政・生駒一正が参加したが、水軍の来島通総・加藤嘉明・藤堂高虎は会議当日に前述のごとく鳴梁の海戦にのぞんでいた。ここでの上申との関係で作成されたのが「高麗陣諸将郡割並ニ陣立人数書出案」であり、前半が会議で決定された以後の全羅道侵攻計画に関する部分となっている。井邑会議では全州会議の決定3にしたがい全羅道侵攻計画がたてられたのであり、それを示す前半部分は「一番郡割之事」「二番目郡割之事」（以下「一番」「二番」と略）のそれぞれに地域名が列挙され、その下に担当大名の名が記載されている。「四国衆」に関する記載を摘記すると次のようになる。

	「一番」		「二番」
長宗我部元親	― 古阜	→	羅州
池田秀雄（＋中川秀成）	― 泰仁	→	光州
蜂須賀家政・生駒一正	― 井邑・高敞	→	南平・霊岩
「船手衆」	― 咸平・務安	→	「輿瑞」（興瑞カ）

記載地域の位置からすると、「一番」「二番」の名称どおりの順で全羅道を南下する計画であったと判断される。なお、「船手衆」すなわち水軍については「一番」記載の地域は「高麗陣諸将郡割並ニ陣立人数書出案」の後半部分にも記載がある。これは水軍が会議に参加しておらず、会議までの侵攻状況が不明だったために生じた混乱であろう。

「四国衆」に関しては関連史料が乏しいので、まずは他の大名にそくして「一番」「二番」の実施状況を述べておきたい。[22]鍋島勢の場合は、「一番」では金溝・金堤、「二番」では和順・綾城が担当地域となっており、金溝・金堤に侵攻した事実は確認されるが、和順・綾城は不明であり、一方、「二番」で島津勢の担当地域とされていた康津に駐屯した事実が確認される。また、吉川広家ら毛利勢の一部の場合は、「一番」では茂長・霊光、「二番」では珍原・昌平が担当地域となっており、霊光および珍原に侵攻した事実は確認されるが、他は不明である。よって、「一番」「二番」はあくまで計画案を記した案と判断するほかなく、必ずしもその記載どおりに計画が実施されたわけではない。

ただ、右のように実施が確認される事例があるので、「四国衆」についても「一番」「二番」に記載された地域に侵攻した可能性が高いと指摘しておきたい。例えば、長宗我部勢に関しては二次的な史料ではあるが、『元親記』の

「元親はこぶい《古阜》。なじう《羅州》と云二郡の請取也」[23]という所見があり、計画を実施したとみなしうる。蜂須賀勢に関しては九月二七日に配下の森水軍が朝鮮の鄭希得を霊光沿海で捕らえており、この霊光は前述のごとく吉川広家らの担当地域で、蜂須賀勢よりも先に同地に侵攻していた。よって、蜂須賀勢はまず井邑から高敞に進撃し、霊光を経て南平・霊岩に侵攻あるいは駐屯したと推測しておきたい[24]。「一番」「二番」によれば、この蜂須賀勢と生駒勢は一つの組として行動したと考えるべきで、全羅道侵攻においても従来どおり蜂須賀・生駒の組が健在であったとみてよい。この組という観点から注目されるのが池田勢と中川勢であり、「一番」「二番」をふまえると、忠清道侵攻の際にも両者は一つの組として行動したと推測される。水軍の来島・加藤・藤堂の諸勢は前述のごとく鳴梁の海戦にのぞんでおり、会議前後に珍島周辺の全羅道沿岸に侵攻していたと考えられる。

前述のごとく右の全羅道侵攻後に「仕置城」普請が開始されることになっており、井邑会議では普請・在番の担当も決定された。ただ、九月一六日付諸将連署状写には「四国衆」に関する記述がないので、以下では推測もまじえつつ、「四国衆」による普請の状況を検討してみたい[25]。長宗我部・池田の両勢は一〇月下旬頃から泗川倭城を普請しており、一二月二七日には在番者島津義弘が入城している。蜂須賀勢は家政自身が一〇月中旬および一二月下旬の段階で馬山（昌原）にいたことが判明するので、鍋島直茂在番の馬山倭城を普請していたと考えられ[26]、これまでの経緯からすると生駒一正もこれに加わっていた可能性が高い。藤堂勢については、宇喜多秀家・高虎宛の一二月二日付小西行長書状写[27]に「赤国之内順天之御城御普請悉相済、請取申候」とあり、行長在番の順天倭城の普請に宇喜多勢とともにあたっていた。加藤・来島の両勢の担当は、嘉明宛の一〇月二七日付竹中隆重書状と一〇月二五日付家政書状[28]から判明する。前者には「南海島御普請被仰付候間、御苦労共ニ候、何も出来兼候旨、寒天ニ御座候条、奉察候」とあるように、加藤勢は宗義智在番の南海倭城を普請していた。また、後者からは通総戦死を悼む家政が通総弟の吉清に見舞の使者を派遣できずにおり、多忙な事情を理解して吉清に取りなしてくれるよう嘉明に依頼していることが知られる。これは来島勢と加藤勢が同じ倭城の普請にあたっていたためであろう。よって、来島勢も南海倭城を普請していたとみて大過なかろう。

本章における考察の結果、井邑会議以降の全羅道侵攻および「仕置城」普請においても、四国諸大名の「四国衆」なる集団としての軍事行動は観察されなかった。むしろ、前者では四国の枠に拘泥しない池田勢と中川勢の組がみられ、さらに後者では従来水軍として行動をともにしてきた藤堂・加藤の両勢の分離がみられた。分離の原因は、確執の深刻化であろう。前記の隆重書状には「藤佐《藤堂高虎》、太郎左衛門被差上、御朱印頂戴被申、使にも御脇物被下旨候、今之時分何も其勝手ニ御座候」とあり、家政書状には「去夏唐島表番舟被打果刻、藤佐《藤堂高虎》一人以覚悟、御勝手之由注進被申上候哉、定而可為其分候、併御目付衆さへ有様ニ被申上候ハヽ、面々私之申様ハ入間敷候哉」とある。これらから、高虎が独断で戦功を秀吉に注進している事実と、この行動に嘉明が不満や不安をおぼえており、それを他の諸将もよく承知していた状況が判明する。この状況は固城の合議にも影響を与えていた。

嘉明宛の一一月一一日付家政書状[29]によれば、固城の合議は以下のようなものであった。軍目付の熊谷直盛・垣見一直・福原長堯が軍事行動に関して秀吉に献策したのに対し、これを察知した宇喜多秀家らは自身らが油断のゆえ無策であるかのように秀吉に思われては困ると判断し、弁明のための注進状を合議のうえ作成した。注進状には秀家のほか山口宗永・安国寺恵瓊・脇坂安治・家政、そして高虎が連署した。作成に際して秀家は家政の嘉明招喚の献言を「無用」として退けており、家政は今回の件は嘉明には「御隠密」であると推察している。当時ともに順天倭城の普請を担当していた秀家と高虎は日常的に交流していたはずであり、おそらく秀家が高虎の意を汲んで嘉明を排除したのであろう。注進状は軍目付に対する猜疑心から作成されたが、その作成過程は諸将間の対立も反映しているのである。家政は嘉明招喚の献言も含めて合議の経緯を書状でわざわざ嘉明に報じたのであり、先の一〇月二五日付書状もふまえると家政は嘉明に好意的であったとみてよい。このような「四国衆」間の複雑かつ微妙な関係もまた軍事行動を規定した要因であろう。

四　戦線縮小論と在番体制

慶長二年一二月二二日から蔚山倭城は明・朝鮮軍により包囲され、戦線縮小論の要因となる蔚山の戦いがはじまった。急報に接した諸将は救援のため西生浦に集結する。「四国衆」では蜂須賀・生駒・加藤の諸勢が二九日に、長宗我部・池田の両勢は翌月一日に到着した(30)。諸将が合議して定めた後巻の部署では、「四国衆」は蜂須賀勢が「一番」に、加藤・生駒の両勢と池田勢（秀雄息の秀氏が指揮）は「二番」に、そして長宗我部勢と池田勢（秀雄が指揮）は「船手」に、それぞれ属している（表3）。まず、注目すべきは長宗我部勢と池田勢の一部とが「船手」に編成されたことである。やはり、「四国衆」は水軍としての性格を帯びていたのであり、実際この両勢は他の後巻部隊に先行して海路蔚山に到着する。また、これまで観察された蜂須賀・生駒の組が採用されておらず、一方で蜂須賀・黒田の組が編成されている。事情は不明であるが、この組にしても、部隊そのものの編成にしても、「四国衆」が集団としては意識されて

表3　「四国衆」関連の蔚山救援部隊

所属隊	将名等	兵数
一番	鍋島直茂	1600
	毛利吉成※含与力	4550
	蜂須賀家政	2200
	黒田長政	600
二番	加藤嘉明	70
	中川秀成	50
	生駒一正	500
	脇坂安治	150
	山口宗永	3000
	池田秀氏	不明
船手	長宗我部元親	160
	池田秀雄	不明
	加藤清正「人数」	不明

いる。

いない点を重視したい。

さて、蔚山の戦いは包囲が正月四日に解除され終結するが、籠城部隊が凄惨をきわめたこの戦いを契機として、在陣諸将の間に消極性が生じる。それを象徴するのが戦線縮小論であり、秀家ら諸将は安骨浦会議で戦線縮小策をたてて秀吉に上申した。この内容と賛同者を示すのが正月二六日付連署状写である。(31) 内容は戦線両端の蔚山倭城・順天倭城などの放棄とそれにともなう在番諸将の移動を骨子としており、戦線維持を命じていた秀吉の逆鱗に触れることになる。連署状写に小西行長らが縮小策に同意しなかった旨が記されているように反対意見も存在していたが、「四国衆」では元親・高虎・秀雄・吉清・家政・一正が加判すなわち縮小策に賛同した。加判者全員が安骨浦に集まっていたわけではなく、連署状を回送して加判する方法がとられたと推測されるが、「四国衆」では嘉明のみが加判していない。のち、嘉明は「殊今度順天・蔚山両城可引入由各連判仕候へ共、不致加判、神妙覚悟(32)」と秀吉から賞されているので、縮小策そのものに同意しなかったのであろうが、固城の合議を想起するならば、高虎およびその意を汲む秀家に対する反感が嘉明の判断に影響を与えていたと考えられよう。一方、皮肉なことに、嘉明に好意的であった家政は縮小策の「興行人」とみなされ、秀吉の譴責をうけることになる。(33)

このように秀吉と在陣諸将との間だけでなく、在陣諸将間さらに「四国衆」間でも戦況をめぐる見解の相違が顕著となり、現地では戦線縮小策とも秀吉の命令とも異なる状況が生じ、在番体制に関する秀吉の命令もたびたび変更されるようになる。

史料4(34)

追而被仰遣候、

一　各事、先書ニハ西生浦城毛利壱岐守（吉成）為加勢可在之旨、雖被仰出候、釜山浦肝要所候間、寺沢志摩守（正成）申談、為加勢四国衆四番にして、鬮取仕、一組相残、三組を可令帰朝候、然者、一番鬮ニ取当候者ハ五月より九月まて五ケ月在番可仕候、残三組之者又鬮取仕、二番ニ取当候者ハ、十月替候て、来年四月迄七ケ月可在之候、

一番　土佐侍従（長宗我部元親）
一番　蜂須賀阿波守（家政）
一番　生駒讃岐守（一正）
一番　伊与衆
　　但、伊与衆一番鬮取ニ取当候者、
一組　藤堂佐渡守（高虎）、来島（康親）
一組　池田伊与守（秀雄）、加藤左馬助（嘉明）
　　是も鬮取ニ仕、一組相残、今一組ハ、共ニ令帰朝候也、

（中略）

三月十八日　〇（秀吉朱印）

（後略）

略した宛所には「羽柴土佐侍従（長宗我部元親）」「蜂須賀阿波守（家政）」「生駒讃岐守（一正）」「藤堂佐渡守（高虎）」「池田伊与守（秀雄）」「加藤左馬助（嘉明）」「来島（康親）右衛門尉一」が列記されており、これらは「四国衆」の面々である。この宛所は文中の「四国衆」なる文言とともに、依然として秀吉が四国諸大名を一集団と認識していたことを如実に示している。この朱印状によれば、以前秀吉は「四国衆」に対して西生浦の毛利吉成への加勢を命じていたものの、釜山の寺沢正成に加勢するよう命令を変更している。加勢の決定方法に関して、秀吉は「四国衆」を「四番」に分割し、鬮で在番する一組と帰国する三組を決定す

ることとし、「一番鬮」を取った者が五月から九月までの五カ月間在番し、「二番」鬮を取った者が交替して一〇月から七カ月間在番するよう指示している。ここで注目すべきは、分割にあたり秀吉が「国」を意識していることである。長宗我部・蜂須賀・生駒の諸氏は国持大名であるから、たまたま国別になっているとみられなくもない。しかし、「伊与衆」なる呼称が使用され、しかもわざわざこの「伊与衆」が「一番鬮」を取った場合には高虎・康親の組と秀雄・嘉明の組による鬮引で在番組を決めるよう指示している。この指示からすると、もし「国」を意識していないのならば、「四番」編成ではなく「五番」編成にしてもよかろう。それを別途指示が必要な「四番」に編成したのは、やはり秀吉が「国」を意識していたからで、第一章で留意すべきとした①に通ずる。また、留意点といえば、高虎と嘉明の確執である。表1で示したように藤堂・池田の両勢の軍役人数はともに二八〇〇人であり、軍役人数の観点からすると加藤勢はどちらと組み合わせてもよい。加藤勢と池田勢とが組み合わされたのは、高虎と嘉明の確執が考慮されたからであろう。

　さて、「一番鬮」をとって在番のために朝鮮に残ったのは生駒一正であった。五月二二日付朱印状写によれば、秀吉は「生駒讃岐守（一正）、右入替之間、九月まて一番相懃、可致帰朝候、四国衆替番ハ被遣ましく候事」と命じている[35]。「入替」とは在番者の配置替であり、具体的には黒田長政が亀浦から西生浦へ、毛利吉成が西生浦から釜山の本城へ、寺沢正成が釜山の本城から子城へ移動することを意味している。この配置替とくに吉成の移動にともない、秀吉は「四国衆替番」すなわち「二番」鬮を取った者が一正と交替して在番するという指示をあらため、「四国衆替番」を派遣しないことにしたのである。

　本章における考察の結果、蔚山の戦いに際する後巻の部隊編成および部隊内の組編成においても、「四国衆」は集団としては意識されていなかったことが明らかとなった。しかし、終盤の在番体制に関する秀吉の命令からは依然としてしかも明瞭に秀吉が四国諸大名を「四国衆」なる集団と認識していたことが判明し、この命令に関しては当事者である四国諸大名も「四国衆」として鬮引を実施し、在番者を決定していた。部隊編成については現地の裁量に任されていたのであるが、秀吉自身が部隊編成に関する具体的かつ詳細な指示をくだした場合には諸将はそれにしたがっており、こうした事実をふまえてこそ、諸将には「戦略的な決定権はほとんど与えられていない」とする指摘の妥当性が認められよう。

おわりに

冒頭に掲げたごとく、大会の共通論題は「四国―その内と外と―」である。本稿では慶長の役における四国諸大名の動向を考察したが、四国の内に該当するのは四国諸大名であり、四国の外に該当するのは豊臣政権あるいは秀吉であると想定してきた。役当初の二月令によれば、秀吉は四国諸大名を「四国衆」なる集団として認識しており、それは水軍としての軍事力を期待しうる大名の集団といった観点にもとづいていた。この観点は遅くとも小田原の役の頃から存在し、豊臣政権側すなわち外からみた四国はかねてより一括しうるものだったのである。そして、秀吉が部隊編成において「国」を意識していたことが示すように、秀吉の認識としては「四国」とはその名称どおり四つの国からなる一地域だったのである。しかし、四国諸大名は終盤の在番体制を除いて「四国衆」なる集団として行動することはなかった。それどころか、実際には池田・中川の組や蜂須賀・黒田の組など、「四国衆」という枠には拘泥しない編成も観察された。おそらく、四国諸大名側すなわち四国の内においては「四国衆」なる集団は幻想に過ぎなかったのではなかろうか。

そもそも四国の大名配置は、「四国衆」なる集団が実態を有するにあたっての阻害要因だったのではあるまいか。周知のとおり長宗我部氏はかつて秀吉に公然と敵対した勢力であり、服属後の天正一四年（一五八六）の段階でも島津氏に大船を贈るなど面従腹背ともいうべき姿勢をとっていた(36)。同二〇（文禄元）年に漢城陥落の報に接した秀吉が諸大名への十・二十倍の知行宛行を表明したおりも、同じ旧族大名の毛利氏・島津氏・大友氏と同様に長宗我部氏は「ほんこく《（本国）》かハり候事めいわく《（迷惑）》かり申へく候(37)」と目されていたのであり、やはり他の四国諸大名とは異なる存在である。土佐と畿内との地理的関係からすると、阿波・讃岐への蜂須賀・生駒の配置はこの長宗我部氏を牽制するためであったと想定されよう。おそらくこの配置は秀吉が両者をユニットとみなしていたこと、実際に慶長の役においてユニットとして軍事行動したこととも関連していよう。大名間の関係で看過しえないのは、やはり嘉明と高虎の確執である。水軍として行動をともにしてきた両者が「仕置城」普請において別々の城を担当し、さらに「四国衆」が実態として機能した唯一の例である在番体制において別々の組に編成されたのも、確執の深刻化の影響であろう。また、蜂須賀家政はその嘉明に好意的であった。このような諸大名間の個々の関係も実際の軍事行動を規定していたとみるべきであろう。

慶長の役における四国諸大名の実際の軍事行動と四国諸大名を「四国衆」なる集団として一括把握する秀吉の認識との懸隔、換言するならば四国内の諸大名の実態とこれら諸大名を統治する秀吉の認識との懸隔、それは四国の「内と外と」を象徴していよう。

註

（1）例えば、参謀本部編『日本戦史朝鮮役』（村田書店、一九七八年、初版は一九二四年、以下『戦』と略）、池内宏『文禄慶長の役正編第一』（吉川弘文館、一九八七年、初版は一九一四年）、同『文禄慶長の役別編第一』（吉川弘文館、一九八七年、初版は一九三六年）。
（2）北島万次『豊臣政権の対外認識と朝鮮侵略』（校倉書房、一九九〇年）、中野等「文禄の役における立花宗茂の動向」（『日本歴史』第五九七号、一九九八年）参照。かかる課題に取り組んだ拙稿のうち、本稿の考察に関連するものをあげておく。a「慶長の役（丁酉再乱）における長宗我部元親の動向」（黒田慶一編『韓国の倭城と壬辰倭乱』岩田書院、二〇〇四年）。b「慶長の役における黒田長政の動向」（『海南史学』第四二号、二〇〇四年）。c「慶長の役における鍋島氏の動向」（『織豊期研究』第八号、二〇〇六年）。d「朝鮮出兵と西国大名」（『前近代の日本列島と朝鮮半島』山川出版社、二〇〇七年）。e「蔚山の戦いと秀吉死後の政局」（『ヒストリア』第一八〇号、二〇〇二年）。f「朝鮮出兵の在番体制に関する一朱印状写」（『日本歴史』第六八四号、二〇〇五年）。
（3）『鹿児島県史料旧記雑録後編三』（鹿児島県、一九八三年）一〇七号。
（4）佐賀県立名護屋城博物館所蔵文書。なお、引用にあたり抜粋している。
（5）軍役人数は『大日本古文書浅野家文書』（以下『浅』と略）二七一号にもとづいている。なお、本稿では諸将の実名は一般的な呼称に表記を統一する（例えば、蜂須賀家政の出兵当時の実名は茂成であるが、家政と表記）。
（6）三鬼清一郎「朝鮮役における軍役体系について」（『論集日本歴史6織豊政権』有精堂出版、一九七四年）。
（7）『大日本古文書毛利家文書』八八五号にもとづいて作成。
（8）朝鮮出兵時に来島勢や長宗我部勢などが戦局の展開次第で「舟手衆」に編成された点については、つとに三鬼清一郎「朝鮮役における水軍編成について」（『名古屋大学文学部二十周年記念論集』名古屋大学文学部、一九六九年）が指摘している。

(9)『今治郷土史資料編古代・中世（第二巻）』（今治郷土史編さん委員会、一九八九年）所収『久留島家文書』（以下『久』と略）五六三頁。
(10)嘉明・家政・元親の参加に関しては拙稿a参照。通総・高虎の参加に関しては後述する。
(11)『下関市史資料編Ⅳ』（下関市、一九九六年）所収『長府毛利家文書』「豊公朱章参」二号。
(12)中野等『秀吉の軍令と大陸侵攻』（二〇〇六年、吉川弘文館）二頁。
(13)『戦』三二六頁、拙稿c。
(14)『戦』三一七・三五三〜三五五頁、拙稿a・b。
(15)以下、全州にいたるまでの三軍に関する記述については拙稿a・b・d参照。
(16)『久』五四六頁。引用にあたり掲載写真を参考に釈文を若干修正した。
(17)『近江水口加藤文書』（東京大学史料編纂所所蔵影写本、以下『水』と略）、『藤堂文書』（東京大学史料編纂所所蔵影写本）。
(18)『中川家文書』（臨川書店、一九八七年）七六号。以下の全州会議に関する記述については拙稿a・b・c参照。
(19)『佐賀県史料集成古文書編第三巻』（佐賀県立図書館、一九五八年）所収『鍋島家文書』（以下『鍋』と略）一三三号。この案の性格については拙稿a参照。
(20)『久』五五二頁。
(21)『大日本古文書島津家文書』（以下『島』と略）九八八号。以下の井邑会議に関する記述については拙稿a・b・c参照。
(22)以下の記述については拙稿a・c参照。
(23)『元親記』（『続群書類従』第二三輯上、続群書類従完成会、一九二七年）。
(24)以上の蜂須賀勢に関する記述については拙稿d参照。
(25)普請・在番に関しては笠谷和比古・黒田慶一『秀吉の野望と誤算』（文英堂、二〇〇〇年）、白峰旬『豊臣の城・徳川の城』（校倉書房、二〇〇三年）、太田秀春『朝鮮の役と日朝城郭史の研究』（清文堂出版、二〇〇六年）を参照した。ただ、管見の限りでは後述の蜂須賀・生駒・加藤・来島の諸勢による普請についての指摘はない。

(26) 拙稿c・d。

(27) 『浅』一二五五号。

(28) 両書状ともに『水』。

(29) 徳島市立徳島城博物館所蔵文書。以下、合議に関する記述については拙稿d参照。

(30) 『浅』一二五五号。表3や長宗我部勢・池田勢の蔚山到着に関する記述も同号による。

(31) 『島』一二〇六号。以下、戦線縮小論と秀吉の対応に関する記述については北島万次『豊臣秀吉の朝鮮侵略』（吉川弘文館、一九九五年）、笠谷和比古『関ヶ原合戦と近世の国制』（思文閣出版、二〇〇〇年）、拙稿e参照。

(32) 慶長三年五月三日付嘉明宛秀吉朱印状（『水』）。

(33) 前掲笠谷『関ヶ原合戦と近世の国制』、拙稿d参照。

(34) 『特別陳列展示目録「秀吉から家康へ―天下統一への陣立―」』（名古屋市秀吉清正記念館、二〇〇一年）三一号。引用にあたり掲載写真を参考に釈文を若干修正した。なお、年代比定については拙稿a参照。

(35) 『鍋』九六号。以下、この朱印状写に関する記述については拙稿f参照。

(36) 『上井覚兼日記下』（岩波書店、一九五七年）天正一四年八月一八日条。

(37) 『小浜市史諸家文書編二』（小浜市史編纂委員会、一九七九年）所収『組屋文書』六号。

［付記］本稿は平成17～19年度文部科学省科学研究費補助金（特定領域研究）および（若手研究（B））による研究成果の一部である。

第五八回（高松）大会の記録

大会成果刊行特別委員会

はじめに

地方史研究協議会第五八回（高松）大会は、二〇〇七年一〇月二七日（土）から二九日（月）までの三日間、「四国―その内と外と―」の共通論題のもと開催された。二七・二八日の両日はサンポートホール高松第一小ホールを会場に、公開講演・自由論題研究発表・共通論題研究発表および共通論題討論を実施した（懇親会は二八日にオークラホテル高松で行った）。二九日は、二コースに分かれて塩飽勤番所ほかの巡見を行った。

本書は、この大会の成果を、当日の公開講演・研究発表をもとにまとめたものである。本大会の共通論題の趣旨にそって書名を『歴史に見る四国―その内と外と―』とし、大会当日の共通論題討論の際の三つの柱に対応させる形で三つの部を設け、各論文をそれぞれに配置する構成をとった。

一　大会準備状況

二〇〇四年一〇月、第五五回（高崎）大会の際に、大会開催希望の申し出を地元から受け、常任委員会で開催地について検討した結果、翌年六月に香川県高松市での開催を正式決定した。そこで七月に常任委員会の中に大会準備委員会を発足させ、準備を始めた。準備委員のメンバーは、当初、池田悦夫・鈴木勇一郎・西海賢二・吉田政博・山崎圭（委員長）の五名であった。その後、委員の補充を行い、第五七回（静岡）大会終了後の二〇〇六年一〇月には準備委員会を運営委員会に改組し、最終的には、池田悦夫・伊藤暢直・鈴木勇一郎・佐藤孝之・中野達哉・星野尚文・西海賢二・吉田政博・山崎圭（委員長）の九名で担当した。この間の常任委員長は、二〇〇六年一〇月までが中野達哉、それ以降が太田尚宏であった。

二〇〇五年一一月五日に、高松市のサンポートホール高松において、第一回実行委員会を開催し、常任委員長・常任委員（大会準備委員）と、地元側の実行委員との間で打ち合わせを行い、本格的に活動がスタートした。本大会では視点を開催地の香川県だけでなく、四国全体に据えたため、実行委員会も、香川県歴史学会・四国中世史研究会を中心に香川・徳島・愛媛・高知各県の諸研究団体（徳島地方史研究会・伊予史談会・海南史学会ほか）から構成する形をとった。実行委員は左記の二四名である。

委員長　木原溥幸
事務局長　橋詰　茂
委　員　上野進・胡光・唐木裕志・渋谷啓一・嶋田典人・田井静明・丹羽佑一・野村美紀・萩野憲司・藤井雄三・古野徳久・芳地智子・御厨義道・山本秀夫（以上、香川県）、石尾和仁・長谷川賢二・福家清司（以上、徳島県）、武智利博・山内譲（以上、愛媛県）、市村高男・荻慎一郎・渡邊哲哉（以上、高知県）

実行委員会は全部で一六回開催した。各回の内容については、すでに『地方史研究』三二四号～三二九号に、「第五八回（高松）大会運営委員会報告」として記してあるので、そちらをご覧いただきたい。

また、四国内部での研究交流を深めるために各県持ちまわりの研究会を企画し、各県二回ずつ研究例会を開催した。具体的な報告者・題目等は、右の「第五八回（高松）大会運営委員会報告」を参照していただきたい。

実行委員会・準備委員会・運営委員会の開催状況は以下の通りである。

実行委員会
二〇〇五年　①11／5（サンポートホール高松）
二〇〇六年　②2／25（香川県歴史博物館）、③5／20（同）、④7／29（香川大学）、⑤9／10（にぎたつ会館・愛媛県）、⑥11／19（徳島県立博物館）、⑦12／9（高知県立図書館）
二〇〇七年　⑧2／17（香川県歴史博物館）、⑨3／10（松山市民会館）、⑩4／28（香川大学）、⑪5／20（徳島県立博物館）、⑫6／17（香川県歴史博物館）、⑬8／25（同）、⑭8／25（同）、⑮9／23（同）、⑯10／26（サンポートホール高松）

準備委員会
二〇〇六年　①1／13、②2／14、③2／21、④4／28

運営委員会
二〇〇六年　①11／15、②12／2

二〇〇七年　③1／16

二　共通論題の設定

第五八回（高松）大会を開催するにあたり、大会実行委員会および常任委員会では、大会の共通論題をどのように設定するかをめぐって議論を行った。

例年の大会を参考にするならば、香川県など一県単位で分析対象を設定し、そこに即したテーマを取り上げることもできたが、実行委員会側に、香川県にとどまらず四国四県全体で大会を作り上げたいという意志が強かったため、当初から「四国」をテーマに議論を重ねていった（実行委員が四県から出て、各県を巡回しながら研究例会を行ったことは既に述べた通りである）。そこではまず、「四国」を分析対象にした場合、すべての地域で共通して議論できる論点にどのようなものがあるかを検討し、案として四国遍路をはじめいくつかの論点が出されたが、いずれも大会報告が対象とする時代や分野を限定的なものにしかねない点が危惧され、むしろ四国は各地域ごとに多様で非一体的な面が強く、四国というまとまりで通時的に何か一つのことを議論するのは難しいのではないかという意見も出ていた。

そこで、あえてそういった難しさを正面に据えることとして、一見すると一体的に見えるが、中は必ずしも一体的ではない、多様さをもった「四国」の姿を歴史的にどうとらえることができるかを分析課題とすることにした。その後、実行委員会や運営委員会をはじめ、各地での研究例会を通じてこの点に関して様々な議論が行われ、たとえば、「四国」という語の文献上の初出、四国山地にひろがる民俗の様々な共通性、明治初年における四国会議の歴史的意義をどう理解するか、など様々な論点を見出していった。これらを参考にしながら共通論題の趣旨を説明する趣意書を作成し、「第五八回（高松）大会を迎えるにあたって」として『地方史研究』三二六号に掲載した（同じものを三二八・三二九号にも再掲載）。これについては本書の「刊行にあたって」をご覧いただきたい。

三　問題提起

例年と同様に本大会でも共通論題に関わる問題提起を各方面に募り、『地方史研究』三二八号・同三二九号の大会特集

Ⅰ・Ⅱに掲載した。執筆者と題名は以下の通りである。

1　結晶片岩製石器の流通からみた四国の内と外　中村　豊
2　古墳時代における四国の地域相
　―埴輪からみた評価―　山内英樹
3　古墳から見た四国の一体性　清家　章
4　伊予総領と古代山城　白石成二
5　四国の補陀落信仰　根井　浄
6　中世讃岐の大般若経書写と熊野信仰　萩野憲司
7　中世南九州と四国の交流について　小山　博
8　日本地図に描かれた十六世紀の四国　長谷川博史
9　関ヶ原合戦における四国侵攻と武井宗意　土居聡朋
10　高松藩松平家の成立と家光政権　永井　博
11　郷町二軒屋町の成立と展開
　―近世都市徳島研究序説―　根津寿夫
12　讃岐を旅した備中の貧窮歌人　定兼　学
13　四国会議と土佐民権派の地方自治論　公文　豪
14　県知事の評価について　高須賀康生
15　四国における鉄道網形成の特質　鈴木勇一郎
16　四国山間部の里芋と雑穀の民俗　津野幸右
17　伊島漁民の潜水器漁業出漁をめぐる「内」と「外」　磯本宏紀
18　観音寺遺跡の概要と成果　田川　憲
19　四国をめぐる弥生時代の地域間交流　古野徳久
20　「南海道」と「四国」
　―「四国」観の形成の一側面―　渋谷啓一
21　戦国大名大友氏と四国　松原勝也
22　統一政権と高松藩
　―四国の大名配置をめぐって―　胡　光
23　紀伊藩と支藩・伊予西条藩
　―都市祭礼をめぐって―　前田正明
24　「ほめ」研究の一前提　渡邊哲哉
25　幕末期の四国遍路のとまどい　稲田道彦
26　四国四県の成立について　野村美紀
27　香川県の島四国の展開の特徴　田井静明
28　金毘羅船の船旅　荻慎一郎

四　自由論題研究発表

大会初日に行われた自由論題研究発表は、以下の通りである。その内容については、本書に収録した論文をご覧いただきたい。

1　近世瀬戸内海路をめぐる情報ネットワークの形成
―山陽～四国における交換・共有のあり方を中心に―　鴨頭俊宏
2　近世瀬戸内の浦と水主役　山本秀夫

五　公開講演

大会初日の午後には公開講演が行われた。講師名と演題は以下の通りである。

海村の生活文化―漁民の交流と漁村形成の諸相―
伊予史談会会長　武智利博

四国遍路と西国巡礼―その類似性と異質性―
種智院大学学長　頼富本宏

本来、公開講演は大会共通論題とは必ずしも関係なく行われる性格のものであるが、今回はお二人とも共通論題および趣意書の内容にそってお話しいただいたため、共通論題研究発表との間に論点の関連が生まれることとなり、共通論題討論の際にもたいへん有意義であった。

六　共通論題研究発表

大会初日の午後から二日目にかけて共通論題研究発表が行われた。報告は以下の九本である。

1　古代山城屋嶋城について　山元敏裕
2　中世港町・野原について　上野進・佐藤竜馬
3　三好政権と東瀬戸内　天野忠幸
4　慶長の役における四国衆について　津野倫明
5　近世後期における書籍流通
―大坂本屋と伊予―　井上　淳
6　近世中後期における藍師後藤家の展開　町田　哲
7　明治初期の「石鎚神社」と神仏分離　柚山俊夫
8　近代香川の農村社会と労働力移動　嶋田典人
9　四国地方における祭礼山車の展開　高橋晋一

各報告の内容については本書に収録した論文をご覧いただきたい。ただし、柚山報告については諸般の事情により本書に収録できなかったので、参考のため当日配布した『研究発表要旨』をここに転載しておく。

7　明治初期の「石鎚神社」と神仏分離
柚山俊夫

西日本最高峰の石鎚山は、修験道の開祖とされる役小角によって開かれたとされ、石鎚信仰の霊峰として著名である。伊予だけでなく讃岐・土佐・備前・備中・備後・豊前など、各地に信者がいて（西海賢二『石鎚山と修験道』）、毎年七月のお山開きには大勢の人出でにぎわっている。

石鎚信仰の中心は「石鎚神社」であるか、この神社は明治時代に入って神仏分離が進められるなかで創立された。本論では、「石鎚神社」創立にまつわる明治政府の指令の発布時期を確定し、神社創立から前神寺（近世石鎚信仰の中心）跡地に神社が移転するまでの経過を解明する。

石鎚神社の創立をめぐる明治政府の指令の発布年について、これまで「明治二年」説と「明治三年」説があった。どちらの説も『明治維新神仏分離史料』に掲載されている「石鐵山に於ける神佛分離」の史料（「社寺取調類纂」）が論拠となっている。

「石鐵山に於ける神佛分離」は、四つの史料からなる。このうち、四番目の史料には「庚子年」＝明治三年に伺い出て神社創立の指令があったと記述するが、他の三つの史料に年号が「明治二年」と明記されているため、混乱が生じたのである。

史料（伺い書）の宛先とされる役所が設けられた時期の検討や、傍証となる別の史料（「小松藩願届伺書控」）の存在から、「明治二年」説の誤りを立証する。『明治維新神仏分離史料』に掲載された「社寺取調類纂」には、誤りがあり、史料として単独で使用するには慎重でなければならない。

明治三年から六年までの史料（愛媛県立図書館所蔵「愛媛県行政資料」＝明治期県庁文書）から、これまで未解明であった神社創立期の状況を概観する。明治四年には小松県「石土神社」と西條県「石鉄神社」の双方の神社があり、明治五年石鐵県の成立によって「石鐵神社」が創出されていく。とくに同年八月祠官に任命された国学者の半井忠見（梧菴）が、大きな役割を果たした。

七　共通論題討論

共通論題に関する討論は、長谷川賢二氏（徳島）・胡光氏（香川）・山崎圭（東京）を議長として行われた。はじめに趣意書の論点に関する簡単な確認がなされた後で、議長団から討論の柱として以下の三点が提示された。それは、①四国の多様性・非一体性についてあらためて考える、②四国内部の地域間交流のあり方について考える、③外から見た四国の姿について考える、の三点である。①は多くの報告と関わる論点であるが、四国の各地が海をはさんだ対岸等の諸地域と個々にどのように交流し、そのことが独自の地域形成にいかにつながったかを考えようとするものである。②は①のように海の視点で見ると一見バラバラにも見える四国内部が、陸上交通を通じて相互にどのような関係を持っていたかを考えようとするものである。③は実態とは異なる面を持つ、主に外から認識された四国について考えようとするものである。

四国の多様性・非一体性

はじめに議長の長谷川氏が、共通して中世の東瀬戸内の問題を扱っている上野進・佐藤竜馬報告と天野忠幸報告について両者の関係を問うと、佐藤氏が報告の補足も含めて、①後に高松城下町となる中世港町野原は国内最古の港湾施設で自然地形である砂堆に依拠したこと、②一二世紀前半に野原を基点に備讃の瀬戸内南北ルートが整備されるが、港湾施設のみで港町が形成されたのは一三世紀後半以降であること、③古・高松湾内部や讃岐国内部では、常に地域間の対抗があったが、中世後期に次第に野原が中心地としての地位を築いていったことなどを説明し、そのように発展する地域を三好政権が取り込んでいたのではないかと述べた。天野氏は、室町期の讃岐の中心的な港は宇多津であり、一五世紀末から一六世紀になると法華宗日隆門流・浄土真宗興正寺派などの活動により大坂湾の求心力が強まることで、讃岐国の東側に位置する高松地域に新たな都市的要素が育ってくること、三好氏の末期まで古・高松湾の内で西側の野原・野潟と東側の池戸・十河の対抗が見られることなどを述べた。また、山本秀夫氏（香川）から天野氏に出された、各水軍の編成過程と地域社会の関係に関する質問に対しては、淡路島の安宅水軍の例を見ると、三好氏が諸水軍を強制的に統合して作ったと考えられるが、三好氏が勢力を弱めると分裂するなどと答えた。

山内譲氏（愛媛）は、①野原港とその後背地との河川を通した結び付きがどうなっていたか、②瀬戸内幹線航路の一角を占める塩飽と野原がどのような関係にあったか、③古代に遡るが、屋嶋城と当時の幹線航路の関係はどのようなものであったかを質問した。①について佐藤氏は、香東川の上流には讃岐国一宮の田村神社があって港と通じていた面もあるが、後背地の潟は次第に埋まって機能しなくなり、一六世紀には港を基点にした陸上交通ができたこと、野原は讃岐の他港と違って広い後背地に恵まれ多元的・分節的構造を有していたこと、古・高松湾内部には領主権力の影響が及んだ南側と及ばなかった前面側という相違があり、前面側のニュートラルな状況が高松築城を呼び込んだ可能性があることなどを答え、②については野原はあくまで讃岐国内の重要ポイントに過ぎず塩飽とは異なると述べた。さらに上野氏も、①古代にあっては野原の南側に位置する坂田郷が中心地で、寺院が集中したり、香西氏の先祖綾氏もそこにいたが、中心が次第に野原へ移ったこと、②瀬戸内の航路は山陽道を視認しながら進むのが最も安全だが、難所もあるものの最短距離での航路として野原など讃岐の東側の港に直行するルートが次第に使われるようになったことなどを説明した。③については山元敏裕氏が、屋嶋城は一説に言われるような単なる物見台とは異なり、古代山城としての体裁が十分整っていたこと、最近の調査では先端の長崎鼻古墳（五世紀）が様式上畿内の影響を強く受け、九州の石材も用いられるなど他地域との交流の産物であったこと、女木島の丸山古墳（五世紀半ば）からは朝鮮半島の耳飾りが出土し、瀬戸内海南岸の交通ルートはこの地域にとって重要な意味をもっていたと答えた。

次いで近世の東瀬戸内、特に大坂と阿波の関係について議長（長谷川）が問うと、町田哲氏が、報告では阿波藍の江戸積み中心に話したが、大坂藍問屋が阿波の藍師に前貸しするなど大坂と阿波の関係は深いと述べた。また、藍生産が盛んになる以前の一七世紀には木材生産が盛んで、徳島城下町の商人が祖谷山の木材を請け負って大坂の材木問屋へ積み出していたが、次第に大坂問屋からの借財を重ねて商人たちは潰れていった事例を紹介した上で、藍と材木は物の動き方は似ている面もあるが、材木は大坂問屋の前貸支配が強いのに対して藍は藍師仲間が流通を独占するなど対照的な面もあり、流通する物の性格、流通の担い手のあり方に注目する必要性を説いた。さらにそれが地域社会構造にどのような影響をもたらしたのかについても今後考えていきたいとした。議長（長谷川）も、外とのつながりが内の社会構造にどう関係しているかは、共通論題に関わる重要な問題だと述べた。

町田報告に関連して、白石通弘氏（愛媛）は、愛媛から見てやや極端な言い方をすると、四国が一体になろうとする時いつも徳島がそっぽを向いてしまうのは、近世以来今日に至るまで近畿圏と徳島の間に政治的・経済的な強い結び付きがあるからで、香川・愛媛・高知は徳島をこれからもよほどしっかりつなぎとめないといけないと思うと述べた。

ここまではもっぱら東瀬戸内を中心に議論が進められた

が、議長（長谷川）が西瀬戸内やその他の地域についても発言を求めた。井上淳氏は、書籍や文化の問題を考えるには廻船のあり方について理解する必要があると述べ、伊予と大坂との結び付きももちろん強いが、御手洗など安芸の島々の客船帳には伊予の船名がたくさん記載され、広島も含めたこれらの地域と伊予の間で小廻船が頻繁に動いて物資とともに書籍や情報を流通させていたと考えられること、伊予吉田藩の陣屋町御用商人で文化文政期に文人としても活動した高月虹器が残した「俳諧活花年賀集」の中には、江戸・大坂・京都のほか、豊後森・日田や出雲・周防などから寄せられた作品が載せられていて、大坂だけに限らない広い地域との間で物や情報の交流が見られることなどを述べた。

四国内部の地域間交流

ここで議長が胡氏に交替し、海だけでなく山を通した四国内部の交流についても取り上げると述べて、まず高橋晋一氏に報告の論点の確認・補足を求めた。高橋氏は、獅子舞（吉野川流域に分布、讃岐から阿波へ伝播）・鉦踊り（伊予川流域に分布、阿波から伊予へ伝播）・太刀踊り（土佐・阿波の国境に分布）の例をあげ、山が地域間を隔てるのではなく、峠を通じて国境・県境をこえた人・物・文化の交流が見られることを説明した。また、田井弘氏（香川）も、昔から「讃岐男に阿波女」と言って両国間には人の行き来があり、讃岐で阿波から牛を借りる借子牛の慣行や、逃百姓の事例なども たくさんあることなどを示し、文化もそうだが人間そのものの直接的な交流が昔からかなりあると述べた。

高嶋賢二氏（愛媛）は、四国の獅子舞の特徴は、太鼓・子供・獅子と一列に並ぶ構成にあると考えられ、香川・愛媛・徳島の各地にほぼ共通したスタイルが見られ、高知にも三例だけだが確認できることなどを述べ、四国の共通性・固有性の一事例だと発言した。渋谷啓一氏（香川）も、八世紀の事例だが、善通寺の軒丸瓦と同じものが四国中央市、高知市でも見つかっており、工人の移動か瓦の移動かは今のところ不明だが、古代における四国山地をこえた文化の伝播が確認できると述べた。

柚山俊夫氏（愛媛）は、宇和島の毛利家文書には庄屋の息子たち五・六人が金毘羅参詣をした際の道中日記が残されていること、また、安政大地震の際に郡中の湊町（伊予市）では金毘羅社に使者を立てて平穏無事を祈願したことなどを述べ、金毘羅信仰を通じた伊予と讃岐のつながりの深さを指摘した。

ここで議長（胡）が信仰と交流の関わりについて発言を求めると、柚山氏が、明治五年（一八七二）六月に岡山県から石鐵県に「石鉄山の蔵王権現は何と改称されたのか」との問い合わせがあったことを説明し、これは対岸から多くの人が来た証拠で、逆に伊予からは宮島へ大勢の人が参詣していたことなどを述べた。関連して西海賢二氏（神奈川）が若干の補足的発言を行うとともに、本大会では交流について太いパイプのことを主に論じているが、細々としているように見える点と点のつながりが地域において持った意味を考えていくことも必要だと述べ、遍路が鋸や網の技術や稲の品種などを伝えたことなどを論じた。

橋詰茂氏（香川）は、四国における真宗の広がり方について、阿波の吉野川中流域の一寺院を中心に陸上で四国各地へ広がっていくルート（一体性）と、畿内から海を通じて土佐など各地へ入っていく別のルート（多様性）があったことを述べ、早い段階で四国の一体性が見られながら、時代が下がると多様性が見られるようになることに注目し、統一政権の成立とも関わって重要な検討課題であると指摘した。

議長（胡）が民俗・宗教のほかに考古学の面でどうかと尋ねると、佐藤氏が、四国山地や阿讃山脈は諸地域を隔てていると言うよりつないでいると言った方がいいのではないかと述べ、具体的に、弥生後期の香川西部と四国中央市の土器がよく似ていること、一八～一九世紀の焙烙で口が真っ直ぐなタイプが、西讃地域から吉野川中・上流域、土佐にかけて分布していることを指摘して、国を越えた一体性もあれば、国の中の多様性もあると述べた。

この点で議長（胡）は、この問題は近代の労働力移動の問題とも関わっているとして、宮崎俊弥氏（群馬）の「北海道移住に対する東讃・西讃両地域の違いの背景はどこにあるのか」との質問を紹介した。これに対して嶋田氏は、東讃地域では北海道移住が少なく、阪神地域への出稼ぎが多い、西讃地域では北海道移住が多く、阪神地域への出稼ぎも多い、また大正期の香川の島嶼部では統計上外国寄留が多く見られるなどと述べ、地域による多様な移住・出稼ぎのあり方を示した。また、四国内の労働力移動については、夏に香川から徳島へ養蚕の手伝いに大勢行き、高知へ稲刈りに行っている、また対岸の岡山へも藺草を刈りに行っているなどと説明した。

ここで白石氏が武智氏に対して、香川から愛媛への漁業技術の移転について説明を求めると、武智氏は、鳴門の堂ノ浦の漁民がテグス材料を大坂から仕入れて技術指導しながら瀬戸内で行商して歩いたため、一本釣漁業が著しく発達したという近世後期の事例を紹介し、瀬戸内では東から西に向けて技術移動する傾向があると述べた。また、海と山のつながりの例として、土佐街道・大豊・新宮・川之江・仁尾というルートで碁石茶が運ばれ、瀬戸内海の島々ではそれが茶粥に用いられていたことを述べた。

二つめの柱に関する議論の最後に、議長（胡）が、四国四県と言うが、明治期には今の徳島・香川に相当する名東県、今の香川・愛媛に相当する愛媛県が存在した。さらに近世には四国は一三藩に分かれていたのであり、政治的な四国の区分は歴史的に多様であり、そのような区分の歴史的背景や根拠などを見ていくことも重要だと述べた。

外から見た四国

議長が山崎に交替し、まず政治的編成の問題を扱いたい旨を述べた。津野倫明氏は、秀吉の構想では四国の諸大名を四国衆として一括して編成し、九州・小田原・朝鮮などへ動員しようとした一方で、四国の内部には讃岐・阿波の織豊取立大名（生駒・蜂須賀）と土佐の旧属大名などの間でかなりの緊張が見られ、天正一三年（一五八五）の長宗我部氏服属後に蜂須賀氏が讃岐・伊予の軍勢とともに土佐に攻め込む準備をしていたという史料も存在することを述べた。また、天野氏は、津野氏の報告との関連を問われて、織豊政権は東瀬戸内に足場を築くに際して養子によって三好氏とつながりを付けており、これは三好氏がもった新しい都市共同体や宗教勢力を把握した東瀬戸内の紐帯としての地位を継承しようとしたものであること、四国東部には織田・豊臣の一族が配置される構想があり、後に生駒・蜂須賀という豊臣の重要な直臣が置かれるなど重視されたことなどを答えた。

ここで榎森進氏（宮城）が、時代はずれるが、大会テーマに関わる問題として、四国の自治体史で北海道移住についてどの程度のことが書かれているかを尋ねた。それはアイヌを除く北海道民の出自は四国を含む本州にある以上、地域認識がどうなっているのかは日本史像にも関わってくる問題だからである。これに対して嶋田氏が、『香川県史』や自身が執筆を担当した自治体史には全て取り上げていることを答えると、榎森氏はさらに、四国を分析対象にしている研究者レベルでこの問題をどう認識しているか、一般の県民レベルでどうかと質問したが、議長（山崎）が残り時間が不足していると述べたため、この点は議論されなかった。

最後に都から見た四国観の問題で議長（山崎）が発言を求めると、渋谷氏が『古事記』・『日本書紀』の国生神話には四つの国からなる島が産み落とされたなどと四国意識らしいものが示されているが、その後しばらく事例が見られず、はっきりとした意識が示されるのは一二世紀末（平安後期）の『今昔物語集』や『梁塵秘抄』においてであり、これは都人の側の意識の中で生成されたものであると述べた。

藤田達生氏（三重）は、天野報告と津野報告に共通性があると捉えるべきではなく、大きな溝があると考えるべきだと述べ、三好氏の段階では四国出身者が中央政界で活躍していたのに対して、天正一三年（一五八五）を画期として四国の大名は豊臣政権の直臣・取立大名などいわば「外人部隊」に入れ替わり、長宗我部氏の改易以降はすべて外人部隊のまま植民地的状態で、四国は二百数十年間の時を過ごしたことに注意すべきだと発言した。

全体を通して

最後に、議長（山崎）が四国の外と内の双方の方に、大会全体に関わる発言を求めると、長谷川伸氏（新潟）が「外」からの立場で、今回一県単位でなく四国という広域的な問題設定をしたことはよかったが、四国の全体像は見えにくかった、中央から見た地域像としては、新潟で言えば「北の境界」（古代・中世）、「裏日本」（近代）などがあるが、こういう意識に対抗するために内から見た認識を深める必要がある、地域アイデンティティーを探ることは地方史研究にとって最も大切なことである、そういった四国観を提示してもらえるとありがたい、という発言があった。

続いて大会実行委員（事務局）でもある橋詰茂氏（香川）が「内」からの立場で、今回の実行委員会が四国という枠組で大会を設定した理由に関して、地方で研究している人は各県ごとに独自にやっていこうとしても難しい面がある、二五年前の松山大会を契機に四国各地の若手が集まって四国中世史研究会を結成したのは小さな力を合わせて中央の研究会に太刀打ちしていきたいという思いからのことであった、こういう思いを全国の人に知ってほしい、この大会を契機に再び四国の研究者が力を合わせてまとまりを作っていきたい、地方から中央を再度見直して発信をしていきたい、地方の研究者がいてはじめて地方史研究協議会が成立しているということをあらためて考えてほしいと発言した。

以上をもって、二時間に及んだ共通論題討論は終了した。

おわりに

文中にも記したが、今回の高松大会は地元の強い要望・熱意によって実現した。四国四県から実行委員を出し、テーマを「四国」と設定したのも地元の実行委員からの提案によるものである。「四国」というテーマ設定には、当初から不安がなかったわけではない。例年の大会にくらべて対象とする範囲がかなり広域であるし、四国は歴史的にも、現在においてもばらばらで、これを共通テーマにするのは難しいという声も少なからずあった。

しかし、研究例会を高松、愛媛、徳島、高知で二回ずつ行い、四国をぐるっと二巡していく中で、様々な論点を見出し、大会につなげることができた。そういった研究上の成果もさることながら、諸学会の間で県をこえた結び付きができたことの意義も大きかった。徳島では県内の考古・地理・歴史・民俗の諸学会が共同して大会に向けた研究例会を企画し、そのことを通じて新たな交流が生まれたと聞いている。序文にも記されているが、本大会を機にスタートする新しい四国の研究会の発展に大いに期待したい。

共通論題討論の最後の発言にも見られるように、地方で研究している人たちの思いをいかに汲み取って活動していけるかが、本会に問われているということをあらためて認識する必要がある。

本大会の共催・後援・特別協賛・協賛団体は、以下の通りである。

共催　香川歴史学会　四国中世史研究会

後援　香川県　香川県教育委員会　高松市　高松市教育委員会　丸亀市教育委員会　香川県文化財保護協会　朝日新聞高松総局　四国新聞社　毎日新聞高松支局　読売新聞高松総局　山陽新聞社　ＮＨＫ高松放送局　ＫＳＢ瀬戸内海放送　西日本放送　ＯＨＫ岡山放送

特別協賛　香川県歴史博物館　財団法人松平公益会　瀬戸内短期大学瀬戸内沖縄文化研究センター　財団法人高松観光コンベンション・ビューロー

協賛　高松市歴史資料館東かがわ市歴史民俗資料館　香川民俗学会　四国民俗学会　香川県歴史博物館友の会高松市歴史民俗協会　東かがわ市歴史民俗資料館

友の会　香川県高等学校教育研究会地歴公民科部会　阿波学会　考古フォーラム蔵本　徳島地域文化研究会　徳島地方史研究会　徳島地理学会　鳴門史学会　伊予史談会　愛媛県考古学協会　愛媛民俗学会　ソーシアルリサーチ研究会　愛媛資料ネット　高知海南史学会　土佐史談会　土佐民俗学会

本書の刊行は、地方史研究協議会第五八回（高松）大会成果刊行特別委員会が担当した。委員会は、池田悦夫・伊藤暢直・鈴木勇一郎・佐藤孝之・中野達哉・星野尚文・西海賢二・吉田政博・山崎圭（委員長）の九名で構成した。

（文責　山崎　圭）

執筆者紹介（五十音順）

天野忠幸（あまの　ただゆき）
一九七六年生まれ。日本学術振興会特別研究員ＰＤ。
［連絡先］〒652-0041　神戸市兵庫区湊川町七―四―五―四〇四

井上　淳（いのうえ　じゅん）
一九六七年生まれ。愛媛県歴史文化博物館学芸員。
［連絡先］〒797-0014　愛媛県西予市宇和町伊賀上一六一一―二〇三

上野　進（うえの　すすむ）
一九六七年生まれ。香川県立ミュージアム学芸員。
［連絡先］〒760-0030　高松市玉藻町五―五　香川県立ミュージアム

鴨頭俊宏（かもがしら　としひろ）
一九七八年生まれ。広島大学大学院文学研究科教育研究補助職員。
［連絡先］〒739-0036　東広島市西条町田口一四七五―一―一〇一

佐藤竜馬（さとう　りゅうま）
一九六六年生まれ。香川県観光交流局文化財専門員。
［連絡先］〒769-0210　香川県綾歌郡宇多津町二〇九五

嶋田典人（しまだ　のりひと）
一九六三年生まれ。香川県立文書館副主幹。
［連絡先］〒763-0063　丸亀市新浜町一―五―一五

高橋晋一（たかはし　しんいち）
一九六三年生まれ。徳島大学総合科学部教授。
［連絡先］〒770-8502　徳島市南常三島町一―一　徳島大学総合科学部

武智利博（たけち　としひろ）
一九三〇年生まれ。伊予史談会名誉会長。
［連絡先］〒799-3102　伊予市宮下一八三〇

津野倫明（つの　ともあき）
一九六八年生まれ。高知大学教育研究部人文社会科学系人文社会科学部門教授。
［連絡先］〒780-8520　高知市曙町二丁目五―一　高知大学人文学部

町田　哲（まちだ　てつ）
一九七一年生まれ。鳴門教育大学大学院学校教育研究科准教授。
［連絡先］〒772-8502　鳴門市鳴門町高島字中島七四八　鳴門教育大学

山元敏裕（やまもと　としひろ）
一九六三年生まれ。高松市教育委員会教育部文化財課主査。
［連絡先］〒760-8571　高松市番町一丁目八―一五　文化財課

山本秀夫（やまもと　ひでお）
一九五九年生まれ。香川県立坂出高校教諭。
［連絡先］〒760-0001　高松市新北町八―一二

頼富本宏（よりとみ　もとひろ）
一九四五年生まれ。種智院大学学長。
［連絡先］〒657-0817　神戸市灘区上野通七丁目一―九　実相寺

平成20年10月30日　初版発行　《検印省略》

地方史研究協議会 第58回（高松）大会成果論集
歴史に見る四国 —その内と外と—
（れきしにみるしこく—そのうちとそとと—）

編　者　©地方史研究協議会
発行者　宮田哲男
発行所　（株）雄山閣
〒102-0071　東京都千代田区富士見２－６－９
電話　03-3262-3231（代）　FAX　03-3262-6938
振替：00130-5-1685
http://www.yuzankaku.co.jp

組　版　富士デザイン
印　刷　東洋経済印刷
製　本　協栄製本

Printed in Japan　2008
ISBN978-4-639-02063-9 C3021